Günter Burike
Bergisch Gladbach

Bergisch

Günter Burike

Gladbach

Die Stadt
und ihre
Bürger

**Gustav Lübbe
Verlag**

Inhalt

Gut zu Fuß und Löwenwetter – Ein Sonntag macht Stadtgeschichte

Kein strahlender Morgen, aber nicht unfreundlich, vor allem ist er trocken, der 5. November 1978. Es ist Sonntag, und der sonst auch zur Kirchzeit dröhnende Verkehr rauscht seltsam leise und verhalten von der Paffrather und oberen Hauptstraße in Richtung Gohrsmühle. Die untere Hauptstraße ist gesperrt. Abrupt wird hier der Autostrom gebremst und muß sich Ausweichbahnen nach links und rechts suchen. Zwischen Stadthaus und Villa Zanders gibt ihm frisch markierter Asphalt eine bislang unbekannte Richtung. Polizisten stehen beiderseits in Bereitschaft. Hier und da greifen sie ein in den noch zögernden Verkehrsfluß – mit gütigen, verständnisvollen Gesten. In der Nacht war die Hauptstraße im Zentrum von Bergisch Gladbach ihres Park- und Halteverbotsschilderwaldes entkleidet worden. Es ist ein verblüffend ungewohnter Anblick, den die von Autos reingefegte Einkaufsstraße dem Einheimischen bietet. Das gleichzeitig in der Nacht auf einen anderen Takt justierte Ampelsystem schafft rings um das Zentrum einen neuen Verkehrsrhythmus.

Fast auf den Tag genau ein halbes Jahr zuvor, am 6. Mai, hatte es hier für einen Tag buntes Treiben an Verkaufs- und Amüsierständen, Jubel, Trubel, Heiterkeit bei Attraktionen und Aktionen gegeben. Damals fand die Interessengemeinschaft »Stadtmitte« mit ihrer Volksfestidee und der eintägigen Vorwegnahme des Fußgänger-Dorados Entgegenkommen bei der Verwaltung und Erfolg bei den Bürgern.

»Ich denke immer noch, ich habe Autos im Rücken.« Die ältere Dame mit ihrem Cockerspaniel nutzt die Gunst der Stunde, ihre Meinung den allerhöchsten Stadtrepräsentanten nahezubringen. Bürgermeister und Stadtdirektor, ihrerseits auch nicht frei von Befremden über das Neue, finden beruhigende Worte: »Sie dürfen jetzt aber darauf vertrauen, daß hier kein Auto mehr kommt.« Dann assistiert der eine dem anderen bei der Enthüllung eines Verkehrsschildes. Es steht mitten auf der ehemaligen Fahrbahn und verkündet die neue Funktion dieser Straße: Fußgängerzone.

Es ist 10 Uhr 50. Befriedigt wenden sich die Spitzen der Stadt einem anderen Objekt zu, an dem es einen weiteren, nicht minder bedeutenden Akt zu vollziehen gilt. Eine respektable Menschenmenge ist schon in Erwartung: alt und jung, groß und klein – ein durchaus repräsentativer Querschnitt der Bürgerschaft. Sie sind gekommen, um das Richtfest zu feiern. Nach 14monatiger Bauzeit ist es nämlich soweit: der Rohbau des »Bergischen Löwen« steht. Dem alten, denkmalgeschützten Teil ist der neue Baukörper angegliedert. Entworfen hat ihn Professor Gottfried Böhm, mit dem Rathausbau zu Bensberg, der Herz-Jesu-Kirche in Schildgen und dem Refrather Kinder-

dorf gewissermaßen der Hausarchitekt Bergisch Gladbachs. Natürlich ist es ein Werk in Beton, dem bevorzugten Baustoff des berühmten Baumeisters. Schon eingesetzte Spiegelglasfenster reflektieren das Stadthaus, die Villa Zanders und die noch verbliebenen Bäume im schütteren Herbstlaub. Der graue Beton läßt eine erste Auflockerung ahnen.

Punkt 11 Uhr, zur vorgesehenen Zeit, erklimmt Bürgermeister Franz Karl Burgmer das von Kindern der guten Aussicht wegen besetzte Rednerpult. Lautsprecher tragen seine Ansprache bis in die autoleere Hauptstraße. »Wir glauben, daß es richtig war, den interessierten Käufern und den Geschäftsinhabern schon jetzt ein vom Autolärm und von Abgasen freies Ein- und Ver-

kaufen zu ermöglichen«, erklärt er und kommt dann auf das Richtfest zu sprechen: »In relativ kurzer Zeit ist nunmehr der Rohbau erstellt, und nicht nur das. Wir befinden uns mit den Bauarbeiten im Terminplan, so daß voraussichtlich auch der Fertigstellungstermin eingehalten werden kann. Wenn dann auch noch die nach dem heutigen Stand errechneten Baukosten

Sonntag, 5. November 1978. Stadtdirektor (l.) und Bürgermeister (r.) erklären einen Teil der unteren Hauptstraße zur Fußgängerzone. Kurz darauf spricht nach alter Tradition der Polier den Richtspruch zur Rohbau-Fertigstellung des »Bergischen Löwen«.

Viele interessierte Bürger waren zum Richtfest erschienen und lauschten den Ansprachen der Bauherren und des Architekten Professor Gottfried Böhm (l.), der sich wünschte, daß der Bau mit Leben erfüllt werde.

Richtspruch

Im Tempel hier, der Kunst erbaut,
soll jedermann erscheinen,
der gern die Welt auf Brettern
* schaut*
im Lachen und im Weinen.
                        Prost

Wir blicken stolz auf dieses Haus,
das uns so wohl gelungen,
und bringen einen Hochruf aus,
von Dank und Lust durchdrungen,
auf alle, die in Stadt und Land
dem Werk sich fördernd zugewandt,
und deren Geist und starke Hände
ihn glücklich führen bis zu Ende.
Sie alle mögen leben hoch
jetzt und in fernen Zeiten noch!
                        Prost

Gesprochen zum Richtfest Bergischer Löwe am 5. 11. 1978 von Polier Otto Wahrburg

von rund 17 Millionen Mark eingehalten werden, dann wäre die Freude über alle Maßen groß.« Er beendet seine Rede mit einem bergischen »Gott help Üch!« Aber statt der üblichen Antwort »Gott dank Üch!« schallt ihm nur Beifall entgegen. Flugs komplettiert der Bürgermeister selbst den Spruch und gibt damit eine freundliche Lektion in altbergischem Umgang. Nach dem kommunalen Bauherrn folgen der Bauherr für den gewerblichen Teil des »Löwen« und dann der Architekt. Professor Böhm – Cäsarenkopf, hochgewachsen, schlank, schwarzer Cord unter petrolfarbenem Trenchcoat – spricht von der Freude bei der Arbeit an dem Bau und daß er von den Bürgern mit Leben gefüllt werden möge. In diesem Moment fingert sich ein Sonnenstrahl durch die Wolken und produziert, wenn auch nicht ein Kaiser-, so doch immerhin ein Löwenwetter. Es kommt der große Auftritt des Poliers. Hoch oben an der Spitze eines schlanken Treppenturms steht er sonntäglich gewandet. In seinen Spruch mischt sich, wie bestellt, der Glockenklang von St. Laurentius. »Prost!« ruft er aus und schleudert das Glas gegen den Beton.

Von Beifall getragen, hebt sich die Richtkrone. Der aus Fichtengrün geflochtene Kranz hat die Form einer Glocke und ist mit weiß-rot-grünen Bändern geschmückt. Der Kran dreht eine Ehrenrunde mit ihm. Das Orchester Bergisch Gladbach-Paffrather Harmonie e.V. intoniert vierzig Mann stark Kurt Weills »Macky Messer«. Und der Kranz senkt sich exakt auf den ihm zugedachten Punkt. Es ist gerichtet! Inzwischen ist der Bau nun auch vollendet und steht den Bürgern zur Verfügung.

Großstadt
mit Maß

Den Status einer Großstadt verdankt Bergisch Gladbach der kommunalen Neugliederung. Doch diese Verwaltungsmaßnahme hat die Bürger dieser Stadt, die sich am Rande der Großstadt Köln stets ihrer mittelstädtischen Vorzüge bewußt blieb, nicht etwa unbesonnen gemacht. Großstadt – für Bergisch Gladbach ist das eher ein rein statistischer Status: über 100.000 Einwohner, mehr nicht! Wirklich nicht mehr? Muß nicht schon die bloße organisatorische Zusammenfassung von 100.000 Einwohnern, Bürgern, Menschen »großstädtische« Probleme erzeugen? Sind die Ballung mit all ihren Begleiterscheinungen und die von Psychologen beklagte »Unwirtlichkeit unserer Städte« gar unvermeidlich geworden?

Wer die Stadt genauer ins Auge faßt, erkennt schnell, daß sie eben nur nominell eine Großstadt ist. Die über 100.000 Einwohner verteilen sich auf Bergisch Gladbach (Mitte), Bensberg, Paffrath, Refrath, Gronau, Herkenrath, Herrenstrunden, Sand, Schildgen und viele andere Stadtteile. Seit dem 1. Januar 1975 bilden diese Ortsteile den neuen »Schutz- und Nutzverbund« Bergisch Gladbach.

Zugegeben, das durch Dekret Zusam-

→ Nur vom Flugzeug aus kann man einen Überblick über Bergisch Gladbach gewinnen. Der Blick aus der Vogelperspektive zeigt, wie grün die Stadt auch im Zentrum noch geblieben ist.

mengelegte ist, im reinsten Sinne des Wortes, unübersichtlich. Von welchem Punkt auch immer man versucht, einen Überblick zu gewinnen – es gelingt nicht. Aber das war zuvor schon schwierig. Dennoch fügt sich alles irgendwie zu einem Ganzen, das beginnt, den in ihm lebenden Menschen mehr nur als eine polizeilich gemeldete Bleibe, eine Adresse zu sein. Das polyzentrische oder Mehr-Mittelpunkt-Gebilde Bergisch Gladbach gewinnt an Gestalt.

Allerorten tut sich was, es ist was los, die Stadt lebt! Sie ist auf dem Wege, sich ein neues Profil zu geben – den Bürgern zum Gefallen. Wenn dabei das natürlich Gewachsene frische Konturen erhält, wenn Eigenständiges bewahrt und gefördert und damit die Vielfalt gepflegt wird, wird auch dieses Neue gelingen.

Was Bergisch Gladbach die schon zitierte Unübersichtlichkeit zufügt, macht gleichzeitig einen wesentlichen Charakterzug der Stadt aus: Die Topografie, die Geländeoberfläche oder Ortslage. Sie mutet den Bergisch Gladbachern einen Höhenunterschied von genau 208 Metern zu. Da aber der tiefste Punkt, er mißt 58,2 m über NN (Normalnull), beim Refrather Wasserwerk nahe der Grenze zu Köln liegt und der höchste, 266,6 m über NN messende Punkt in Dreispringen bei Bärbroich, ist diese Zumutung keine Alltagsbeschwerde.

Das in Bergisch Gladbach beginnende Auf und Ab des hügeligen Hinterlandes läßt die Stadt »Tor zum Bergischen Land« sein. Bereits im Stadtgebiet vollzieht sich der Übergang von der Rheinebene zu den Bergischen Höhen. Und der glücklicherweise noch mitten im Stadtgebiet vorhan-

dene Waldwuchs macht Bergisch Gladbach zu einer »Stadt im Grünen«. Es gibt noch andere, mehr oder weniger schmückende und schmeichelnde Umschreibungen. So wurde Bergisch Gladbach einmal die »Stadt zwischen den Domen« genannt, womit der Kölner und der Altenberger Dom gemeint waren. »Gartenstadt« scheint eine treffende Bezeichnung.

Einkaufsalltag in Bergisch Gladbach – neue Geschäfte prägen das Gesicht der Stadt.

Doch zurück zur Topografie! Sie stellt Anpassungsansprüche an die Bewohner im täglichen Leben, sie setzt entscheidende Daten für Stadtentwicklungs- und Verkehrsplanung ... und beeinflußt das Klima. Die Niederschlagsmenge am Westrand des Bergischen Landes liegt um 40–50 % höher als in Köln. Die überwiegend aus Westen wehenden Winde treiben vom Atlantik gewaltige Wolkenherden heran, die beim Anstieg aus der Kölner Bucht unweigerlich ihre Wasserfracht abladen – früher wegen der geschätzten Wasserkraft ein Vorteil,

»Maria Hilf« ist an hervorragender Stelle das unübersehbare Signal einer emsig praktizierten Fürsorge.

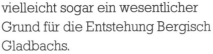

Die Fußgängerzone wird – wie es in der Verwaltungssprache heißt – von den Bürgern »angenommen«.

→ Das Evangelische Krankenhaus übt auf dem Quirlsberg seine hilfreiche Tätigkeit aus.

vielleicht sogar ein wesentlicher Grund für die Entstehung Bergisch Gladbachs.

Und dann die Architektur! Typisch für die frisch gebackene Großstadt sind das Haus am Hang mit Blick ins Tal, das den Berg hinaufkriechende Terrassenhaus, ganze Häuserzeilen auf Höhenrücken, die frei nach allen Seiten im Wind stehen, und andere, die unten am Fuß eines Hügels, sich quasi anlehnungs- und schutzbedürftig zeigen.

Während der Stadtkern Bensbergs die Bebauung eines ganzen Berges darstellt – Burg, Schloß, Kirche und Rathaus auf der Kuppe sind gleichsam Signale der Souveräne von damals und heute –, ist Gladbachs Mittelpunkt ganz unprätentiös im Vorfeld der

Hügel gelegen. Hier halten hilfreiche Institutionen die beherrschenden Bergpositionen: das katholische Marienkrankenhaus auf dem Bocker Berg, das Evangelische Krankenhaus auf dem Quirlsberg. Über die Stadtmitte hinweg haben die Patienten ungehinderte Blickverbindung. Nahezu von jedem Standort in der City aus springt zumindest eines der Krankenhäuser ins Auge. Und sinnigerweise gibt es auf beiden Erhebungen zugleich auch einen Kindergarten, ein Altenwohnheim und einen Friedhof. Bergisch Gladbach ist eine fürsorgliche Stadt!

Andererseits hat die topografische Situation der Stadt aber die Wasserkraft des Strunderbachs und damit ihre industrielle Existenzgrundlage gesichert. Die rauchenden Schlote einer florierenden Papier-Produktion setzen unübersehbare Akzente. Als Traditionsindustrie der Gemeinde lieferte sie in der Mitte des vorigen Jahrhunderts den entscheidenden Anstoß zur Stadtwerdung. Eine rechtzeitig begonnene und umsichtig betriebene Bebauung hat rings um diesen Brennpunkt eine grüne Wohn- und Gartenlandschaft geschaffen. Neben der Papierindustrie gibt es bedeutende Unternehmen im Reaktorbau und Verlagswesen, in der Eisenverarbeitung; Betriebe des Maschinen- und Apparatebaus, der Pharmazeutik, Glasfaserherstellung, Lederverarbeitung und Elektrotechnik. Handwerk und Handel sind ein kaum weniger bedeutender Wirtschaftszweig. Schließlich spielen Verwaltungen, Versorgung und Entsorgung eine wichtige Rolle. Strom und Gas sind seit Ende des vorigen Jahrhunderts vorhanden, und das seit Juli 1977 arbeitende Verbundklärwerk in Refrath ist eine Anlage, die weit und breit ihresgleichen sucht. Dank der Kombination modernster Klärtechniken gelingt dem Werk der Reinigungsprozeß auf eine nur minimal anrüchige Weise. Entsorgung, dieses mit der ganzen Umweltdiskussion befrachtete Problem, bedurfte auch in Bergisch Gladbach gemeinsamer Anstrengungen, um es

zu lösen. Das bei Beginn der Planung noch nicht »einverleibte« Bensberg machte mit; deshalb der Name Verbund- oder Verbandsklärwerk.

Das Stadtgebiet ist 83,58 qkm groß. Wem das auf Anhieb keine Vorstellung vermittelt, mag zur Kenntnis nehmen, daß die weiteste Nord-Süd-Ausdehnung 12 km und die von Westen nach Osten 14 km beträgt. 79 Prozent des Stadtgrundes sind land- und forstwirtschaftliche Nutzfläche. Indes arbeiten nur 1,3 Prozent der 36.737 Erwerbstätigen der Stadt in der Land- und Forstwirtschaft, aber 51,2 Prozent im produzierenden Gewerbe und 47,5 Prozent im Dienstleistungssektor. Noch also ist der Tertiärbereich in Bergisch Gladbach zweitrangig – rein quantitativ gesehen.

Von den rund 2500 Arbeitsstätten – diese Zahlen unterliegen natürlich einem permanenten Wandel – sind etwa 50 land- und forstwirtschaftliche Betriebe (Förstereien und Bauernhöfe). 5 Unternehmen widmen sich der Energie- und Wasserversorgung. Mehr als 450 Firmen zählen zum verarbeitenden Gewerbe, etwa 250 zu dem des Bauhandwerks und weit über 600 zum Handel. 84 Betriebe befassen sich mit Verkehr und Nachrichtenübermittlung (Kommunikationsbetriebe). Demgegenüber stehen über 400 Dienstleistungsunternehmen, einschließlich Kreditinstituten und Versicherungen. Schließlich gibt es noch über 300 Organisationen ohne Erwerbscharakter und private Haushalte, in denen Arbeitskräfte tätig sind, und zu guter Letzt 25 Gebietskörperschaften (Verwaltungen) und die Sozialversicherung.

Für Zahlenliebhaber sei noch angemerkt, daß den Bewohnern der Stadt 327 km Straßen zur Verfügung stehen und ein noch etwas längeres Kanalnetz, das den Abwasserstrom bewältigt. (Der unterirdische Wasserfluß ist dem oberirdischen Verkehrsfluß um etliche Kilometer voraus.) Der Jahreswasserverbrauch der Haushalte ist mit sieben Millionen Kubikmetern dreimal so hoch wie der der Industrie – ein überzeugendes Indiz für Sauberkeit. Beim Strom rangieren Industrie und Gewerbe mit 230 Millionen verbrauchten Kilowattstunden pro Jahr weit vor den Haushalten (123 Millionen kWh). Beim Gas schließlich sind die Haushalte mit 1,2 Millionen cbm den 47,8 Millionen cbm der Industrie hoffnungslos unterlegen, was den Schluß zuläßt, daß noch viel mit Öl geheizt wird. Eine der in Bergisch Gladbach an-

↙ Markttag am Paasweg – die Verkaufsstände breiten ihre Waren aus, im Hintergrund Bürgerhaus, Krankenhaus und Pfarrkirche.

Fast 40 Jahre nachdem Bergisch Gladbach Verwaltungszentrum des Rheinisch-Bergischen Kreises wurde, entstand das Kreishaus am Rübezahlwald.

sässigen sogenannten Gebietskörperschaften weist der Stadt eine besondere Funktion und einen weiteren Titel zu: Bergisch Gladbach ist Kreisstadt! Administratives Zentrum des Rheinisch Bergischen Kreises. Das GL auf den Autonummernschildern ist zigtausendfacher mobiler Hinweis darauf. Während die heimischen Automobilisten das Signum stolz als »Gottes Lieblinge« oder »Gesund leben« interpretieren, glauben Kölner Autofahrer mit leichter Überheblichkeit ein »Gefährlich leben« darin erblicken zu müssen. Sie übersehen freilich dabei, daß ein Großteil der heutigen »GL«-Fahrer früher das Kölner Nummernschild zeigte.

Seit der Neugliederung des Großraums Köln zum 1. Januar 1975 besteht der Rheinisch Bergische Kreis aus den vier Städten Bergisch Gladbach, Burscheid, Leichlingen, Wermelskirchen und den vier Gemeinden Kürten, Odenthal, Overath und Rösrath. Am 30. Juni 1979 betrug die Einwohnerzahl 246.021. Die Entstehungsgeschichte des Rheinisch Bergischen Kreises ist eng verknüpft mit den Wirren des Ersten Weltkrieges, den darauf folgenden nicht immer »goldenen zwanziger Jahren« und schließlich mit der Zeit des Nationalsozialismus. Obgleich der Kreistag schon 1913 die Sitzverlegung von Mülheim nach Bergisch Gladbach beschloß (auch Bensberg hatte sich um die landrätliche Verwaltung beworben), wurde sie erst 1933 vollzogen. Der unter strenger Kontrolle der NSDAP stehende Kreisausschuß entschied, die »Villa Zanders« zum Verwaltungssitz zu machen und für 175.000 Mark zu erwerben. 20 Jahre später, 1953, wurde das jetzt als Stadthaus genutzte Gebäude

neues Kreishaus. 1956 um einen Flügel erweitert, platzte es bald wieder aus den Nähten. Ein Abbruch der Villa und ein völliger Neubau kamen in die Diskussion. Doch ein Grundstückstausch machte schließlich den Bau eines neuen Kreishauses möglich. Nach nur zweijähriger Bauzeit wurde der neue Gebäudekomplex am Rübezahlwald im Dezember 1971 bezogen.

Die Richard-Zanders-Straße markiert den Punkt, wo die Hauptstraße in Richtung Köln zur Mülheimer Straße wird.

Sehenswert(es) – Liebenswert(es)

Gladbachs »gute Stube«

Vier Bauwerke bestimmen das Zentrum von Bergisch Gladbach: das Rathaus, die Kirche St. Laurentius, der »Bergische Löwe« und die »Villa Zanders«. Außer bei der Kirche verbindet sich mit der Planung, Errichtung und Ausgestaltung dieser Bauwerke der Name Zanders. Die Villa wurde 1874 als Stadthaus der Familie gebaut, Löwe und Rathaus verdanken ihre Entstehung weitgehend dem Mäzenatentum des Papierunternehmens. In allen drei Bauten des früheren Marktes (der heute als Konrad-Adenauer-Platz das Stadtzentrum bildet) verschmilzt das Repräsentationsbedürfnis der Bürger und ihrer Verwaltung mit der Darstellung erfolgreichen Unternehmertums zu unauflöslicher Einheit.

So hat denn dieser Stadtmittelpunkt einen Charakter erhalten, den die Bürger mögen und für dessen Bestand sie – wie mehrfach bewiesen – bereit sind, auf die Barrikaden zu gehen. Nicht nur Kunsthistoriker und Konservatoren stellten sich in der Vergangenheit schützend vor die Bauwerke, auch die Bürger gaben ein eindeutiges Votum für deren Erhaltung ab. Heute ist man sich bewußt, daß die »Villa Zanders« ein Bau- und Kulturdenkmal von hohem Rang darstellt,

eine typische Industriellen-Villa des ausgehenden 19. Jahrhunderts. In einem Heft der Rheinischen Kunststätten wird der herrschaftliche Bau beschrieben als »dreigeschossige noble Villa mit steilen, englisch gedeckten Schieferdächern, die in Umriß, Außengliederung und Materialwahl den Typ der Kölner Stadtpalais zeigt«. Erbaut wurde die Villa im Auftrag der als Wohltäterin von Bergisch Gladbach gefeierten Maria Zanders. Ihre Enkelin, Margarete Zanders, erinnert sich: »Imponierend war für mich die Bibliothek des Hauses, vor allem

← Der Konrad-Adenauer-Platz ist Zentrum der Stadt und oft auch Treff- und Ausgangspunkt von Bürger-Begegnungen, auch City-Feste genannt.

↓ Kirche, Verwaltung, Industrie – ein Blick vom Dach des Marienkrankenhauses verdeutlicht diese drei wichtigen Komponenten.

der von der Hausherrin mit vielen Goethebüchern aufgebaute Tisch, der sogenannte »Goethe-Altar«. Über diesem hing ein Goethekopf des Bildhauers Hippel, alles zu Ehren des von ihr geschätzten Genius. So war es nicht verwunderlich, wenn unsere Mutter als Schwiegertochter bei ihrem sonntäglichen Besuch jeweils ein auswendig gelerntes Goethe-Gedicht vortragen mußte.«

Der einstmals riesige Park der Villa, in dem es sogar einen kleinen See gab, reichte früher vom Marktplatz bis zu den Fabrikhallen. Auf dem heutigen Postgelände gab es einen Gemüsegarten und Treibhäuser, und auf dem Gelände einer Kegelbahn, die bei Festlichkeiten den Gästen zur Verfügung stand, wurde später das Finanzamt gebaut. Margarete Zanders: »Ich entsinne mich noch an den sommerlichen Höhepunkt der Gartenfeste für die Arbeiterschaft und an den »Cäcilienchor«, den Maria Zanders 1885 mit Arbeiterinnen des Werkes ins Leben rief. Mit freudigen Spielen tummelten sich die Gäste auf den großen Rasenflächen.«

Von dieser im englischen Gartenstil angelegten Weitläufigkeit sind allein die Villa und einige Bäume geblieben – hart bedrängt von einem Asphalt, der sich über das Wurzelwerk bis dicht an die Fundamente heranschiebt. 1932 ging die Villa in den Besitz der Stadt über und wurde gleich zu einem Bürogebäude, dem Landratsamt des ebenfalls 1932 gebildeten Rheinisch Bergischen Kreises gemacht. Nach Abwendung drohender Abbruchgefahren und gründlichen Renovierungen 1972 und 1974 dient die Villa heute adäquaten Zwekken. Sie ist gewissermaßen ein Mehrzweckhaus für kulturelle Veranstaltungen aller Art – Lesungen, Theater, Konzerte, Ausstellungen – und ein würdiger Rahmen für Repräsentationsveranstaltungen.

In der »Villa Zanders« befinden sich das Familien- und Werksarchiv der Firma Zanders, das Archiv des von Maria Zanders ins Leben gerufenen Altenberger Dom-Vereins, die einzige Fossiliensammlung im Kölner Raum und die Stiftung des Kunstmalers Walter Lindgens, der sein Lebenswerk 1973 der Stadt Bergisch Gladbach vermachte. Lindgens stammte aus Köln-

Mülheim, studierte in Oxford Chemie und fand nach dem Ersten Weltkrieg zur Malerei.

Sein Schaffen ist Ausdruck eines außergewöhnlichen Lebens. Wesentliche Impulse kamen von den zahlreichen Reisen, die Lindgens in viele europäische Länder, nach Afrika und Südamerika führten. Sein Stil entwickelte sich aus der Bündelung verschiedenster Kunstrichtungen, mit denen er sich im Laufe seines langen Lebens auseinandergesetzt hat. Walter Lindgens starb 85jährig am 19. Oktober 1978.

Die Villa Zanders aber ist Hort noch anderer Kunstschätze. So präsentiert sie unter anderem einige berühmte Bilder des 1816 in Bergisch Gladbach geborenen und 1896 in seiner Wahlheimat Düsseldorf gestorbenen Landschaftsmalers Johann Wilhelm Lindlar. Lindlar war Mitbegründer des Kunstvereins für Rheinland und Westfalen und des legendären Düsseldorfer »Malkasten«. Nach ihm ist eine zum Bahnhof führende Straße benannt. Mit den Lindlar-Bildern und dem Lindgens-Werk ist ein respektabler Grundstock städtischen Kunstbesitzes

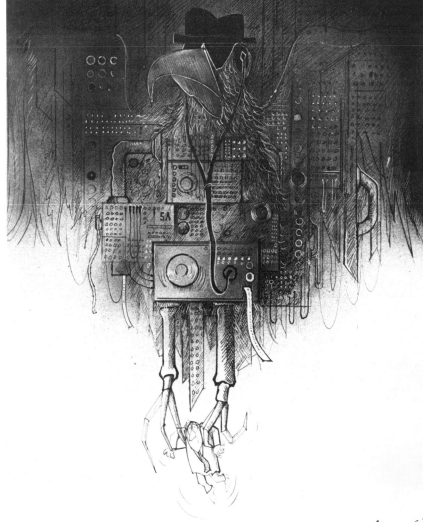

Hanel

↑ Die »Villa Zanders« ist architektonischer Zeuge der Gründerzeit und Stätte eines wichtigen Teils des kulturellen Lebens.

← Der Erbauerin der Villa, Maria Zanders, wurde der Mariensaal im »Bergischen Löwen« gewidmet. Sie war zugleich die Gründerin des Cäcilienchors, der zur Einweihung 1904 ein Festkonzert gab.

←← Vor 100 Jahren blickten die Bürger vom Markt aus auf die Villa mit der dahinterliegenden Schnabelsmühle.

↑ »Der perfekte Staat«. Der in Bergisch Gladbach lebende Karikaturist Walter Hanel stellte seine Arbeiten in der Villa aus. Hanel ist ständiger Mitarbeiter bekannter deutscher Tageszeitungen und Zeitschriften.

← Seitenansicht der Villa Zanders, die ihr Äußeres nur unwesentlich verändert hat.

gelegt. Auch die drei übrigen Gebäude am früheren Markt erlebten ihre
kunsthistorische Würdigung erst relativ spät.

Rathaus und Kirche waren lange keine
Objekte für die Denkmalpflege und
das Bürgerhaus »Bergischer Löwe«
schon gar nicht. Den Experten galten
die Bauensembles des ausgehenden
19. und des beginnenden 20. Jahrhunderts nicht viel. Dabei ist ein Gebäude
wie das Rathaus heute durchaus des
Ansehens wert, in seiner Stilmischung
besonders typisch für die damalige
Zeit. Der dreiflügelige Bau ist von dem
Architekten Ludwig Bopp, einem
Adepten der Münchener Schule, im
Übergangsstil von der Gotik zur Renaissance geschaffen worden. Der
Ostflügel erhielt bergischen Charakter. Der Westflügel trägt einen an süddeutsche Bauweise erinnernden
Schmuck, eine Wandmalerei, die das
alte Gladbach um das Jahr 1800 von
dem Mühlenberg aus gesehen zeigt,
mit der Schnabelsmühle, der evangelischen und katholischen Kirche.
Darunter gibt eine Sonnenuhr lautlos
die Zeit an.

Den Mittelbau bilden Kalksteine aus
hiesigen Steinbrüchen. Uhr und Stadt-
wappen zieren die beiden Giebel
über dem Obergeschoß, das schon
von außen den Ratssaal erkennen läßt.
Die getäfelten Wände sind mit sechs-
undzwanzig Gemälden geschmückt.
Es sind Kopien der biblischen Land-
schaften des Malers Johann Wilhelm
Schirmer. Sie wurden im Jahre 1883 in
Erfüllung eines Gelübdes in neun-
monatiger Arbeit von Maria Zanders

→ Das Rathaus von Bergisch Gladbach
aus dem Jahre 1906.

20

1856 1906

Lieder

zum

Festessen

des

Stadtjubiläums Bergisch-Gladbach

am 22. September 1906.

Chr. Illinger, B.-Gladbach.

Hoch unser Gladbach!

Mel.: Stolz weht die Flagge Schwarz-Weiß-Rot

Es weht die Flagge Rot-Weiß-Grün
Vom neuen Rathausturm!
Wie flattert sie so stolz und kühn
In Sonnenschein und Sturm!
Sie schmückt den Bau, der heut geweiht
Zur Zierde uns'rer Stadt;
Doch schweigt des Sängers Höflichkeit,
Was der gekostet hat! –
Dir woll'n wir treu ergeben sein!
Für dich die Herzen glüh'n!
Dir woll'n wir uns're Liebe weih'n –
Der Fahne Rot-Weiß-Grün! –

gemalt. Bei der Ausgestaltung des Rathauses engagierten sich auch andere Bürger. Sie spendeten Fenster, Leuchter und Bilder. Für das Trauzimmer, das Architekt Bopp mit einem Sternengewölbe versehen hatte, stifteten bezeichnenderweise die Frauen der Stadt das geschnitzte Mobiliar. Pünktlich zum 50jährigen Stadtjubiläum im Jahre 1906 war das Rathaus fertig geworden. Die Festschrift jubelte: »Heute steht der schöne Bau vollendet da, eine Zierde unserer Stadt, ein ehrendes Denkmal allen denen, die an dem Werk mitgeholfen haben.« Die in die Fundamente versenkte Urkunde schließt mit dem Wunsch: »Möge das Rathaus als Sinnbild der Einigkeit, der es entsprossen, den Bürgern vor Augen schweben immerdar, bis in die fernsten Zeiten, möge sein Anblick Zwietracht und Hader stets bannen und ächten: dann wird Gladbach weiter blühen, wachsen und gedeihen, wie bisher, der Stadt zur Ehr, dem

Zum 50jährigen Stadtjubiläum machten sich die Bürger das Rathaus zum Geschenk. Die hier abgebildeten Details geben einen Eindruck von der Stilvielfalt an diesem Bauwerk.

Reich zur Wehr! Das walte Gott!«
Acht Jahre zuvor hatte eine Gruppe
von Bürgern das Rathausgrundstück
für die Stadt erworben. Sie streckten
die Kaufsumme in Höhe von 28.200
Mark zehn Jahre lang zu 4 Prozent Zinsen vor und knüpften daran die Bedingung, daß vor Ablauf der Zeit das Rathaus gebaut werden müsse. Die
Finanzkraft der Gemeinde war aber
durch die Errichtung zahlreicher Ver-
sorgungs- und Bildungseinrichtungen,
wie Gas-, Wasserwerk und Schlachthof, höhere Knaben- und Fortbildungsschule so arg strapaziert, daß ein Rathaus immer noch als Luxus erschien.
Erst als der Papierfabrikant und Stadt-
verordnete Richard Zanders ein
Modell, einen Architekten und 30.000
Mark anbot und schließlich gar
gemeinsam mit dem Architekten sich
verbürgte, daß die Baukosten 212.500
Mark nicht überschreiten würden,
wurde das Bauwerk begonnen.
Natürlich trug das heimische Handwerk den Hauptanteil an den Bauarbeiten. Aber auch Firmen aus Köln,
Düsseldorf, Berlin, Nürnberg, München
und Straßburg waren daran beteiligt –
sogar ein Handwerker aus Bensberg,
und zwar mit der Herstellung eines
Teils der inneren Türen! Dies stellt
aber kein Indiz für ein etwa schlechtes
nachbarschaftliches Verhältnis dar,
wenngleich schon einige Jahre später
erste Verschmelzungsabsichten lebhafte Abwehrreaktionen bei den Bensbergern hervorrufen sollten. Zum seinerzeit noch nicht in Betrieb genommenen Ratskeller meinte ein Chronist,
er habe durchaus Verständnis dafür,
»daß ein Rathaus auch der vergnüglichen Seite des germanischen Ge-
müts in alter Väter Weise Rechnung
tragen müsse«.

Jungfrauen schmücken Laurentius

Zwischen dem Gasthaus »Am Bock« und dem »Bergischen Löwen« steht St. Laurentius, die katholische Hauptpfarrkirche der Stadt, als Wahrerin der geistlichen Ordnung. Historisch gesehen, steht sie im Schatten der aus dem 12. Jahrhundert stammenden Clemenskirche in Paffrath, aber städtebaulich ist St. Laurentius die Dominante des Platzes, ohne beherrschend zu wirken. In ihrer neuromanischen, in wohlproportionierten Dimensionen realisierten Architektur ist sie ein eher unauffälliges Schmuckstück. Erst bei näherem Hinsehen, wobei auch ein Blick auf die Chorapsis empfehlenswert ist, entdeckt man die gelungenen Relationen von Turm, Mittel- und Seitenschiffen. Der Kirchenbau stimmt in sich, obwohl er in zeitlich verhältnismäßig weit auseinanderliegenden Bauphasen und unter Mitwirkung verschiedener Architekten entstanden ist. In den Jahren 1845 bis 1847 wurde das Mittelschiff in Form eines neuromanischen Saalbaus errichtet – innen erkennbar an der von kräftigen Balken getragenen Kassettendecke.

Die alte, aus dem 15. Jahrhundert stammende Kirche hatte der Gastwirt und Metzger Berger zu Gladbach für 20 Reichsthaler auf Abbruch ersteigert. Den Kirchen-Neubau rechnete der Kirchenvorstand mit 11.977 Thalern und 10 Silbergroschen ab.

Als er 1847 vollendet war, richteten acht Gladbacher Jungfrauen ein Schreiben an den »Königlichen Bürgermeister Herrn August Kolter, Wohlgeboren«, das als Dokument eines überaus artigen Umgangs mit der Obrigkeit gelten kann: »Die Unterzeichneten beehren sich Euer Wohlgeboren die ergebenste Anzeige zu machen, daß sich ein Verein von unverheirateten Frauenpersonen konstituiert hat, dessen Zweck ist, durch Sammlung von freiwilligen Beträgen und Gaben die Mittel vermehren zu helfen, welche erforderlich sind, das Innere der hiesigen neu erbauten katholischen Kirche mit dem erforderlichen Notwendigen und Schönen zu versehen ... Wir übersenden Ihnen die vollzogenen Statuten, bittend, die-

← Die katholische Hauptpfarrkirche St. Laurentius fügt sich unauffällig in das Stadtbild ein. Der neuromanische Kirchenbau ist die städtebauliche Dominante des Zentrums, wirkt aber nicht beherrschend.

✓ Die Eheleute Jacob und Maria Bützler fanden neben der Kirche ihre letzte Ruhestätte.

selben gefälligst zur höheren Genehmigung, und uns, wenn selbige erteilt wird, davon benachrichtigen zu wollen.« Eine Portion Raffinesse allerdings verrät der Schluß des Schreibens. Man wußte auch durchaus, sich zu helfen: »Sollten wir durch unsere vorgegangene Konstituierung unwissend irgendeiner polizeilichen Vorschrift entgegen gehandelt haben, so bitten wir deshalb um Verzeihung und Nachsicht. Mit Acht und Ehrfurcht zeichnet der Vorstand des Jungfrauenvereins zu Gladbach: Christina Bützler, Gertrud Näschen, Elisabeth Kuckel-

25

berg, Gertrud Bützler, Anna Maria Hill, Elisabeth Wisdorf, Katharina Bützler, Margarethe Kirch.« Das Schreiben lag am 19. März 1847 dem Königlichen Landrat zu Mülheim vor, der seinerseits nichts zu »monieren« hatte. Die Jungfrauen also durften sammeln.
1871 bis 1878 wurden der Turm (er ist dem Westturm der Kölner St. Aposteln-Kirche nachgebildet), das Quer-

→ Diese Kreuzigungsdarstellung in Form einer Großplastik befindet sich rechts neben dem Turm.

↓ Um die Jahrhundertwende war St. Laurentius noch ohne Seitenschiff. Rechts das Gasthaus »Kolter« – später »Bergischer Löwe« – und im Vordergrund der noch als Garten genutzte Platz für das Rathaus.

haus und die Chorapsis im gleichen Stil erbaut. Anfang unseres Jahrhunderts schließlich gelangte das Werk mit dem Anbau der Seitenschiffe zum Abschluß.

Heiligenfiguren um 1411, eine Pieta von 1470 und der Kirchenschatz mit Stücken aus dem 17. Jahrhundert geben St. Laurentius innen das, woran es ihr außen mangelt: »historische Würde«. Nun, vielleicht hilft auch der Hinweis, daß St. Laurentius immerhin schon 1282 als Pfarrkirche beurkundet wurde. Aber, wie gesagt, St. Clemens ist älter.

Übrigens, der Namensgeber und Patron der Stadtkirche, St. Laurentius, ist immer am Rost, den er in seiner Linken trägt, zu erkennen. Am 10. August 258 n. Chr. hatte Laurentius auf einem

glühenden Rost den Märtyrertod erlitten. Die Legende berichtet, daß er sich von seinen Peinigern umwenden ließ, damit auch die andere Seite seines Leibes »gebraten« werde.

Auch als Namensgeber für die zweite Hauptverkehrsader der Stadt erwies sich St. Laurentius als standhaft. Während die Hauptstraße, für deren Benennung 1887 sein Name ebenfalls zur Debatte stand, zwischenzeitlich als Wilhelm- und später sogar als Adolf-Hitler-Straße herhalten mußte, hat für die Laurentiusstraße nie ein Namenswechsel angestanden.

Gut gebrüllt, Bürger!

Von den vier beherrschenden Gebäuden des früheren Marktes hat der »Bergische Löwe« in den vergangenen Jahren am heftigsten von sich reden gemacht. Ohne daß er jemals selbst gebrüllt hätte, ist er heißumstrittenes Diskussionsobjekt gewesen – glücklicherweise gewesen, denn nun ist ein ebenso schmucker wie moderner Neubau entstanden, der für sich selbst spricht.

Der Kopf an der Hauptstraße ist der alte geblieben, während ihm die Böhmsche Beton-Baukunst ein neues, weit ausladendes Hinterteil beschert hat, vollgestopft mit modernster Technik. Herzstück des Löwen ist der Theatersaal mit Rang, Parkett und Bühne samt Orchestergraben – endlich ein würdiger Rahmen für große Theateraufführungen: Schauspiel, Oper, Operette, Musicals und Konzerte.

Tonplatten bilden die Wandverkleidungen in Foyer und Saal, sie bürgen für eine gute Akustik und strahlen mit ihrer rostroten Farbe Wärme aus. Überhaupt hat man den warmen Farbtönen in ihren mannigfaltigen Nuancierungen den Vorzug gegeben. Im kleinen Saal, der Vereinen und Gesellschaften für ihre Veranstaltungen Raum gibt, überrascht eine Spiegeldecke. In einem Kassettenraster aus ziegelrot gestrichenem Beton füllen bleiverglaste Spiegel die einzelnen Felder. Diese modern gestaltete Reminiszenz an die Spiegelsäle vergangener Zeiten gibt dem Ganzen eine beschwingt heitere Note.

Der gewerbliche Teil des Bürgerhauses liegt hinter den denkmalgeschützten Fassaden des alten Löwen. Im Erdgeschoß übernehmen ein Restaurant und eine Schenke die gastronomische Versorgung des Hauses. Zwei Ladentrakte an der Hauptstraße vervollständigen das Angebot. In den oberen Geschossen sind Arzt- und Anwaltspraxen untergebracht.

Kultur und gesellschaftlicher Glanz,

← Aus »jüngerer« Zeit stammt dieses mit den Seitenschiffen entstandene Portal.

→ So präsentierte sich der alte »Löwe« bis zu seinem teilweisen Abriß und seiner grundlegenden Neugestaltung. Das hinten angesetzte Bühnenhaus stammt aus dem Jahr 1947.

das waren Sehnsucht und Begeisterung einer Stadt, die um die Jahrhundertwende die Phase der Befriedigung elementarer Bedürfnisse abgeschlossen hatte. Was es nun anzu-
packen galt, lag im zivilisatorischen
und eben kulturellen Bereich. 1903
gründeten mehr als 300 Bürger die
Kasinogesellschaft, erwarben den Kol-
terschen Gasthof und bauten ihn zu

dem aus, was als »Bergischer Löwe«
ein weit über die Stadt hinaus bekannter Begriff wurde.
Architekt war jener Ludwig Bopp, der
schon den Rathausentwurf vorgelegt
hatte – eine Art Anschlußauftrag also.
Die reinen Baukosten beliefen sich auf
200.000 Mark. Glanzstück des Hauses
war der Mariensaal, benannt nach
Maria Zanders, deren Cäcilienchor im
Oktober 1904 dem Hause die Weihe
gab. Die Besucher des Festkonzertes
erlebten die Aufführung des Liedes
von der Glocke für gemischten Chor,
Soli und Orchester von Max Bruch,

einem Freund der Familie Zanders.
1939 in den Besitz der Stadt überge-
gangen, war der Löwe in den Kriegsjahren Auffangstelle für die Evakuier-
ten aus dem zerbombten Köln. In den
Jahren 1947/48 erhielt der Mariensaal
einen Bühnenausbau und spielte fortan
eine Rolle als Theaterbau »Bergische
Bühne«. In seiner relativ kurzen Geschichte fand der »Bergische Löwe«
also reichlich Gelegenheit, sich den
wechselnden Ansprüchen und Bedürf-
nissen der Bürger anzupassen – ein
Prozeß, den die jetzige Neugestaltung
zum vorläufigen Abschluß gebracht hat.

↑↑ Am 15. 9. 1977
wurde der Grundstein
zum Neubau des
»Bergischen Löwen«
gelegt. Stadtdirektor
Otto Fell und Bürger-
meister Franz-Karl
Burgmer (Bildmitte)
begutachten den Ham-
merschlag des inzwi-
schen verstorbenen
SPD-Bundestagsabge-
ordneten Bertram
Blank.

↑ Knapp zwei Jahre
später – im Sommer
1979 – zeigt der
»Löwe« deutlich seine
neuen Konturen.

Hilferuf an Friedrich den Großen

Dort, wo die obere Hauptstraße stadtauswärts sich einer Grünfläche öffnet, schimmert es gelb hinter Bäumen. Ein von Säulen getragenes Portal, ein Pyramidendach, ein Turm und dahinter ein Haus – das Ganze erinnert vom Baustil her irgendwie an Südstaaten, Sezessionskriegszeit.

Fast im selben Maße, wie sich die Unterschiede im Glauben zeigen, offenbaren sie sich im Kirchenbau. Die evangelische Gnadenkirche, um diese handelt es sich nämlich bei der gelb getünchten Baugruppe, sieht so ganz anders aus als die katholischen Gotteshäuser der Stadt. Johann Georg Leydel, kurkölnischer Baumeister zu Poppelsdorf, Erbauer der Godesberger Redoute, konzipierte in Anlehnung an holländische Vorbilder den Kirchbau 1775 als gleichseitiges Oktogon (Achteck). Er verließ damit bewußt den kreuzförmigen Grundriß der katholischen Kirchen. Und den Turm stellte er nicht vor, sondern hinter den Kirchenraum.

Doch bevor der Bau überhaupt in Angriff genommen werden konnte, waren Jahre zähen Ringens um die Gründung einer evangelischen Gemeinde in Gladbach verstrichen. »Die wechselnde Lage der Evangelischen« – Jahrzehnte hatte im katholischen Bergischen dieses Motto Gültigkeit. Sogar ein Brief an Friedrich den Großen

sollte (eingedenk seiner Maxime »Jeder möge nach seiner Façon selig werden«) Hilfe bringen. Die »allerunterthänigsten Evangelischen reformierter Religion zu Gladbach und Dombach im Herzogthum Berg, Schnabel-Fues et Consorten« baten, »daß uns die Erbauung einer reformierten Kirche nebst Beruf und Unterhaltung der Prediger und die uns so hochnöthi-

ge Schule, und was sonsten zum öffentlichen exercitio religionis reformatae gehört, gnädigst verstattet werden möge.« Die Papierfabrikanten Heinrich Schnabel und Johann Martin Fues und der Bensberger Amtsjäger Käsmann waren die eifrigsten Verfechter. 1775 geruhten Kurfürstliche Durchlaucht Karl Theodor von Gottes Gnaden per Dekret die Gründung zu gestatten. Sogleich schritten die Gemeindemitglieder zur Tat. Sie erlangten ein sogenanntes »Collectenpatent«, mit dem sie bei den Glaubensbrüdern in den Herzogtümern Berg

und Jülich sammeln durften. Aber auch
Spenden vom Magistrat der Freien
Reichsstadt Bremen, aus den refor-
mierten Schweizer Kantonen und von
Freunden in Kopenhagen gingen ein.
Besonders gebefreudig aber zeigten
sich die reichen Städte des reformier-
ten Hollands.

Insgesamt kam ein Betrag von 8151
Reichsthalern zusammen. 1777 stand
das Gotteshaus, und der daneben
angelegte Friedhof enthob die Gläubigen der Mühe, ihre Verstorbenen weiterhin auf dem Friedhof in Mülheim
beisetzen zu müssen. Aber erst 12
Jahre später durfte der von einer
barocken Schweifhaube gekrönte
Turm gebaut werden, für dessen
Finanzierung die gleiche Kollekten-
prozedur vorgeschrieben war. 110 Jahre danach, 1899, konnte die notwendig
gewordene Vergrößerung der Kirche
aus eigener Kraft bestritten werden.
Nach Plänen des Charlottenburger
Baurats Otto March wurde das vormals

↑ Die Kirche mit der
klassizistischen
Säulenhalle liegt am
Fuße des Quirlsbergs.
Diese Aufnahme ent-
stand 1951 anläßlich
eines Fotowettbe-
werbs.

← Blick vom anstei-
genden Quirlsberg
auf die barocke
Schweifhaube des
Turms, der sich hinter
dem Kirchenraum
erhebt.

gleichseitige Achteck gestreckt und
vor den Eingang die klassizistische
Säulenhalle gesetzt. Und so zeigt er
sich heute noch am Fuße des gleich
hinter dem Pfarrhaus ansteigenden
Quirlsberges: ein Kirchenbau mit eige-
nem Charakter. Nebenan der »alte
Kirchhof« hat schon längst nicht mehr
dem Raumbedarf einer stetig wachsenden Gemeinde standgehalten.

30

Rosen für den Orden

Meist fährt man auf der belebten Paffrather Straße achtlos daran vorbei. Um so größer ist das Erstaunen, wenn man sich einmal von der Straße abwendet und in den umzäunten Bezirk von »Haus Blegge« eintritt. Da ist zunächst natürlich die barocke Fassade des Hauses. Es ist eine Burg, genauer gesagt, eine Wasserburg. Doch das Auge registriert gleichzeitig eine grü-

ne Gartenpracht; mächtige Kastanien und Buchen, eine fantastische Lindenallee, ein Pappelhain und ein riesiger Mammutbaum schaffen ein zauberhaftes Milieu. Dazwischen Gemüse- und Blumenrabatten, Rosen- und Obstgarten – alles peinlich gepflegt. Vierzig Missionsschwestern vom Heiligsten Herzen Jesu aus dem münsterländischen Hiltrup unterhalten hier ein Altenheim für ledige Damen und ältere Ordensschwestern. Als sie das Haus 1952 übernahmen, sollte zunächst ein Säuglings- und Kinderheim entstehen. Daß dann gewissermaßen das Gegenteil daraus geworden ist, bezeugt nur die Flexibilität des Ordens. Inzwischen konnte ein respektabler Neubau in Betrieb genommen werden, der allerdings die

Haus Blegge an der Paffrather Straße. Dieses historische Bild und eine Aufnahme neueren Datums zeigen, daß der alte Rittersitz sein Äußeres in diesem Jahrhundert nicht geändert hat.

↗ Vinzenz von Zuccalmaglio, berühmter bergischer Schriftsteller des vorigen Jahrhunderts, lebte 13 Jahre lang im Haus Blegge. Auf ihn geht letztlich die Gründung des Altenberger Domvereins zurück, der sich große Verdienste um die Ausgestaltung und Erhaltung des »Bergischen Doms« erworben hat.

Burg selbst überflüssig zu machen und einer ungewissen Zukunft auszuliefern droht. Aber die Heizkosten steigen ins Unermeßliche, Feuchtigkeit und stickige Luft machen den Bewohnern zu schaffen. Der Wassergraben allerdings ist meistens trocken, nur nasse Sommer füllen ihn auf. Die ursprünglich von ihm geforderte Schutzfunktion ist längst nicht mehr gefragt.

Haus Blech oder Blegge ist eine Wasserburg des Spätbarock. Den ehemaligen Rittersitz erwarb 1750 der Kalkfabrikant Johann Jacob Bützler. Er ließ ihn vom selben Johann Georg Leydel umgestalten, der später die Gladbacher Gnadenkirche baute. Auf hohem Sockel, des Wassers wegen, erhebt sich das dreiflügelige Herrenhaus bis zum Mansardendach und den Schweifhauben auf den beiden Türmen. Davor grenzt ein zierliches Rokokogitter einen kleinen Ehrenhof ein. Das Ganze hat eine Vorburg mit runder Toreinfahrt von der Paffrather Straße.

»Haus Blegge« war von 1835 bis 1848 Wohnsitz eines Mannes, der allein schon wegen seines Namens Beachtung verdiente: Vincenz von Zuccalmaglio (sprich: ... malljo), zu deutsch »Kürbis am Stil«. Aber die Verdienste dieses Mannes entspringen einer Tätigkeit, für die er sich mit den Pseudonymen »Der alte Fuhrmann« und »Montanus« schmückte. Zuccalmaglio, der unter diesen Namen an die Öffentlichkeit trat, war ein Freund von Ernst Moritz Arndt und setzte sich in seinen vielgelesenen Flugschriften für eine konstitutionelle deutsche Monarchie ein. In Schlebusch geboren, fand der Notariatskandidat und Landwehrleutnant durch Heirat nach Blegge, wo er seine fruchtbarsten Jahre als Volksschriftsteller, Heimathistoriker, Sammler von Sagen, Volksbräuchen und -liedern verbrachte. Auf ihn greifen die bergischen Geschichtsschreiber späterer Jahre reihenweise zurück, der Männergesangverein »Liederkranz« feiert ihn als seinen Gründer, und die junge Maria Johanny, Fabrikantentochter aus Hückeswagen, erhielt in Jungmädchenjahren von ihm entscheiden-

de Denkanstöße zur Erhaltung und Rettung des Altenberger Doms. Lange nach dem Tode des Patrioten und Schwärmers für die »rein deutsche« gotische Baukunst Vincenz von Zuccal-

maglio konnte sie als Maria Zanders seine Anregung in die Tat umsetzen. Sie gründete 1893 den Altenberger Dom-Verein und verwirklichte damit das Vermächtnis des »Montanus«.

Ein Pope prellt den Pfarrer von Paffrath

Die Straße führt in ehrfurchtsvollem Bogen um sie herum. Ihr Trutz- und Schutzcharakter hinter einer hochgelegenen Kirchhofsbefestigung gebietet auch dem modernen Autoverkehr respektvolle Distanz. St. Clemens, Paffraths wehrhafte Pfarrkirche, ist ein Gotteshaus mit Geschichte. Es stammt aus jener Zeit, wo Kirchen meist als einzige Steinbauten weit und breit den Bewohnern nicht nur Stätte seelischen Beistands waren. Oft mußten sie Schutz vor leiblicher Gefahr bieten. An dieser Kirche und ihrem befestigten Hof wird die Verteidigungsfunktion deutlich. Während der trutzige Turm unter einem Pickelhauben-Helm, dickwandig und mit wenigen, Schießscharten gleichen Fenstern entschlossene Verteidigungsbereitschaft signalisiert, läßt der ummauerte Kirchhof seine vormalige Aufgabe als Zufluchtsort ahnen. Die Geschichte überliefert, daß Kirchhöfe dieser Art die flüchtenden Bewohner mit Hab, Gut und Vieh aufzunehmen imstande waren.

Als die frühromanische Kirche entstand, schrieb man das Jahr 1160. Kaiser Friedrich Barbarossa regierte seit acht Jahren und versuchte, den verlorengegangenen Einfluß auf die oberitalienischen Städte wiederzugewinnen. Damals lag Paffrath an der Handelsstraße Köln–Wipperfürth und wurde für lange Zeit Pfarr-Standort für Gladbach, Sand und auch Dünnwald. Die alte Kirche – jeweils Anfang des 19. und unseres Jahrhunderts wurde sie vergrößert – kann sich intensiver denkmalpflegerischer Fürsorge erfreuen. Die kunstgeschichtliche Betrachtung mißt beispielsweise dem Trägersystem des Mittelschiffes einen besonderen Wert zu. Abwechselnd geben viereckige Pfeiler und Säulen dem Tonnengewölbe den notwendigen Halt. Dieser sogenannte Stützenwechsel ist ein statisches Gefüge, das westfälischen Einfluß verrät.

Blickpunkt im Chor ist der um 1630 entstandene barocke Altar. Das Holzkreuz vor der Apsis ist eine Arbeit aus der ersten Hälfte des 16. Jahrhunderts. Als bibliophile Kostbarkeit gerühmt wird das »rote Meßbuch« mit drei gebundenen Handschriften aus dem 15. Jahrhundert.

Zusammen mit Haus Blegge ist St. Clemens nicht nur ein Relikt stilgerechter Architektur, sondern auch Zeuge mitunter sehr turbulenter Zeitläufte. Da waren nicht nur Bedrohungen von außen, auch innere Streitigkeiten hatten bisweilen kriegsähnliche Ausmaße. So trafen am 24. August 1364 Paffrather und Dünnwalder zu einem lange vorher angesagten Kampf aufeinander, um einen seit Jahren schwelenden Zwist wegen gewisser Abgaberechte auszufechten. Mit Unterstützung von Raufern aus Schlebusch, Odenthal und Merheim gelang eine »gewaltige Schlägerei, in der acht Paffrather und elf Dünnwalder Männer auf dem Platze blieben und viele außerdem so schwer verwundet wurden, daß sie in Tüchern fortgetragen werden mußten«. Die Paffrather siegten und pflegten wieder einmal eine liebe Gewohnheit: den Konsum harter Getränke.

St. Clemens in Paffrath, Bergisch Gladbachs älteste Pfarrkirche. Sie stammt aus dem 12. Jahrhundert.

Von den äußeren Bedrohungen wirkte am nachhaltigsten die 1795 beginnende Besetzung des Bergischen Landes durch die Franzosen, die marodierend auch durch Paffrath zogen. Selbst der damalige Besitzer von Haus Blegge, Johann Baptist de Caluwé, der die Besatzer in ihrer Muttersprache freundlich zu begrüßen wußte, wurde brutal mißhandelt. Siebenmal plünderten Franzosen das Haus.

Ein anderer Paffrather Einwohner wurde auf eine Weise Franzosen-Opfer, die einer gewissen Komik nicht entbehrt, wenngleich es dem Betroffenen alles andere als komisch zumute gewesen sein mag. Der wohlhabende, »gern gut gekleidet einhergehende« Bürger »begegnete drei zerlumpten Republikanern im Gemeindewalde

↑ Blick in die Nußbaumer Straße im Ortsteil Paffrath. Die Paffrather/Kempener Straße macht einen respektvollen Bogen um St. Clemens (r.).

bei Dünnwald. Diese beraubten ihn nicht bloß seiner Uhr und Barschaft, sondern zogen ihn mutterfadennackt aus und hetzten ihn dann in roher Schadenfreude durch die Wacholder und Walddisteln des Niederholzes, wobei sie durch nachzischende Kugeln seinen Lauf beschleunigten.« Den fliehenden Franzosen folgten 1813 die ihnen nachsetzenden Russen.

Diese beeindruckten die Paffrather besonders durch ihre vor nichts zurückschreckende Sauf-, Freß- und Raffgier. Ein Bewohner aber wußte Rat. Er schlich sich in die Kirche und läutete mit Macht die Brandglocke von St. Clemens. Das verschreckte die Russen derart, daß sie Hals über Kopf auf ihre Pferde sprangen und das Weite suchten. Die Bürger konnten ihre Sachen wieder einsammeln.

Nur der Pfarrer hatte Pech. Der bei ihm einquartierte russische Feldgeistliche packte in aller Seelenruhe »das ganze Kaffeegeschirr des Pastors ein, die Leintücher, worin er geschlafen, die Mundtücher und Silberlöffel, womit er gegessen. Damit aber die Heiligen, deren Bilder an der Wand hingen, und das Kreuz auf dem Schrank davon

nichts sehen sollten, drehte er die Bilder mit dem Gesicht zur Wand hin und deckte ein Tuch über das Kreuz«. Den russischen Amtsbruder also hat die Glocke von St. Clemens nicht schrekken können. Übrigens gibt es deren drei, und zwar aus den Jahren 1474, 1722 und 1747. Ihr Dreiklang setzt sich aus den Tönen g b d zusammen, ein weicher Moll-Akkord.

Ein Schild ist schuld

Drei Türme und drei Türmchen haben einen Ortsteil bekannt gemacht, der im nordwestlichen Stadtgebiet liegt und seinen Namen aus der Topografie bezieht: Schildgen. Die schildförmige Bodenerhebung, über die sich die Altenberger-Dom-Straße als Hauptverkehrsader von Köln nach Odenthal hinzieht, hat die Ortsbezeichnung zu verantworten. Die Türme und Türm-

chen gehören zur Herz-Jesu-Kirche, die Professor Gottfried Böhm in den Jahren 1957 – 1960 erbaut hat. Inwieweit der Architekt sich vom Namen des damals noch zu Odenthal gehörenden Stadtteils inspirieren ließ, mag dahingestellt bleiben. Jedenfalls ist es eine hohe, langgestreckte, mit einem Ornamentfries versehene Schildmauer, die neben den Türmen den

Charakter von »Herz-Jesu« bestimmt. »Türmchenswall« hat der Volksmund prompt formuliert. Müßig zu erwähnen, daß wiederum Betonguß dem profilierten Architektenwillen Ausdruck verleiht. Mauer und Türme, die mit ihren Kegeldächern über sie hinausragen, geben dem Bauwerk etwas orientalisch Minaretthaftes. Den Eingang, ein bestechend schlichtes Geviert in der

Fahren und Kaufen – die Altenberger-Dom-Straße ist als vielbefahrene Hauptverkehrsader zugleich Schildgens Haupteinkaufsstraße.

sonst geschlossenen Mauer, krönt ein kleines Türmchen mit einer Figurennische. Überhaupt bezieht die Kirche ihren Reiz überwiegend aus der Einfachheit ihrer Baustoffe Beton, Glas und Metall. Der Glockenturm steht frei. Atriumgrün und die von Tageslicht überflutete Altarinsel sind die beiden Pole, zwischen denen sich eine zwar ungewöhnliche, aber echte Kirchen-

Vieltürmig schuf
Professor Gottfried
Böhm die Herz-Jesu-
Kirche in Schildgen.
Die Mauer mit dem
Ornamentfries nennt
der Volksmund
»Türmchenswall«.

stimmung entwickelt. »Herz-Jesu« an der Altenberger-Dom-Straße – ein sehenswürdiges Stück moderner Sakral-Architektur.

Schildgen ist ein ausgesprochenes Wohn-Juwel. Katterbach und Hoppersheide, Kempen und Kalmünten, diese alten Flurnamen stehen heute für bevorzugte und privilegierte Wohngebiete. Nur schweren Herzens hat die Gemeinde Odenthal im Gefolge der kommunalen Neugliederung die 4000 Schildgener mit ihren 50 Gewerbebetrieben gen Gladbach ziehen lassen.

→ Die Arche Noah
schmückt die sonst
schlichte Schildmauer
an der Kirche.

Katharina macht's möglich

Daß der andere periphere Stadtteil, das 1000jährige Herkenrath »hinter den Bergen«, aus seiner ländlich-idyllischen Beschaulichkeit in das gleißende Licht einer kunstinteressierten Öffentlichkeit treten konnte, verdankt es einer zierlichen Dame. »Die Parler und der schöne Stil 1350 bis 1400 – Europäische Kunst unter den Luxemburgern«, auf dieser vom Kölner Schnüt-

genmuseum nach jahrelanger Vorbereitung gezeigten einmaligen Ausstellung sah unsere Dame, die 600 Jahre alte Herkenrather Katharina, Herzögen, Präsidenten und über 300.000 Besuchern aus aller Welt in die Augen. Die 105 Zentimeter große Holzskulptur entstammt der im Mittelalter über ganz Europa verzweigten Künstlerfamilie der Parler, die in Köln und später am

Prager Hof Karls IV. wirkten. Während die meisten Kunstwerke aus Ostblockstaaten auf die Ausstellung kamen, brauchte die schöne Katharina nur von Herkenrath nach Köln zu reisen. Bis zu ihrem großen Auftritt dort hatte sie ein sehr zurückgezogenes Dasein geführt. Kenner wußten diese gelungene Darstellung der heiligen Katharina, die wegen ihrer vor dem Kaiserthron be-

Weithin sichtbar ragt der weiße Turm von St. Antonius Abbas, katholische Pfarrkirche von Herkenrath, ins Land.

wiesenen Beredsamkeit auch Nothelferin der Stotterer ist, schon immer zu schätzen. Der Heiligen selbst aber brachten ihre mutig vorgetragenen Glaubensbekenntnisse einen grausa-

Der Taufstein aus dem 12. Jahrhundert ruht auf vier Säulen. Menschenähnliche Köpfe zieren das Becken.

men Tod. Nicht nur, daß sie standhaft
kaiserliche Heiratsanträge abwies,
sondern auch noch Frau und Freunde
des Despoten zum Christentum be-
kehrte. In ohnmächtiger Wut ließ sie
der Kaiser enthaupten.

Doch zurück zur Gegenwart. Der hölzernen Katharina nämlich widerfuhren
nur Huldigungen. Das Kölner Abenteuer ist ihr offenbar gut bekommen.
An der Eleganz, mit der sie ihren Mantel rafft, und ihrem unkonventionell
fließenden Langhaar hat sich nichts
geändert. So verleiht sie wieder Glanz
dem Hause, das seit 600 Jahren ihr
Domizil ist: St. Antonius Abbas, Pfarrkirche zu Herkenrath.

Mit ihrem weithin sichtbaren Turm war
die Kirche lange Wahr- und Kennzei-
chen des Ortes. Erst seit kurzem lenkt
ein neues Schulzentrum mit seinen
aufeinandergestapelten Fensterfron-
ten den Blick des Vorüberfahrenden
auf sich und kündet von einer neuen
Phase Herkenraths als einem aufstrebenden Wohnort: die Bildung eines
attraktiven Ortskerns. Die Erneuerung
setzte schon vor mehr als 20 Jahren
ein, und zwar mit zum größten Teil auf
kircheneigenem Boden errichteten
Wohnsiedlungen. Während sich über
Jahrhunderte nur die bergischen Fach-
werkhäuser um die Kirche scharten,
sieht man jetzt auch immer häufiger
die Walm- und Flachdach-Bungalows
der Neusiedler. St. Antonius nimmt sie
gewissermaßen alle unter seine Fitti-
che. Und die zierliche Katharina zehrt
von ihrem großen Ausstellungserleb-
nis. Einige Monate lang hat sie in voll-
endeter Grazie einem weltweiten Publikum ihre Verbindung mit Herkenrath
offenbart – gewiß mehr Betrachtern als
je zuvor in ihrer 600jährigen Existenz.

Die hl. Katharina, der
kostbarste Besitz der
Herkenrather Kirche.
Die 105 cm hohe Holz-
skulptur entstammt
der berühmten Künst-
lersippe der Parler.

Ansichten von Herkenrath. Straßen mit neuem
Gesicht markieren die Entwicklung dieses Orts-
teils.

Ritter wider das elende Leben

Eine Kommende war die unterste Verwaltungszelle des Ordens, in der Ländereien und Waldungen zusammengefaßt waren. Ihr Verwalter war der Komtur. Mit seinen Ordensbrüdern bewohnte er ein festes Haus im Mittelpunkt der Kommende, die Komturei. Bis zu ihrer staatlich verfügten Auflösung im Jahre 1806 war die Herrenstrundener Komturei mal Stätte »klö-

Fast zur gleichen Zeit, als ein Kölner Parler die Herkenrather Katharina schnitzte, legte von Herkenrath aus eine geistlich-ritterliche Bewegung den Grundstock zur Kommende Strun-

> Joachim spar de trã po
> comēdator
> in herrn strunt
> me fieri fecit 1555

den. Der während der Kreuzzüge entstandene Johanniterorden hatte Besitzungen in Herkenrath und übte das Patronatsrecht über St. Antonius aus. Mit dem Wechsel nach Strunden, wo schon vorher eine Kommende existiert hatte, ergab sich sogleich eine Aufwertung des Weilers im Tal. Fortan hieß er nur noch Herrenstrunden. Der Johanniterorden, der sich jahrhundertelang als Wächter des Christentums und als Bollwerk gegen den Islam verstand, erhielt 1530 von Kaiser Karl V. die Insel Malta geschenkt. So wurden aus Johannitern »Malteser«.

sterlich-ritterlich ernsten Lebens«, mal mehr fette Pfründe der später nur zeitweise in Herrenstrunden weilenden Komture. Dr. Anton Jux, Gladbacher Historiker, notiert nicht ohne Groll:

Inschrift und Wappen des Komturs Joachim Sparr von Trampe auf der Kirchenglocke.

↓ Als Hotel und Restaurant verbindet die Malteser-Komturei in Herrenstrunden Vergangenheit und Gegenwart auf delikate Weise.

»Die Herren aus dem Adel erblickten in den Kommenden eine Versorgungsmöglichkeit für nachgeborene Söhne, und das alte, hohe Ideal der Kreuzzugszeit mit dem Gelübde der Armut geriet sehr ins Hintertreffen. Bei der Anwesenheit in Herrenstrunden führten die Komture ein behagliches Leben vornehmer Art. Die Nähe der Reichsstadt Köln bot ihnen viele Vorteile. Der Tisch im Kommendehaus war immer wohl gedeckt, wozu die ordenseigenen Höfe mit den vertraglich vorgeschriebenen Naturalabgaben ein Erkleckliches beisteuerten.«

getrennt. Die Burg war Sitz derer von Strunde, bis sie im 14. Jahrhundert an die Kölner Familie von Zweiffel überging. Sie ist eine malerische, mit viel Atmosphäre behaftete Anlage, die gleich der ihr benachbarten Komturei gastronomischen Genüssen dient – allerdings mit einem wesentlichen Unterschied: »Im Gegensatz zu der kellerlosen Komturei hat Zweiffelstrunden unter der Burg wie unter dem Turm einen kleinen, gewölbten Keller«, so der Historiker Jux, der damit wohl auf die schätzenswerten Weinvorräte anspielte.

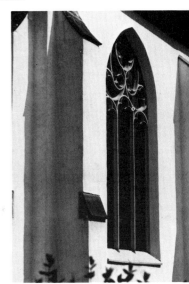

Auch heute ist der Tisch im Kommendehaus wohl gedeckt. Die Malteser-Komturei Herrenstrunden ist ein weithin bekanntes Hotel-Restaurant mit einem der größten Reiterhöfe des Bergischen Landes. Das modernisierte Gebäude stammt aus dem 17. Jahrhundert. Zu ihm gehörte auch die Malteser-Mühle, für deren exzellenten Zustand ein baudenkmalbewußter Eigentümer Lob verdient.
Dann sind im Tal der Strunde noch Burg Zweiffel und das Burggut Zweiffelstrunden – seit dem Bau der Kürtener Straße 1848/49 voneinander

↑ → Burg Zweiffel – ebenfalls Restaurant – und die Kirche, weitere historisch bedeutende Baudenkmäler an der Kürtener Straße in Herrenstrunden.

Draußen vor der Schloßtür

*»Schlösser auf Bergen,
von Wäldern umspannt.
Bensberg, die Torburg
zum Bergischen Land.«*

Mit diesem Spruch gewann Wilhelm Weber, Bensberg, Rosenhecke, den 1. Preis in einem 1935 vom Bensberger Gemeindeverkehrsamt ausgeschriebenen Schlagzeilenwettbewerb. Den zweiten Platz sprach das Preisgericht einem Zweizeiler zu, der pfiffig einen Bezug zum größten Reimer deutscher Zunge nutzte:

*»Ragendes Bensberg,
an Schönheiten reich,
Goethe pries dich
dem Göttersitz gleich.«*

Goethe hatte Bensberg im Jahre 1774 in Begleitung J. G. Jakobis besucht. Im Tagebuch des Freundes hielt der damals fünfundzwanzigjährige Goethe seine Begeisterung über den Ort fest: »Schloß und Dorf Bensberg liegen auf einem hohen Berge, von dem man viele Meilen voll Wälder, Äcker und Heiden, in der Ferne eine Strecke des Rheins und die berühmten sieben Berge sieht. Wir speisten in einer schönen Laube, dicht an einem Gärtchen voll Blumen, hinter dem Gärtchen öffnete sich ein Teil der großen Aussicht. Ich glaube, daß die Götter dann

und wann auf einer silbernen Wolke so ihren Nektar trinken und die Hälfte der Erde übersehen.«
Johann Bendel schrieb in seinem »Heimatbuch des Landkreises Mülheim«: »Bensberg mit seinem ragenden Schlosse auf des Berges Spitze prangt so hoch und hehr über dem Königsforste, daß es zum Wahrzeichen des ganzen Kreises Mülheim wird. Ein Blick bei Sonnenuntergang auf die gekrönte Feste von Westen aus bleibt wie gebannt an dem prächtigen Schauspiele hängen, denn in den Fensterreihen spiegelt die schlafengehende Sonne sich, und der Schloßberg erscheint wie ein Silberschloß aus dem Märchenlande.«
Bürger, Dichter, Historiker preisen einen Ort, dem bis heute eine besondere Faszination eigen ist. Dabei muß nicht einmal so sehr emotionale Anfälligkeit im Spiel sein. Ein wenig Sinn für Historisches genügt schon, um den einen oder anderen Schauer zu verspüren: Schloß, Burg und Rathaus hoch über dem dunstigen Köln – »Sonnenbalkon über der Rheinebene« (Goethe) »kunstvolle Bauwerke auf den ersten Randhöhen des Bergischen Landes« (Rheinisch Bergischer Kalender). Auch von der B 55 aus, nach der letzten Kurve von Overath kommend, bieten sich Schloß, Burg, Rathaus und die Kirche kompakt auf einen Blick

dar, wahrhaft erhaben! Zudem gute
Luft, hoher Freizeitwert, 15 Autominu-
ten von Köln, Straßenbahn. Es muß objektiv gefallen, in Bensberg zu wohnen.
Bensberg, hoch über wildreichen Wäldern, war von jeher idealer Platz für
Herrschende und deren Lieblingszeit-
vertreib: Jagen. Das allgemeine Jagdrecht, das in früheren Zeiten gegolten
hatte, war schon im Mittelalter zugunsten der Könige, Herzöge, Fürsten,
Grafen und Junker verschwunden. Nur
noch einmal fand eine Art Volksjagd
statt, als man auf Bitten der von Wild-
schäden geplagten Bauern eine Zäh-
lung vornahm und allein im Königsforst
4000 Hirsche registrierte. »Bis auf 100
und die Wildschweine gänzlich zu ver-
tilgen«, lautete darauf die kurfürstliche
Order. »Im Oktober 1790 begann nun
ein lustiges Knallen im Königsforste
bis in den Dezember hinein ... da
konnten auch die ärmsten Leute den
ganzen Winter hindurch sich satt am
Wildbret essen, und die Wilderer
brauchten bei ihrer heimlichen Arbeit
sich auch nicht mehr zu fürchten.« Am
Dienstag nach Weihnachten feierte
die von der Wildplage befreite Bevölkerung die als »Bensberger Hirsch-
fest« in die Annalen eingegangene
Danksagung.
Die Jagd, ansonsten also ein »fürstlich-
adelig Pläsier«, bereitete den Bauern
zwar Sorgen, Bensberg jedoch
erwuchs daraus die Sympathie des
Landesherrn. Dort, wo er während
großer Jagden und bei schönem Wetter »unter starken Eichen im Freien
offene Tafel gehalten«, ließ Kurfürst
Johann Wilhelm II. (Jan Wellem) sein
Jagd- und Lustschloß bauen. In den Jahren 1705 bis 1711 errichtete Baumeister Matteo Graf d'Alberti, Chef des
herzoglich-bergischen Bauwesens,

46

nach Versailler Vorbild die »Baumasse mit Fernwirkung«. Diese keineswegs despektierlich gemeinte Bezeichnung drückt ganz simpel den markantesten Effekt des Schlosses aus. Denn das Bauwerk stand nicht nur am alles überragenden Platz, sondern war zudem noch kalkweiß geschlämmt, was es geradezu riesenhaft leuchten ließ.

Als 1978 von kompetenter Seite der Vorschlag gemacht wurde, das Schloß wieder weiß zu streichen, verblüffte das die Vertreter der Stadt: »Das darf doch nicht wahr sein!« – Es hat jedoch seine historische Richtigkeit, und der Anstrich bietet dem relativ weichen Stein auch einen wichtigen Schutz. Daß damit allerdings den Bürgern eine traditionelle Sicht des Schlosses genommen und ein bauästhetisches Umdenken abverlangt würde, steht außer Zweifel. Nun, das Bensberger Barock hat den Bürgern eigentlich seit jeher einiges abverlangt. Denn das von den Italienern Pellegrini und Zanetti einerseits und dem Niederländer Jan Weenix andererseits stilvoll ausgestattete und ausgemalte Schloß ist nie seinem ursprünglichen Zweck dienlich gewesen. Im Innern bis auf einige Räume, die das kunstsinnige Reisepublikum des 18. Jahrhunderts entzückten, unfertig, hat es nämlich provisorisch stets wechselnde Aufgaben übernehmen müssen, wobei sich am Ende das Provisorische als das einzig Beständige erwies.

Als Jan Wellem 1716 starb, zogen Künstler und Handwerker, viele aus Italien und Frankreich, ab. Der Glanz einer Epoche ging dahin. Für das Schloß wurde ein »Admodiator« bestellt, dessen Verwaltungspflichten sich in der Familie Moureaux bis ins 19. Jahrhundert vererbten. Als letzte

ihrer Zunft wirkte Clara Moureaux, liebevoll »Schloßjuffer« genannt.
Die wechselvolle Nutzung des Schlosses ging einher mit den Wechselfällen
der Geschichte. Im Siebenjährigen
Krieg hielt ein Militärkommando das
Schloß besetzt, danach belegte eine
Invalidenkompanie einen Seitenflügel.
Als Goethe es 1774 sah, war das
Schloß außen noch intakt, und die voll-
endeten Räume fanden seine Bewunderung: »Was mich daselbst über die
Maßen entzückte, waren die Wandver-
zierungen durch Weenix . . . Man begriff nicht, wie sie durch Menschen-
hände entstanden seien und durch
was für Werkzeuge . . . Man näherte,
man entfernte sich mit gleichem
Erstaunen. Die Ursache war so bewun-
dernswert als die Wirkung.«
Von 1793 bis 1795 war das Bensberger
Schloß Hauptarmeespital für die Truppen des österreichischen Kaisers.
Damit begann der Niedergang aller
Schloßherrlichkeit. Fast 3000 Todes-
fälle in dieser Zeit (es grassierten
Typhus und das sogenannte Lazarett-
fieber) beschreiben den ganzen Jam-
mer, der sich in allen Räumen des
Schlosses, mit Ausnahme der kurfürstlichen Gemächer, abspielte. Die Toten
wurden im nahen Kiefernwald der
Hardt begraben, dort, wo heute noch
die Gedenkstätte des österreichischen Friedhofs daran erinnert. Den
Österreichern folgten für Jahre die
Franzosen. Bis 1813 starben etwa 4000
französische Soldaten, die auf dem
Französischen Friedhof, gleichfalls in
der Hardt, liegen.
1838 begann für fast ein Jahrhundert
ein neues Kapitel Bensberger Schloß-

→ Jan Wellems Jagdschloß, das Neue Schloß,
wurde zum Wahrzeichen von Bensberg. Das
Bauwerk dient heute als belgische Internats-
schule und ist dem Publikum nicht zugänglich.

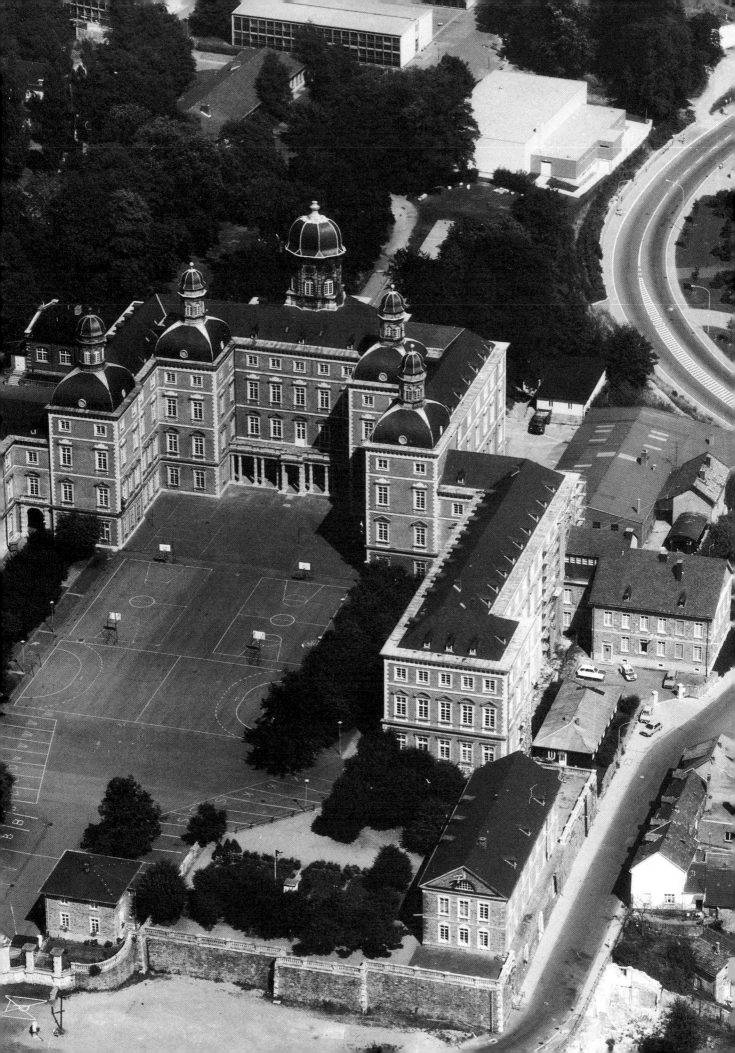

geschichte. Preußenkönig Friedrich
Wilhelm III. verfügte per Kabinettsorder die Errichtung einer Kadettenanstalt im Schloß, und die rein zweck-
orientierten Umbaumaßnahmen machten das Bauwerk nicht schöner. Dafür
durften die Bewohner von Bensberg zu
Prinzenbesuchen, königlichen und später kaiserlichen Feiertagen die bür-
gerliche Staffage abgeben. Aber in

← Johann Wilhelm II.,
Kurfürst von der Pfalz,
genannt Jan Wellem,
weilte oft in Bensberg.

das Schloß kamen sie nicht. Nur die
Bürgermeister wurden von den Kommandanten »zu der Feier ergebenst
aufgefordert und gleichzeitig auch zu
dem im Kasino des Kadettenhauses

↑ Die Stuckarbeiten
des Schlosses wurden
größtenteils von
damals in Bensberg
weilenden italieni-
schen Handwerkern
gefertigt.

50

Wer das Glück hat, im Rahmen der leider nur sehr seltenen Führungen in das Schloß zu gelangen, erhält noch immer eine Ahnung von dem einstigen Prunk des beeindruckenden Kunstwerks und kann einen »Hauch von Versailles« spüren oder gar, je nach Sensibilität, den Atem der Geschichte.

stattfindenden Festessen. Anzug: Gehrock, schwarzer runder Hut.«

1918 war es aus mit Kaiser und Kadetten, und mit Bensbergs Prachtschloß ging es weiter bergab: zunächst ordinäre Kaserne und schließlich Obdachlosenunterkunft. Dann gab es 1934 einen allerdings verhängnisvollen Aufschwung. Jan Wellems Jagdschloß wurde »Napola«, nationalpolitische Erziehungsanstalt. Mit der NS-Eliteschule zog in das äußerlich wiederhergerichtete Bauwerk der Ungeist des Naziregimes ein und brachte die am tiefsten gehende Zweckentfremdung des kurfürstlichen Baus; denn die Aufgabe der Nationalpolitischen Erziehungsanstalten war »die Heranbildung deutscher Jungen zu Nationalsozialisten, tüchtig an Leib und Seele für den Dienst an Volk und Staat«.

Seit dem Krieg und verschiedenen alliierten Einquartierungen dient das Schloß als belgisches Internat – bis heute. Und die Bürger dürfen wieder

nur Staffage für königlichen Besuch spielen. Daß sie es aber gern tun, zeigte sich, als am 7. Oktober 1969 Königin Fabiola das »Königlich-Belgische Athenäum« inspizierte.

51

Vom Witwen- sitz zur ›Wagener-Burg‹

benen Wettbewerb zum Bau des Rathauses gewann, fand in dem Platz der alten Burg günstige Voraussetzungen für sein Gegenstück zur Reißbrett- und Stapelmonotonie. Knicke und Krümmungen, Winkel und Wölbungen – ihre Vielfalt ermöglicht es, Eintönigkeit zu vermeiden. Die den Mittelteil bildenden acht Geschosse münden in den ausgebreiteten Flügeln. Der Berg

← Als das Bensberger Rathaus mit seiner »Beton-Blume« das Staunen der Betrachter erregte, war der Blick in die Landschaft noch unverbaut. Heute erhebt sich auf den Wiesen im Hintergrund »Manhattan«.

↓ Das alte Schloß zu Bensberg. Die Aufnahme stammt aus einer Zeit, da es noch als Krankenhaus diente. 100 Jahre lang sorgten hier die Dernbacher Schwestern für die Kranken der Stadt.

Wenn Bestürzung sich in Bewunderung wandelt und Empörung fast in Ehrfurcht umschlägt, wenn zunächst stutzige und skeptische Bürger nur noch stolz sind, so ist damit in etwa ein Ereignis umschrieben, das in der allerjüngsten Bensberger Geschichte spielt: Dieses Ereignis, das weltweit Furore gemacht hat, heißt »Bensberger Rathaus«. »Das Bensberger Rathaus widerlegt die These«, schrieb die Frankfurter Allgemeine, »unsere verwaltete Welt müsse aus einem Kasten regiert werden, dessen Fächer numeriert und tot gestapelt sind. Die

↑ 1959 hatten die Bensberger noch diesen Blick vom Marktplatz aus auf das alte Schloß.

→ Das Bild auf den folgenden beiden Seiten beweist, daß die Einbeziehung der alten Schloßreste in den Neubau des Rathauses hervorragend geglückt ist.

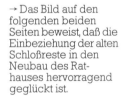

Wiedereroberung der Gestalt – nichts anderes bedeutet dieser Versuch, der einem kleinen Ort an einer Stelle Hoheit verleiht.«
Gottfried Böhm, der den ausgeschrie-

hat mitgewirkt an diesem Werk, und der kluge Architekt hat dies nicht verhindert, sondern den Turm mit seinem vielkantigen Stumpf als zweckfreie Plastik benutzt, um diesem Berg den

←↓ Eingang und Treppenhaus des neuen Rathauses. Im Innern setzt sich der eigenwillige Baustil fort. Die Materialien bestechen durch ihre Schlichtheit.

neuen Gipfel zu geben. Die Fenster umschlingen wie wellenförmige Bänder den Böhmschen Beton. Glücklich gelungen ist die Verbindung von historisch bedeutsamen Burgresten mit dem Neuen.

Doch zur Kunst gehört Kritik! »Aapefelsen«, riefen erschrockene Bürger, als sich der Rohbau aus den Brettern schälte, und forderten sofortigen Abriß der »Wagener-Burg«. Der damalige Stadtdirektor Wilhelm Wagener galt als der heftigste Betreiber des ehrgeizigen Projekts. »Außergewöhnliches Abenteuer«, begeisterte sich die Süddeutsche Zeitung. An ein »Vereinsgebäude des Ku-Klux-Klan« fühlte sich das Dresdner Wochenblatt erinnert. »Zwinguri«, schrieb Die Welt und »Bürger-Burg« der Berliner Tagesspiegel. Während der Bonner Generalanzeiger das »modernste Rathaus Europas« feierte, sah man im fernen Hongkong die Maßstäbe realer: »Modernstes Rathaus in der Bundesrepublik Deutschland«. Der Spiegel formulierte lapidar »dat Dingen«. Und die bilderscheue Londoner Times bot sogar ein Foto zur Beeindruckung ihrer Leser auf.

↑ Malerhaus, Gasthaus Wermelskirchen, Rathaus – diese inzwischen berühmte Ansicht ist zu einer neuen idyllhaften Darstellung Bensbergs geworden.

Zwei Jahre nach der Grundsteinlegung konnte 1967 der erste Bauabschnitt des neuen Rathauses seiner Bestimmung übergeben werden. Bürgermeister und Stadtdirektor – der Rathausplatz trägt den Namen des 1970 verstorbenen Verwaltungschefs – prophezeiten:
»Die Nachwelt wird an einem Gebäude wie dem Rathaus in Bensberg

→Bruchstein und Beton – das Alte neben dem Neuen. Kontrastreich ist auch das Licht und Schattenspiel am Aufgang zum Dachgarten des Ratskellers.

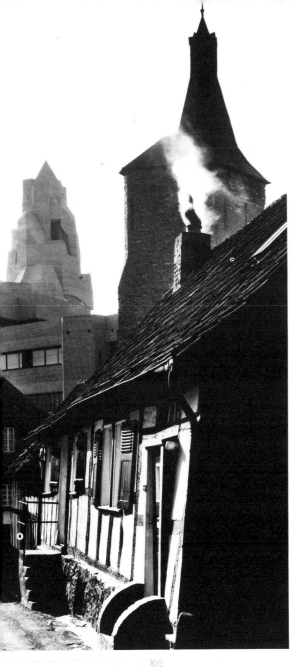

gegenüber Köln«, den man in der Turm-
gestalt des Rathausbaues erblickte,
konnte allerdings die späteren poli-
tisch-wirtschaftlichen Entscheidungen
der Kommunalreformer nicht aufhalten.
Doch das ist ein anderes Kapitel.
Einbezogen in das Rathaus sind die
Überreste der alten Bensberger Burg.
Vom Anbeginn ihrer Existenz als
»castrum banni« im 10. Jahrhundert
war der Bensberger Burg ein perma-
nentes Auf und Ab beschieden. Wilhelm IV. (1539–1592), genannt der Rei-
che, erkor die nach völliger Zerstörung
wiederaufgebaute Burg zu seiner Resi-

↓ Der Ratssaal steht
auch den Bürgern für
alle möglichen
Veranstaltungen zur
Verfügung.

→ Das
»Rau-
schen im
Blätter-
wald«
zum Bau
des Bens-
berger
Rathauses
versucht
die Mon-
tage auf
den fol-
genden
beiden
Seiten
wieder-
zugeben.

später erkennen, daß die Mitte des
20. Jahrhunderts nicht nur durch klein-
liches Zweckmäßigkeitsdenken,
sondern auch von dem Willen geprägt
worden ist, künstlerisch vor der
Gegenwart und der Zukunft, aber auch
neben den Leistungen der Vergangenheit zu bestehen.«
Der damals den Bensbergern unterstellte »trutzige Behauptungswille

denz. Danach aber wurde sie Witwen-
sitz und spendete Trost den Frauen,
deren gräfliche und herzogliche Ge-
mahle verschieden waren. Nach einer
vorübergehenden Nutzung als Krankenhaus ergriff die Kommune Besitz
von der inzwischen stark baufälligen
Burg und überantwortete sie schließlich wagemutig dem eigenwilligen
Gestaltungsdrang des Gottfried Böhm.

1/16 H

4. NOV. 1966

Eine Stadt baut sich ein Schloß

Heftige Diskussionen um Bensbergs neues Rathaus

Eigenbericht der WELT

Bensberg, 3. November

...berg, das kleine Städtchen im ...en Land, bevorzugtes Sied... ...iet bessergestellter Kölner, ist ...ns im internationalen Ge... ...bst der Zeitungsleser in ...imes", die ...

Baudenkmal ein ausdrucksvolles Zeugnis der weit zurückreichenden Geschichte Bensbergs. Die Bedeutun... alten Schlosses in Verbind... neu zu bauenden ... tragen, die ... men, ...

KÖLNISC...

Im Pressespiegel

Frankfurter Allgemeine: "Der Bau setzt in enger baulicher Verbundenheit mit dem 600 Jahre alten Berg-fried des alten Schlosses der Stadt einen modernen Ak-zent."

■ **Düsseldorfer Nachrichten:** "Ziemlich grotesk wirkt der Neubau des Rathauses der Stadt Bensberg."

■ **Der Feuerreiter:** "So ein originelles Rathaus kann man weit suchen. Die Rats-burg respektiert mit ihren Zielen, Winkeln, Absätzen und Vorsprüngen die alte Stadtsilhouette, ohne im mindesten altmodisch zu wirken."

■ **Il Nuova Citadino Ge-nova:** "Schloß aus Zement. Das modernste und ohne Zweifel sonderbarste Rat-haus der Bundesrepublik."

... Fragmente an ... ...urte sich den ...haus ... einen ...

Freitag, 27. Oktober 1967 — Nr. 252

1/16 H

Bensberg

Neue Rhein. Ztg.

Das Wagnis vor den Toren Kölns hat sich gelohnt

Bensberger Bürger blicken v... Stolz auf ihren „Affenfelse...

Kölner Stadt-Anzeiger — Nr. 120

... nachgebil... ...übergangslos an... ...neuen Teilen des Baues ...det er jedoch historisierende Angleichung oder gar eine Rekonstruktion der früheren Burg, sondern geradezu brutal eine ... festung dage... ...un...

... dem Ko... man einzuhalte...

... Spekta... ...eil das ...diesen ...erw...

AN RHEIN UND RUHR

Rhein. Post

...berg, dem geschichtsträchtigen ...en bei Köln, träumt nicht ... Vergangenheit vor sich hin. ...n dreißiger Jahren träumt auch ... — vom eigenen Rathaus. Das ...jetzt anders: Sieben Millionen ... viel Beton und die Phantasie ... Kölner Architekten Professor ...m schaffen der Stadt den ersehn-...Mittelpunkt. Schon zeugt der Roh-...u vom Stolz Bensberger Bürger.

Turmbau zu Bensberg

Rat und Verwaltung von Bensberg haben ... ihre Dienststellen unter dem Zwang drasti-...schen Raum-Mangels auf fünf verschiedene ...Häuser verteilt. In Zukunft — so sagten sich ...die Stadtväter — soll der vielgeplagte Bürger ...alle Behörden in einem Gebäude vereinigt ...finden. Und weil sich dieser löbliche Gedanke ...mit eigenen Wünschen deckte, schrieben sie ...eigenem ... Bedingung ...ürdiges sollte mit kecker ...Professor ... Sohn

6. AUG. 1966

Rates. Insgesamt war das den verantwort-lichen Herren sieben Millionen wert.

An historischen Stätten hat Autorität ihren angestammten Platz. So war der Standort des neuen Rathauses keine Frage: Auf einem Hang oberhalb der Hauptstraße Bensbergs liegt die alte Burg. In vergilbten, brüchigen Urkunden wird sie schon um 1103 erwähnt. ...diente den Grafen von Berg als Aus... ...ihre Fehden gegen Kurköln. ...nachtenglück ... zerstört

So ist die Freude von Rat un... über den Neubau verständlich... es erst ein Rohbau ist. Stadtd... ist besonders stolz. Das drüc... feierlichen Bekenntnis aus: „D... punkt meines Schaffens. M... habe ich mich den Vorberei... diesem repräsentativen Pr... Skeptiker schauen indes ... "Wagner-Festung" empor ... Parole: „Mit dem Rathaus l...

Mit der Zeit werden un... verstummen. Bestehen ... das von der F... ...ralt...

... blieb, ...
Domberge von ...
fe von Mies va...
kleeblattartig eingeb...
r er dann in den Klassizi...
die geistige Nachbarsc...
 d in unserer Gegenwart selbst
chwenkte, sind die ...
r e n d in unserer Gegenwart selbst
ine Wallfahrtskirche ...
kirche in Köln, ähnlic...
... Ansichten lasse...
... Vie...

BLICK IN DIE ZEIT

ft gelobt und viel getadelt: Die Burg der ürger von Bensberg

as neue Rathaus erregte weltweites Aufsehen

Samstag, 12. September 1970 / Nummer 211

„Christ und Welt" analysier-
aus dem Bauwerk „trutzigen
...swillen gegenüber
... Kölner „Ex-
...to-

übrigen bildlosen Seite 2 zu ver-
öffentlichen.

„Schloß aus Beton" konsta-
tierte „Il nuovo Cittadino" in
Genua und überließ es seinen
Lesern, das „Schloß" gelungen
oder nicht. In Ancona ...
... in solchen Din-
... wen i-

Die Turmgestalt

Das Rathaus in Bensberg

Das Rathaus in Bensberg hat einen archa-
ischen Standort. Auf dem alten Burghüge
... erhebt sich die zu einem Turm
Sie umfaßt weitausschwin
... berührt am End
... des Mittelalter
... Gestalt des Rat
Echo auf die alte
... höher nun, als al
Vergangenheit wa
... st eher noch leichte
... zwanziger

Burg auf dem Berg — ein teurer Spaß

Öffentliche Bauten ohne Maß (V)

7 Millionen DM für das neue, turmreiche Rathaus von Bensberg

Von unserem Mitarbeiter ROLF GILBERT

...ember. Der Plan Kölns,
Bensberg einzugemein-
... zwanziger Jahre zurück.
... die übermächtige Dom-
... ehemalige Kölner
Bensberger arbeiten
... da, daß Be-
... mie

dominiert jedoch der fünfgeschossige neue Bau,
dessen Fassade mit 1,70 m hohen Sichtbeton-
bändern sich terrassenförmig aufbaut.
Schon der ...
druck ...

...ick erweckt den Ein-
...land, die dort am
...druck verstärkt sich
...Baus betritt. Weite
...wischenflächen und
...haus, bestätigen, und
...che unverhältnis-
...geopfert wurde.
... nüchtern gehal-
...nke aus Kunst-
... sehr großen
...cht verkleidet,
...e Decken in
... Nur Bürger-
... mmer. Über
...Grundfläche
... altung nach
... es Jahres

men. Und so fiel die Beschaffung der Gelder,
die die Stadt aus eigenen Mitteln aufbringen
mußte, nicht leicht. Drei verschiedene Quellen
wurden angezapft. Ein Drittel der Summe er-
brachte der Verkauf von Häusern und Grundstücken, die zum größten Teil bisher die Verwaltung beherbergten. Das zweite Drittel lieh
man sich auf dem freien Markt, der Rest
wurde aus Rücklagen der Stadt zu Verfügung
gestellt. In den letzten Jahren hat Bensberg
ein Gymnasium und eine Realschule für je
sieben Mill. DM gebaut. Der neue finanzielle
Aderlaß für die Errichtung des Rathauses, wie
die Belastung durch Verzinsung und Abzahlung
des aufgenommenen Darlehens lassen den Plan,
in naher Zukunft auch noch ein Schwimmbad
für 5,5 Mill. zu errichten, recht kühn erscheinen.

Eine Möglichkeit, das Rathaus mit geringe-
ren Mitteln zu errichten, hätte durchaus bestanden. Sie scheiterte mit an der Tatsache,
daß die Stadtväter ihr Rathaus als Symbol
der Zusammengehörigkeit der neun Gemeinden
Bensbergs, die auf einem Areal von 6200 ha
liegen, betrachten wollten. Dies große
so glaubten sie, ließe sich nur ...
... Höhe des alten Schlosse
... ihre Veru...
... Landgeme...

25. Juni 1967

...burg und ...ergfried

Zentrum

ist die Einweihung des

...ligen Bensberger Baues

...Wachstum
... e Grö-
... ürmend.
... te, das
... eppen-
... zwei

„Die Zukunft" ...
...das Jahr 2000", fand di
...alenpost", sei dies Rat
... konzipiert. Davon woll
...n Luxemburg gar nicht
...en. „L'avenir", die Zeitun
„Die Zukunft" heißt, tat die
...zwei Zentimeter hohen
...kund: „HORRIBLE!"

„Gralskelch"

Bensbergs Bürger selbst ko
...ten sich auch bis heute n
...einigen. Soll Bensberg
...„Böhmsberg" getauft wer
...das Rathaus „Akropolis"
...„Aapefelsen"? Ist es „ein gr
...Wurf" oder eine „Raubri
...burg von unseren Steuerob
...sen"? Wird es eine „Zwingb
...oder ein „Gralskelch un
...Freiheit" sein?

Bundesinnenminister
...der aus den Fenstern
...Hauses auf den „Ratsbu
...(„FAZ") herabblicken
...fand in einem Leserbrie
...Lösung: „Bensberg wird e

Wie Vergangenheit lebendig bleibt

Auf das Bensberger Gast-Gewerbe hat heute noch Goethe einen günstigen Einfluß. Seit seinem Besuch im Jahr 1774 gibt es ein nach ihm benanntes Haus, obgleich er nur in dessen

Laube gespeiset, den herrlichen Schloß- und Talblick genossen und mit seinem Begleiter disputiert hat. Das Goethehaus von heute hat zwar spätbarockes Gepräge, ansonsten aber sind die dort gereichten Genüsse kulinarischer Natur.
Neben einigen typischen, mit viel Liebe und denkmalpflegerischem Geschick gehegten Fachwerkhäusern –

sowohl öffentliches als auch privates Engagement hat sich dabei hervorgetan – gibt es im Banne der Burg und des Schlosses das sogenannte »Türmchenhaus«. Seine heutige Verwendung garantiert ihm auch den Erhalt für die Zukunft: es dient als Heimatmuseum.
Als dieses Museum am 31. März 1928 um 11.00 Uhr feierlich eröffnet wurde – das erste im Kreise Mülheim – war es noch im Obergeschoß des Rathauses im alten Schloß untergebracht. Das zur Museumsbleibe erkorene und zu diesem Zweck angekaufte Türmchenhaus

war noch bewohnt. Nach den Kriegsjahren und der Besatzungszeit entsprang die Errichtung des Heimatmuseums dem Bedürfnis nach Selbstfindung und Selbstbesinnung.
In einem (auch politisch motivierten) Kraftakt stampfte man es aus dem Nichts. Träger war der ein Jahr vor der Gründung ins Leben gerufene Verein »Alt Bensberg«. Von anderen zu der Zeit geschaffenen Heimatmuseen unterschied sich das Bensberger dadurch, daß es den damals noch bedeutsamen Erzbergbau in Geschichte und Gegenwart ausführlich darstellt.

Jetzt steht dort, wo »der Dichter auf seiner ersten Rheinreise 1774 weilte«, ein neues Haus. Das Goethehaus in Bensberg hält die Erinnerung an den Besuch des großen Dichters wach.

→ Weniger bekannt ist dieser Blick auf die evangelische Kirche Im Bungert.

Dann natürlich war dem Schloß eine exponierte Abteilung gewidmet. Die Bestände des Heimatmuseums sind ständig aufgestockt worden. Neben einem Wolfertshammer, einem wassergetriebenen Schmiedehammer zur Herstellung von Sensen und ähnlichen Schneidwerkzeugen, kamen Werkstätten zur Papier- und Lederverarbeitung hinzu – wie sich erwies,

Attraktionen für das Publikum. Da bewegt sich was, da tut sich was, da werden traditionelle Handwerksformen lebendig veranschaulicht.
Heute gibt es große und größere Pläne über die Zukunftsgestaltung des Bensberger Heimatmuseums. Während ein vorgesehener Ausbau zu einem »Rheinischen Museum für Bergbau« seine Planungsphase bereits verlassen hat und zur Realisierung ansteht, kommen mit einem Mal Überlegungen auf, das ganze Viertel am Bensberger Burggraben mit einzubeziehen und ein Museumsdorf zu schaf-

fen, ein »Bergisches Museum für Bergbau, Handwerk und Gewerbe«.
An Sehenswürdigkeiten hält Bensberg auch für diejenigen Beachtliches bereit, die sich für die vor-römischen Zeiten des Rheinlands interessieren. Kenner wissen um die Erdenburg, eine eisenzeitliche Ringwall-Anlage auf einer flachgewölbten Kuppe nordwestlich von Moitzfeld. (Andere assoziieren möglicherweise mit der Bezeichnung ein Ausflugscafé gleichen Namens und Berge von Waffeln, Reis, Sirup und Sahne – gewiß auch eine bergische Spezialität, aber eine absolut aktuelle.) Kenner wissen weiter, daß die Erdenburg ein Verteidigungswerk gegen Feinde darstellte – nur gegen welche, ist auch ihnen nicht eindeutig geläufig. Ob sie den Si- oder Sugambrern, einem rechtsrheinischen Germanenvolk zwischen Sieg und Ruhr, in ihrem Abwehrkampf gegen die von links vordringenden Römer von Nutzen war, oder ob sie eine keltische Höhensiedlung darstellt, ist nicht genau geklärt. Klar jedoch ist, was sich unübersehbar dem von gutplazierten Schildern und seinem Forscherdrang geleiteten Waldwanderer präsentiert: ein archäologisches Denkmal von überregionaler Bedeutung.
Eine ausführliche Beschreibung belehrt den Betrachter an Ort und Stelle über die Fliehburg, die Ring- oder Wallburg (an Benennungen ist kein Mangel) und regt ihn zum geistigen Nachvollzug der frühgeschichtlichen Defensiv-Architektur an. Er macht mühelos die drei konzentrisch verlaufenden Wälle und Gräben aus und erkennt in der steil abfallenden Flanke die strategisch günstige Position dieses Schlupfwinkels im Walde mit seinen ehemals hölzernen Brustwehren.

Die neuromanische Backsteinbasilika St. Nikolaus entstand 1877/83. Sie wird beherrscht vom hochragenden Turm, der

← Das archäologische Denkmal »Erdenburg« in Moitzfeld belegt die ältesten Spuren menschlichen Siedelns im Bensberger Raum.

→ Das Heimatmuseum gibt mit seinen reichhaltigen Beständen einen Einblick in das Leben der Bürger während der letzten Jahrhunderte.

sich eher um eine »auf die Lößböden bezogene ›keltische‹ Südgruppe« als um eine »auf Sandböden gelegene ›germanische‹ Nordgruppe« handelt. Nur so viel sei noch angemerkt, daß der für die Erdenburg relevante Zeitraum vom 5. bis zum 1. Jahrhundert v. Chr. reicht. Es ist dies die jüngere vor-römische Eisenzeit mit der nach einer Fundstelle in der Westschweiz

weithin sichtbar einen Kontrapunkt zu den Türmen der weltlichen Hoheitsbauten, Schloß und Rathaus, bildet.

Im Innern fanden sich »Spuren einer Holz-Erde-Mauer in Kastenbauweise, einer Konstruktionstechnik, die Caesar aus Gallien als murus gallicus beschrieben hat. Der einzige Zugang in die Burg befand sich am Steilhang im Westen und war durch eine starke, wahrscheinlich mit einem Turm versehene Toranlage gesichert. Im Nordosten ist die Umwallung nicht geschlossen. Sie ist entweder nicht fertig oder aber in Richtung zu einer Quelle bewußt offengelassen worden.« Sie entstand etwa 100 Jahre v. Chr., auf diese Zeit weisen Tonscherben hin, die bei den sorgfältigen Ausgrabungen des Jahres 1935 geborgen wurden. Später aber ergab eine nach der Radiokarbonmethode vorgenommene Messung der auf der Wallsohle gelegenen Brandschicht (Holzkohleprobe), daß die Erdenburg schon in den Jahren 330 – 345 v. Chr. entstanden sein muß. Und aus diesem Unterschied mag die von Experten geäußerte Annahme resultieren, daß es

benannten La-Tène-Kultur, deren Träger die keltischen Stämme waren. Dieser Kulturperiode sind vornehmlich Fortschritte auf den Gebieten der Glasverarbeitung, Metallurgie und Keramik zu verdanken. Indem sie auf mediterrane Techniken zurückgriff, stellt sie eine Verbindung zur späthellenistischen Kultur dar. Die Einführung der Töpferscheibe nördlich der

65

Alpen, eiserne Waffen und wahrscheinlich auch die Erfindung des Wendepflugs gehen auf die im übrigen auch sehr schmuckbewußten Kelten zurück. Alle Erdenburg-Funde sind im Besitz des Römisch-Germanischen Museums in Köln.

Die Besiedlung des Bergischen Raumes vollzog sich in Schüben. Dazwischen liegen bis zu mehreren hundert Jahren während Siedlungslücken. Es ist daher keineswegs verwunderlich, wenn Spuren der einzelnen Siedlungsphasen zeitlich weit auseinanderklaffen, wenn also – abge-

sehen von einigen Grab- und Scherbenfunden – neben der Erdenburg aus vorchristlicher Zeit erst die Motte Kippekausen aus dem 12. Jahrhundert wieder gesichertes Siedlungszeugnis ablegt. Motte – französische Bezeichnung für Erdhügel – ist eine Frühform der mittelalterlichen Niederungsburg.

Zunächst war da eine Flachsiedlung auf dem Nordausläufer einer Sanddüne, durch geborgene Keramik, wie handgemachte Kugeltöpfe und Pingsdorfer Gefäße, belegt. Nach ihrer Einebnung begann der Mottebau mit der Einbeziehung eines feuchten, flachen Geländes nördlich der Düne. Schutz durch Sumpf und Wasser war das Motte-Motto der Erbauer. Sie machten sich verschiedene Seiten-

arme des Saalermühlenbachs zunutze und errichteten eine mehrteilige Anlage mit Vor- und Hauptburg. Dieser Wasser-Erde-Holz-Befestigung folgte später eine Ausführung in Stein – 12. bis 13. Jahrhundert, etwa zur gleichen Zeit wie in Bensberg der Steinausbau der Burg. Pfosten-, Mörtel- und Wandputzreste lassen auf Fachwerkbauten mit Steinfundamenten im Innern der Burg schließen.

Nach außen unterstreichen zum Teil tief herabreichende Mauerzüge die Wehrhaftigkeit.

In Kippekausen liegen die Burgreste

Adenauer mit Zimmermannshut, hinter ihm der damalige Bundeswohnungsbauminister Paul Lücke aus Bensberg, bei der Übergabe der sechsmillionsten nach dem Krieg in Westdeutschland gebauten Wohnung in der Parksiedlung Kippekausen am 1. September 1961.

heute im Zentrum einer Wohnlandschaft, die in den sechziger Jahren als Demonstrationsprogramm der Bundesregierung entstanden war. Um sie vor der erdbewegenden Schau neuzeitlichen Wohnens, das sich im Wechsel von Hoch- und Reihenhaus, von Mietwohnung und Eigenheim zeigt, zu schützen, hat man sie »ergraben« und damit erhalten.

→ Tor am Heimatmuseum Bensberg.

66

Kirchenbau und ›Kalte Proben‹

Die Alte Taufkirche in Refrath heißt eigentlich St. Johann Baptist und war als Pfarrkirche die Vorläuferin des im vorigen Jahrhundert erbauten neugotischen Kirchenbaus gleichen Namens. Das kleine Gotteshaus ist ein beliebter Trauort.

Siedlungsgeschichte ist archäologisch untermauerte Rodungs-, Herrschafts-, Gerichts- und Kirchengeschichte. Die Rodung als erster Akt gab den Niederlassungen in vielen Fällen gleich auch den auf -rath endenden Namen: Paffrath, Duckterath, Herkenrath, Lückerath, Diepeschrath, Gierath, Refrath usw. Die Akteure entstammten zumeist dem freien Adel, so daß von »einer ersten, herrschaftlich organisierten Rodungsphase« die Rede sein kann. Im Bensberger Raum waren es die Herren von Berg und von Meer, die zugleich oberste Gerichts- und Kircheninstanz darstellten.

Am Ende jeder Rodung pflegte der Bau einer Eigenkirche zu stehen, gewissermaßen als krönender, segensreicher Abschluß des Siedlungsvorgangs. »Ecclesia Sancti Johannis Baptistae in Refrode«, die alte Taufkirche in Refrath ist ein solcher Schlußpunkt. Sie ist zugleich die älteste aller Kirchen im Gladbach-Bensberger Raum.

Der September des Jahres 1968 brachte mit Ausgrabungen die Gewißheit, daß St. Johann Baptist zuerst eine Holzkirche war. Gegen Ende des 9. Jahrhunderts komplettierte sie den »Salhof«, eine Rodung des Merheimer Grafen Giselbert I. Schon Giselbert II. genügte die Kirche nicht mehr. Deshalb ließ er um die hölzerne eine aus Stein bauen. Bei gleichem Grundriß ergab das einen größeren Innenraum, dessen Fassungsvermögen eine direkte Funktion der Rodungsaktivität zu sein schien. Von Gladbach bis Overath und von Eschbach bis Immekeppel, so die mündliche Überlieferung, reichte das Einzugsgebiet der »Mutterkirch zu Reffrath«. In der Folgezeit brachte fast jedes Jahrhundert der

Kirche eine Erweiterung und Veränderung. Aber sie blieb eine Kleinkirche und damit bis heute das bescheidene, heimelige Gotteshaus, in dem vor den Traualtar zu treten jungen Paaren als besonders chic gilt.

Für die volkstümlich geäußerte Annahme, durch die Kirche sei der südlich vorbeiführende Bach geflossen, gibt es allerdings keine Bestätigung. 1907 entdeckte man in dem kompakten Bruchsteinbau im Verlaufe umfangreicher Renovierungsarbeiten Wandmalereien, kölnische Arbeiten aus der Zeit um 1430/50.

Mit dem Bau der neuen neugotischen Pfarrkirche St. Johann Baptist 1864 bis 1872 durch Vincenz Statz, den wohl produktivsten Kirchenbaumeister des 19. Jahrhunderts, hatte die Taufkirche dann ausgedient. Mit der neuen Kirche indes wollte es zunächst nicht so recht klappen. Nicht nur, daß die Standortfrage mühsam geklärt werden mußte, es war vor allem nicht genug Geld da, zumal man sich in den Kopf gesetzt hatte, den Bau ohne Unterstützung durch die Gemeinde zu errichten. Baumeister Statz hatte zwar von seinem 120-Thaler-Honorar 20 Thaler nachgelassen, aber das war nur der berühmte Tropfen auf dem heißen Stein. Pfarrer Heinrich Joseph Dolman, unnachgiebiger Initiator des Refrather Kirchenneubaus, brachte dann das Gedulds- und Kunststück fertig, durch Verkauf von religiösen Bildern und Büchern »9234 Thaler, 20 Silbergroschen und 8 Pfennig« zu ergattern. Er brauchte allerdings einige Zeit dazu. Damit jedoch war immer noch nicht der Hemmnisse Ende gekommen. Kaum hatte man nämlich den Turm hochgezogen, sackte er in der Nacht vom 18. auf den 19. August 1865 in sich zu-

→ 1967 entstand die evangelische Kirche in Kippekausen, ein moderner Zentralbau unter einem kupfergedeckten Zeltdach, das auf dem Boden Halt findet.

71

sammen. Als Ursache stellte sich heraus, daß der Turmbau schief auf die ein Jahr zuvor gegründeten Fundamente gesetzt worden war. Er mußte noch einmal aufgebaut und diesmal nach allen Regeln der Kunst verankert werden. Dafür erklärte nun ein Bensberger Notar, dem 3000 Thaler Baugeld zur rentierlichen Anlage anvertraut waren, plötzlich seinen finanziel-

das sich nicht nur wegen seiner Geschichte aus dem Refrather Rundum heraushebt. Sein Erbauer, Leonard Goudhaire, ein wallonischer Steinhauer im Dienste des Kurfürsten Johann Wilhelm II., war gelegentlich einer Jagdpartie von seinem Landesherrn mit den dazu erforderlichen Grundstücken bedacht worden. Goudhaire hatte zur vollsten Zufriedenheit Jan

len Zusammenbruch. Mit Hilfe einer vermögenden Schwester des fallierten Rechtspflegers konnte auch dieses Problem gelöst werden, und die Schwierigkeiten mit der neuen Refrather Pfarrkirche fanden endlich ihr »Ende gut, alles gut«. Pfarrer Dolmans Geschäftigkeit indes scheint fortzuleben in der Straße, die seinen Namen trägt. Sie ist mit Abstand die verkehrsreichste am Ort.
Eine andere Refrather Straße trägt den Namen des Mannes, der eigentlich erst den Grundstock zu allem gelegt hat, indem er, wie es heißt, »die damalige Vicarie Refrath zur Pfarrstelle dotiert und dadurch ein großes Verdienst um die Bewohnerschaft erworben« hat. Gemeint ist Bernhard Eyberg, Herr auf Haus Steinbreche,

↑ Der dunkle Herr mit weißem Spitz auf dem Schoß war sicherlich die Attraktion für die Besucher des Hauses Steinbreche im Jahre 1906.

Wellems einen wesentlichen Teil des Materials zum Bau des Barockschlosses aus den Gruben der »Steinbreche« geliefert: Muschelkalk für das Feine, Grauwacke für das Grobe. Man schrieb das Jahr 1712, als Goudhaire auf der landesherrlichen Jagdgabe, dem Steinbrecher Areal, »Haus Steinbreche« erbaute.
Das über mehrere Stationen an Bernhard Eyberg vererbte Anwesen wurde dann Sitz des späteren Abgeordneten Heinrich Rolshoven, der den bergischen Wahlkreis Lennep-Solingen im jungen preußischen Landtag vertrat. Dieser machte erst etwas aus dem Gut Steinbreche – nach den Worten eines

72

Auch heute noch ist das Lokal in Refrath ein beliebter Treffpunkt für Einheimische und fremde Gäste. Es befindet sich im Besitz der Stadt.

Freundes »aus einer theilweisen Wüstenei ein Mustergut und einen Blütengarten«. Refrath selbst nahm in der Schilderung einen ganz niederen Stellenwert ein: »Es gab schwerlich im ganzen Rheinlande einen verwahrlosteren Ort als das meist nur von ärmlichen Leuten bewohnte Walddorf Refrath.« »Haus Steinbreche« ist auch heute noch ein Anziehungspunkt für viele. Seine stilvolle, kürzlich überholte Architektur strahlt Atmosphäre aus. Dazu der gepflegte Park mit alten Bäumen, und wenn auf dem gegenüberliegenden großen Platz Markttag ist, erwächst der zum Einkaufstrubel gelassen wirkenden Eleganz des Hauses ein besonderer Reiz. Die »Steinbreche« war mit ihren »Scheunenbällen« Saisonschlager für Generationen von Karnevalisten – sogar aus der Jeckenhochburg Köln. Der WDR benutzte jahrelang den Saal als Fernsehstudio für »kalte Proben«, und viele Schauspieler haben das gleichzeitig als Hotel betriebene Etablissement schätzengelernt. In einem der ersten Durbridge-Krimis gab »Haus Steinbreche« gar eine vollendete »englische« Kulisse ab und erntete Starruhm. Von weither angereiste Krimi-Fans wollten später am Ort einer mysteriös waltenden »Melissa« verweilen.

Als vor einigen Jahren inmitten hochwallender Konsumfreude und Wachstumseuphorie ein Kaufhaus-Konzern in der »Steinbreche« einen idealen Standort für ein Warenhaus zu erblicken glaubte und seine Fühler schon auszustrecken begann, regte sich Bürgerwiderspruch.

»Rettet die Steinbreche« verhallte nicht ungehört. Die Stadt erwarb den stattlichen Komplex, und jetzt hofft man, daß ein Refrather Bürgerzentrum entsteht.

73

Heimat – was ist das?

Warum lebt man in Bergisch Gladbach? Ich selbst kam vor mehr als anderthalb Jahrzehnten hierher, bin also einer der zahlreichen Neubürger, um die sich die Gemeinden im Vorfeld des Bergischen Landes nach dem Kriege besonders bemüht haben. Also, ich lebe in Bergisch Gladbach, weil es mir hier gefällt, sonntags und wochentags! In Köln arbeite ich, und hier lebe ich. Die Luft gefällt mir, die ruhige Lage, ich bin schnell in Feld, Wald und Wiese. Hier habe ich den Freiraum, den mir die Ballung »Großstadt« verweigert. Hier kann ich entspannen, Streß und Aggressionen abbauen – hier kann ich Mensch sein! Bergisch Gladbach ist für mich eine Stadt, in der man zu Hause sein kann, auch wenn man nicht dort geboren ist. Ich hätte auch nichts dagegen einzuwenden, wenn ich hier geboren wäre. Ich fühle mich heimisch... Und meine Familie auch, nicht zuletzt deswegen, weil die Kinder hier geboren wurden und aufwachsen.

Solange es keine Methode zur objektiven Feststellung von Wohlbefinden und Lebensqualität gibt – die Japaner nennen es »Glückseligkeitsindex« –, kann die Antwort auf die Frage, was denn eigentlich dran ist an dieser Stadt, warum man hier – und nur hier – leben möchte, nur die Summe sehr subjektiver Erfahrungen sein. Aber

Ming Heemedstadt

Für mingem bergisch Leienhüsjen
Lit usjespreet em Dal dä Strung
Ming Heemedstadt, wodran ech luter
Met janzem Hätzen treulich hung.

Dä Möllenberg, dat Schlüm, de Bochmöll,
Et Brooch, dat Strungdorf on dä Quwi'el,
Dat Saan met singem spetze Kerchentu'en,
Dat Bild noch jeddem jot jefeel.

Su mäniches Hus deet mir vezällen
Us längsverjangner aaler Zick,
Van Freud on Leed on stellen Sorjen,
Wat henger us ald lit esu wick.-

Hück dun der Heemedstadt ech wönschen
Zom hondetsten Jeburdsdaach Jlöck.
Maach dech der Herrjott treu behöden,
Du blievs für us dat beste Stöck.-

On wann de Ovendsklock deet brängen
Dän Fridden jeddem kleenen Daach,
Dann lur ech stell nom Stäenenhimmel,
Saach minger Heemed jode Naach.

August Kierspel

wie will man eine solche Stadt denn begreifen? Der Gesetzgeber leistet vielleicht Hilfestellung, wenn er im Bundesbaugesetz formuliert: »Die Stadt muß ›individuelle Freiheit‹ und ›kollektives Handeln‹ sicherstellen – ›freie Entfaltung der Persönlichkeit in der Gemeinschaft‹ – abwägen zwischen privaten und öffentlichen Interessen sowie politischen, sozialen und ökonomischen Faktoren.« Daraus soll sich dann die Gliederung der Stadt in überschaubare, durch Freiflächen getrennte Stadtteile, Zuordnung von Wohnen, Arbeiten, Erholung ohne gegenseitige Beeinträchtigung ergeben.

Das hört sich gut an, nur ist damit keine Garantie verbunden, daß sich auch wirklich das entwickelt, was eine Stadt liebens- und lebenswert macht. Vor allem muß die Gelegenheit gegeben sein, daß sich Wechselbeziehungen bilden können: Die Stadt engagiert sich für ihre Bürger, und diese tun dasselbe für ihre Stadt. Die Bürger prägen ihre Stadt als Ausdruck ihrer Lebensweise, und die Stadt als Lebensform prägt ihre Bürger. Eine solche Wechselbeziehung ist normalerweise für den einzelnen ganz unbewußt die Basis seines Sichwohlfühlens, indem er seine Stadt im großen und ganzen in Ordnung findet. In Ausnahmefällen, wo ein sensibles Bewußtsein für all das vorhanden ist, schlägt sich entscheidender Einfluß auf Leben und Lebenswerke nieder: Lübeck und Thomas Mann z.B., Prag und Franz Kafka oder Salzburg und Mozart, Bonn und Beethoven, Wien und Strauß, die Reihe ließe sich beliebig fortsetzen bis hin zu Bergisch Gladbach und Max Bruch. Dieser »Meister der romantischen Musik« hat prägende Impulse

von der »goldenen Pforte« Bergisch Gladbach erhalten. Seit seinem 12. Lebensjahr, als der 1838 in Köln geborene Max Bruch zum ersten Mal nach Bergisch Gladbach kam, hat ihn das Bild vom Igeler Hof, der Stätte seines Aufenthalts, zeitlebens nicht mehr losgelassen.

Nach Jahren als Dirigent in Liverpool, Berlin und Breslau und dann seit 1891

Viele wichtige Jahre hat der in Köln geborene Komponist Max Bruch in Bergisch Gladbach verbracht. Das Bild zeigt ihn mit seinem Sohn Hans – eine wenig bekannte Aufnahme.

↗ Das Max-Bruch-Denkmal auf der Margarethenhöhe erinnert seit 1935 an den Ehrenbürger der Stadt.

Leiter der Kompositionsmeisterklasse an der Berliner Akademie der Künste, schrieb Bruch im Alter wehmütig an die Familie Zanders: »Wie schön muß es jetzt bei Ihnen in Gladbach im Thal und auf den Höhen sein! Wie oft habe ich in früheren glücklicheren Jahren solche herrlichen Frühsommertage dort erlebt, und wie unglücklich fühle ich mich jetzt manchmal, daß das unerbittliche Schicksal mir das alles, was mir das Liebste und Teuerste war, geraubt hat. ... Seit 1910 bin ich ein Sklave meiner Altersbeschwerden. ... alles gäbe ich darum, wenn ich noch einmal im Leben Gladbach wiedersehen könnte.« Mehr als 30 seiner Werke entstanden in Bergisch Gladbach auf dem Igeler Hof der Familie Zanders. Von der kunstsinnigen Maria Zanders und der anregenden Natur mit ihrem sanften Wald- und Wiesenschwung gleichermaßen fasziniert, gelangen ihm die Werke, die ihn zu einem der angesehensten Kompo-

zen. Auf der Margarethenhöhe, zu der man über die steil von der Odenthaler Straße hinaufführenden, nach ihm benannten Max-Bruch-Straße gelangt, steht der mit Lyra und Lorbeer geschmückte Stein. »Es ist so schön, wenn vom fernen Lande die Segel kehren zum Heimatstrande«, mit diesem Zitat aus dem »Frithjof« verdeutlicht der Stein die Verbundenheit Max

← ← Einige Kompositionen widmete Max Bruch der kunstverständigen Maria Zanders, der er sich sehr verbunden fühlte.

← Max Bruch, der als Meister der romantischen Musik gilt, komponierte 1880 in Bergisch Gladbach sein bekanntes Werk »Kol Nidrei«, op. 46, für Violoncello und Orchester.

nisten seiner Zeit machten. Sein Opus umfaßt Werke aller Gattungen, von denen das Violinkonzert g-Moll, op 26, und »Kol Nidrei«, op. 46, für Violoncello und Orchester, das er 1880 in Bergisch Gladbach komponierte, die bekanntesten sind.

Bergisch Gladbach ehrte Max Bruch 1918 mit der Verleihung der Ehrenbürgerrechte. 1935 ließ der Männergesangverein »Liederkranz« – wie vielleicht erinnerlich, 1845 von Vincenz von Zuccalmaglio gegründet – zusammen mit anderen Chören und der Stadt Max Bruch ein Denkmal set-

Bruchs mit Bergisch Gladbach. Er starb 1920 in Berlin, ohne seine geliebte Heimat, die Stätte seiner Jugend- und Schaffensjahre, wiedergesehen zu haben.

Für Max Bruch war Bergisch Gladbach eine Stadt, die ihm innerhalb ihrer engsten Grenzen unvergessene Naturerlebnisse vermittelte. Sie inspirierten ihn und bestimmten entschieden den romantischen Duktus seiner Werke: »Welche Glückseligkeit, mit der Natur in innigstem Verein, im Vollgefühl der schöpferischen Kraft, täglich Neues und Empfundenes zu schaffen.«

Und wie empfindet heute der Bürger? Worin besteht für ihn das »gewisse Etwas« der Stadt?

»Das Schöne an Bergisch Gladbach ist, daß man von überall ins Grüne sieht. Mein Mann und ich sind vorher schon immer, als wir noch in Köln wohnten, hierhergefahren, fast jedes Wochenende. Als wir dann aus unserer Wohnung raus mußten, sind wir nach Gladbach gezogen. Wir sind sehr froh, daß wir das getan haben. Mein Mann hat seine Arbeitsstelle noch in Köln, ich bin jetzt hier Verkäuferin in einem Textilgeschäft.«

»Was mir an Bergisch Gladbach gefällt?« Der Mann mit dem Aktenkoffer hält inne. »Ich lebe immer schon hier. Ich bin hier geboren.« »Sie fühlen sich also heimisch?« »Ja, Bergisch Gladbach ist meine Heimat.« »Möchten Sie nicht mal woanders hin?« »Nein, warum? Alle meine Verwandten und Bekannten leben hier.«

»Das einzige, was mich hier regelmäßig in Rage bringt, ist die Verkehrslage«, ereifert sich der quirlige, an seiner Sprachmelodie unschwer als Sachse auszumachende GL-Fahrer. »Ich möchte wirklich mal wissen, wer sich das hier ausgedacht hat? Meiner Meinung nach muß das ein Bäckermeister gewesen sein: ein klassisches Brezelsystem! Seit 1962 beiß ich mir die Zähne daran aus – aber sonst ist Bergisch Gladbach Spitze, ächt.« Die Ampel am Konrad-Adenauer-Platz springt blitzartig auf Grün, und der gequälte Zeitgenosse tritt mit Kummermine das Gaspedal.

»Der Blick entschädigt mich für alles.« Die Hand weist mit einer Bewegung auf ein Panorama, das seinesgleichen sucht: eingebettet in das schallschluckende Grün des Königsforstes, wie ein Glitzerband die Autobahn, weit hinten die Domtürme im rötlich schimmernden Dämmerdunst, dahinter Wolken aus Kraftwerks-Schloten. »Wissen Sie, »Manhattan«hin,»Manhattan«her, wenn ich das hier sehe, bin ich glücklich. Meine Frau und ich haben es nicht bereut, daß wir hierhergezogen sind.« Es ist eine Eigentumswohnung, die sich das ältere Ehepaar

Marktszenen wie diese gehören untrennbar zum Alltagsleben der Stadt. Sie spielen sich ähnlich auch in anderen Ortsteilen ab.

vor fünf Jahren in dem als »Manhattan«
bezeichneten Komplex zwischen
Autobahn und B 55 gekauft hat – hoch
über den Refrather »Niederungen«,
wo die beiden die Jahre zuvor mit den
heranwachsenden Kindern verbracht
hatten.

»Nix grüne Witwe«, die Dame aus
Kippekausen wehrt entschieden ab.
»Wenn das Wetter schön ist, bin ich
mit meiner Freundin zum Schwimmen
verabredet. Wir fahren dann mit dem
Fahrrad ins Freibad Milchborntal. Ja,
mit dem Fahrrad! Wenn es uns zu steil
wird, steigen wir eben ab. Sie können
ja mal gucken kommen. Es sind immer
nette Leute da.«

»Wissen Sie, wenn meine Frau und ich
– wir sind beide in Köln berufstätig –
nach Hause kommen, haben wir
Urlaub, jeden Abend ein Stück und am
Wochenende eine ganze Ecke.«
Gleichsam zur Bestätigung seiner Aussage öffnet der Hausherr dem Besucher ein Interieur, das den schon
von außen erkennbaren Eindruck
einer perfekten Idylle noch steigert.
Überaus geschickt und geschmack-
voll ist Gladbacher Fachwerk zu einer
Klause behaglicher Gemütlichkeit
umgebaut worden – ohne Verzicht auf
Komfort, was zwei Bäder im Hause
bezeugen. »Wenn klares Wetter ist,
sehen wir von hier aus das Sieben-
gebirge. Und wir brauchen nicht einmal zwei Autos, weil wir zeitgleich
arbeiten.«

»Ohne ein Zweit-Auto wäre das gar
nicht zu schaffen.« Die Dame, die das
sagt, ist nicht berufstätig. Dafür hat sie
einen Haushalt mit drei Kindern zu versorgen. »Die Kinder erreichen zwar
jedes selbständig die Schule, aber Sie
glauben ja nicht, was da alles an
Chauffiererei auf mich zukommt:

78

Klavierstunden, Fußballtraining, Termin
beim Zahnarzt und dann das Einkaufen. Früher bin ich auch noch oft
nach Köln gefahren zum Einkaufen.
Aber ich muß sagen, das lohnt sich
nicht mehr. Das Angebot hier ist inzwischen so groß geworden, daß man
alles kriegen kann, und ebenso
günstig, wenn nicht noch preiswerter.«
»Stellen Sie sich vor, da wollte man
uns doch ein Gewerbegebiet direkt
vor die Nase setzen. Der ganze Waldstreifen sollte weg. Und dabei sind wir
extra deswegen hierhergezogen.
Aber Sie glauben ja nicht, wie schnell
wir da reagiert haben. Wie ein Mann
standen wir dagegen. Jetzt ist die
Sache vom Tisch, Gott sei Dank hat die
Vernunft gesiegt.«
»Da, wo man sein Brot verdient, ist man
zu Hause.« Der Mann mit der Akten-
tasche am Fahrrad ist nicht mal abge-
stiegen. Das Leben als Bewältigung
von Alltagsproblemen – je mehr die
Stadt zur Erleichterung dessen bei-
trägt, und die Bedingungen, die sie dafür bereit hält, Idealvorstellungen
nahekommen, desto größer ist ihre
Chance, »Liebesobjekt ihrer Bürger«
zu werden. Im Vordergrund steht ganz
pragmatisch nüchtern die Beurteilung
der Bereiche, die den vielzitierten Begriff »Lebensqualität« ausmachen: Luft,
Wasser, Landschaft und Wohnen, Lernen, Arbeiten, Verkehr, Erholung, kurzum, die natürlichen Umweltfaktoren
und die sozialen Komponenten. Erst
dann kommen Dinge wie Atmosphäre,
Ausstrahlung, Image und was auch
immer, die zwar für sehr wichtig gehalten werden, aber eher im Sinne der
Verfeinerung und Vollendung.

← Einen Steinwurf von »Manhattan« entfernt, das
nach der ursprünglichen Planung doppelt so
groß werden sollte, behaupten sich altbergische
Fachwerk- und Schieferhäuser.

Wohnen mit Tradition

Bergisch Gladbach ist primär eine fast familiäre, überschaubare Wohnstadt mit der »Zuordnung von Arbeit und Entspannung ohne gegenseitige Beeinträchtigung«. Sowohl modernes

oder zwei, drei Schritte neben der betriebsam geschäftigen Kauf- und Laufzeile »Hauptstraße« Bäume und Büsche, Fachwerkoasen und Gemüsegärten – ein faszinierender Kontrast mit unschätzbarer Besinnungs- und Beruhigungsfunktion.

Wohnen in Bergisch Gladbach – das ist zum Teil aber auch das Ergebnis einer frühzeitig begonnenen und weitsichtigen Siedlungspolitik. Um die Jahrhundertwende, Bergisch Gladbach wurde mit 13000 Einwohnern erstmals bevölkerungsreichste Stadt des Kreises, gab es eine erste, nach Zonen

↑ Die Gronauerwald-Siedlung – das Foto stammt aus dem Beginn der 20er Jahre – ist eine nach englischem Vorbild angelegte Gartensiedlung. Sie wurde von Anna und Richard Zanders geplant.

Wohnen als auch ländlich-idyllisches Leben haben ihren Platz in dieser Stadt – oft unerwartet dicht neben- oder untereinander. So hockt z.B. unmittelbar am Fuß des Marienhospitals, dessen großstädtische Hochhausarchitektur seine Fürsorge fast aufdringlich annonciert, ein kleines Häuschen in sympathisch »biedermeierlicher« Bescheidenheit –

gegliederte städtische Bauordnung. Ihre Initiatoren waren der Fabrikant Richard Zanders und seine Ehefrau Anna, geb. von Siemens. Die beiden ließen dann dem Plan bald Taten folgen, indem sie den 120 Morgen großen Gronauerwald erwarben und parzellenweise für 1,00 bis 1,25 Mark pro qm an Bauwillige abgaben, nicht ohne aber einen alle Einzelheiten festlegenden Plan entworfen zu haben. Ein langfristiges Finanzierungssystem, dem eine für heutige Verhältnisse ungewöhnliche Großherzigkeit bescheinigt werden muß, setzten auch den Arbeiter in den Stand, Eigentum zu erwerben. 90 Prozent der Bausumme lieh die Stadt. Die fehlenden 10 Prozent stellte die Fa. Zanders ihren Arbeitern als 2. Hypothek zinslos zur Verfügung, 10 Jahre lang unkündbar. Einem Arbeitsplatzwechsel war mit der Hypothek also kein Hindernis in den Weg gelegt. Die Baupläne steuerte der Verschönerungsverein kostenlos bei, nachdem ihn Richard Zanders mit einer größeren Summe dazu in die Lage versetzt hatte.

Auf diese Weise entstand auf dem Land der alten Honschaft Gronau eine nach englischem Vorbild angelegte Gartensiedlung mit Hunderten von freistehenden Häusern. Nach dem Tode Richard Zanders übernahm die 1913 gegründete »Gemeinnützige Gartensiedlungsgesellschaft Gronauerwald mbH« die Weiterentwicklung des Projektes. Bis 1966 stieg die Zahl der Häuser auf über 600 mit mehr als 1000 Wohnungen – ein von

Anfang an entscheidender Impuls für den Wohnungsbau im übrigen Stadtgebiet und ein wesentlicher Beitrag zu dem, was den heute so betonten Charakter Bergisch Gladbachs als »Gartenstadt« ausmacht.

Fast zur gleichen Zeit begann im benachbarten Bensberg eine ähnliche Entwicklung. Auch hier griff man den Gedanken der englischen Gartenstadtbewegung auf, allerdings auf anderem finanziellen und damit sozialen Niveau. »Waldhaus-Villenkolonie Frankenforst«, unter dieser Exklusivität verheißenden Bezeichnung, die eigentlich gar nicht so recht zur als »Baubude« firmierenden Kölner Erschließungsgesellschaft zu passen schien, wurden ca. 311 Morgen Frankenforst offeriert. Als 36 Interessenten gekauft hatten, drängte die Gesellschaft auf Weiterführung der bereits bis Brück fahrenden Straßenbahn. Am 16. Juli 1913 schließlich fuhr sie dann die 6,25 km lange Strecke von Brück nach Bensberg zum ersten Mal. Entlang ihrer Trasse begann nach dem 1. Weltkrieg eine rege private Bautätigkeit, die Refrath seinen Charakter als »Rodungsinsel« nahm.

Die Detailaufnahme macht deutlich, daß es sich lohnt, Häuser dieser Art zu erhalten.

← Früher die »B«, heute die Linie 1. Am 16. Juli 1913 wurde die elektrische Vorortbahn Köln–Bensberg feierlich in Betrieb genommen. Sie trug entschieden zur Hebung der Siedlungsfreudigkeit der Kölner Bürger in Refrath, Frankenforst und Bensberg bei.

Lernen fürs Leben

Der Ernst des Lebens, der bekanntlich mit der Schule beginnt, stößt in dieser Stadt auf Bedingungen, die seine Bewältigung zu einer dankbaren Aufgabe und erfolgreichen Prüfung machen. Bergisch Gladbach ist eine ausgesprochen schulfreundliche Stadt. 42 an der Zahl, legen die Schulen ein dichtes Bildungsnetz über die Stadt, durch dessen Maschen zu schlüpfen selbst dem ärgsten Lernmuffel schwerfallen dürfte.

Mit der gleichen beharrlichen Aufmerksamkeit wie Bergisch Gladbach seinen alten und kranken Einwohnern eine differenzierte Fürsorge angedeihen läßt, ist der Stadt das pädagogische Wohlergehen ihres Bürgernachwuchses ein ganz besonderes Bedürfnis.

Dabei genießt Bergisch Gladbach den Ruf einer traditionell fortschrittlichen Schulstadt, was im wesentlichen auch auf Bensberg zutraf. Nicht von ungefähr hat Nordrhein-Westfalens Kultusminister 1973 das gerade fertiggestellte Schulzentrum Saaler Mühle zum ersten und allerdings auch letzten Versuch der später heißumstrittenen »Kooperativen Schule« im Lande auserkoren. Das pädagogische Projekt wurde bald zu einem Politikum, dessen Entwicklung eigenen Gesetzen folgte und mit dem Volksbegehren vom Frühjahr 1978 sein bekanntes Ende fand. Es soll hier auch nur deshalb darauf hingewiesen werden, weil man sich in Düsseldorf aus einer doch wohl positiven Grundhaltung heraus für den Standort Bensberg bzw. Bergisch Gladbach entschied. Bei aller Unterschiedlichkeit der Meinungen jedenfalls war man hier doch offensichtlich bereit, zu experimentieren und die sich bietende Chance zur »Hinführung auf die für jeden Schüler bestgeeignete Schulform« zu nutzen, »das Bestmögliche für jedes Kind« zu erreichen. Das verdient festgehalten zu werden.

Viel Grün umgibt die Otto-Hahn-Schule, das Schulzentrum Saaler Mühle.

Den Status einer Versuchsschule hat das Schulzentrum Saaler Mühle jedoch auch heute noch, und zwar in der Weise, daß es innerhalb einer Schulanlage Haupt-, Realschule und Gymnasium anbietet und »zwischen den eigenständigen Schulen Formen der Kooperation« entwickelt. Zweck der Übung ist es, »für jeden Schüler den nach Leistungsvermögen, Interessen und Entwicklungsstand jeweils angemessenen Bildungsgang individuell auszuwählen und ohne Wechsel an einen anderen Schulort zu realisieren«.

schule, die den Eltern hausarbeitsfreie Kinder und diesen eine warme Mahlzeit beschert, garniert mit Spiel, Sport, Lesen und anderen Freizeiten. Zusammen mit einer grellbunten, produktionsähnlichen Schularchitektur sind das die vordergründigen Kriterien eines Schulkonzepts, das die Schüler nun in keiner Weise mehr auf einen bestimmten Schultyp festlegt.

Die Tradition solcher fortschrittlichen Lehrhaltungen hat ihren Ursprung in dem Ende des 18. Jahrhunderts aufkommenden Wunsch der evangelischen Gemeinde nach religiöser

Die Integrierte Gesamtschule Paffrath, ebenfalls am Rande eines großen Erholungsgebietes gelegen, vereinigt Hauptschule, Realschule und Gymnasium in einer gemeinsamen, vielfältig gliederten Unterrichtsorganisation.

Einem anderen Schulversuch, der »neue pädagogische und organisatorische Inhalte und Formen« erproben soll, widmet sich die Integrierte Gesamtschule Paffrath (IGP). Sie ist die 15. in Nordrhein-Westfalen und begann 1979 mit dem ersten Schülerjahrgang der gymnasialen Oberstufe. Die Integrierte Gesamtschule Paffrath ist eine Ganztags-

Unterweisung. Als am 3. August 1776 der »aus verschiedenen vorgeschlagenen Subjekten einmüthig, friedlich und kirchenordnungsgemäß erwehlete« J. Peter Breidhard, Schulmeister zu Mettmann, seinen Dienst antrat, bestand der Lehrplan bereits in »Unterweisung der Jugend in Lesen, Schreiben, Singen und 4 Speciebus der Rechenkunst«. Gegen ein Jahresentgelt von 50 Reichsthalern unterrichtete der erste Schullehrer in Gladbach an allen Wochentagen »morgens von 8 bis 11 und nachmittags von 1 bis 4 Uhr, die Samstag-Nachmittag als Spieltag ausgenommen!« Zum Gehalt kamen 30 Thaler Schulgeld hinzu – für die armen Kinder der Gemeinde brauchte nichts gezahlt zu werden –, freie Wohnung, Garten, Land, Busch und dazu »ein Viertel Holz zum brand jährlich«. Das Unterrichtsziel diktierten die Deputierten der Gemeinde dem Schulmeister in den »Beruf-Schein«: »Der Herr gebe aber seinen Segen, daß durch Ihren Fleiß unsere Kinder in der Furcht Gottes und nützlichen Wissenschaften wohl unterrichtet, zu seiner Ehre und des Nechsten Nuzen aufwachsen mögen.«

Die evangelische Schule bestand schon fast ein halbes Jahrhundert, als die erste katholische Volksschule 1816 etwa dort, wo die Paffrather Straße beginnt, gebaut wurde. Bis dahin hatte es, um 1800 beginnend, lediglich für etwa 40 Schüler Unterricht in der Wohnung des damaligen Vikars gegeben. J. Blechmann aus Wipperfürth wurde erster Lehrer der Schule mit einem Jahresgehalt von 50 Thalern – ebensoviel wie 40 Jahre vor ihm sein evangelischer Kollege schon bezogen hatte. Es mag dies ein Indiz sein für die wirtschaftlich stabilen Verhältnisse mit konstantem Geldwert, in einer Zeit, die noch nicht vom industriellen Wachstum geprägt war.

Aber schon der Nachfolger, ein Lehrer namens Küster, bezog fast viermal soviel: 241 Thaler. Dafür mußte der Ärmste aber auch 220 Schulkinder unterrichten, und zwar aus den Pfarreien Bergisch Gladbach, Paffrath, Sand und Refrath. Zu seiner Entlastung bildete er sich als Gehilfen den gerade schulentlassenen Johann Wilhelm Lindlar heran, den späteren berühmten Landschaftsmaler.

Dann ging es Schlag auf Schlag. Mit der Kabinettsorder vom 14. Mai 1825 wurde die allgemeine Schulpflicht für die gesamte preußische Monarchie eingeführt. Die Regierung förderte von nun an den Schulbau, die Gründung von Lehrerseminaren und sorgte für eine standesgemäße Besoldung der Lehrer. Das Schulwesen ging allmählich aus der kirchlichen Verantwortung in die der Gemeinden über, wobei jedoch dem Klerus eine Art Oberaufsicht über die Lehrer eingeräumt blieb. In den folgenden Jahren wurden nun in fast allen Ortsteilen Bergisch Gladbachs und Bensbergs Schulen errichtet. 1822 entstand der erste Bensberger Schulbau. Der damalige Pfarrer Dolf hatte seinen Gemüsegarten dazu hergegeben. Zu der Zeit mühte sich in Refrath Lehrer Adolf Gieraths noch vornehmlich in Gasthäusern um die Kinder der 784 katholischen Einwohner. Erst energischer Elternprotest – auch so etwas gab es damals schon – brachte den Schulbau in Gang. Aber es dauerte immerhin noch bis 1829, ehe der Schulpflicht in einem eigens dazu errichteten Gebäude Genüge getan werden konnte. Und dann hatten die Refrather wenig Glück mit ihren ersten Lehrern. Einer war »dem Trunke ergeben«, ein anderer »kirchenfeindlich eingestellt«, zudem »recht unsittlich veranlagt, obwohl er verheiratet war«. Zehn Jahre mußten die Refrather Eltern diesen Problem-Pädagogen dulden, bei dem die Schüler »nicht einmal das Lesen gelernt haben, geschweige denn etwas mehr«. Als sie in ihrer Verzweiflung ihre Kinder in die evangelische Schule nach Gladbach zu schicken begannen, was »beinahe noch schlimmer war als der Lebenswandel des Lehrers«, wurde der mißratene Magister entlassen.

Weniger spektakulär, aber auch nicht ganz undramatisch wurde es dann, als ungefähr ab der Mitte des 19. Jahrhunderts Privatinitiative zur Gründung höherer Schulen führte: 1858 in Bensberg und 1865 in Gladbach. Die in beiden Fällen geistlichen Rektoratschulen mußten einige Jahre später

wegen finanzieller und politischer Schwierigkeiten geschlossen werden. Der »Kulturkampf« – damals zwischen Bismarck und der katholischen Kirche – zeigte seine negativen Auswirkungen. Aber im gleichen Maße wie die Bevölkerung wuchs, verstärkte sich das Bedürfnis nach höherer Bildung. Der schon beim ersten Gründungsversuch besonders aktive Johann Odenthal gab nicht auf und startete eine neue Initiative. Im zweiten Anlauf begann dann, wenn auch mühsam, eine Entwicklung, die von der privaten Rektoratschule (1888)

über die städtische höhere Knabenschule (1902), Progymnasium (1905), Realgymnasium für Jungen und Mädchen (1933), dann die Vollanstalt »Oberschule mit Gemeinschaftserziehung« (1937), Humanistisches altsprachliches Gymnasium mit neusprachlichem Zweig (1945) bis hin zum Nikolaus-Cusanus-Gymnasium (1956) geführt hat. Was sich dann in den 60er und 70er Jahren anschließt, ist schon eher ein höherer Bildungsrausch. In einem gewaltigen Bau-Boom entstehen das Albertus-Magnus-Gymnasium und das Dietrich-Bon-

← Nicht zu allen Zeiten schickten die Bürger ihre oft mitarbeitenden Kinder in die Schule. In penibel angelegten Akten wurde Buch darüber geführt.

← Der Lehrkörper der Bensberger Volksschulen auf einem Sportlehrgang im Jahre 1912. Neben dem kunstvollen Bildaufbau sind Biergläser und Zigarren als »Sportgerät« und der elegante Sportdress der Teilnehmer besonders bemerkenswert.

↑ Bensberger Gymnasiasten 1913. In der Mitte des Bildes der geistliche Leiter des Gymnasiums in Bensberg, Rektor Werner Schiffer, rechts im Bild Mittelschullehrer Heinrich Kluxen. Die Gründung höherer Schulen war mit etlichen Anlaufschwierigkeiten verbunden.

hoeffer-Gymnasium, dann die Integrierte Gesamtschule Paffrath und das Schulzentrum Saaler Mühle. Das Herkenrather Schulzentrum wird ebenfalls einem Gymnasium Raum bieten.

Daß aber in Erfüllung eines höheren Bildungsideals die Bildungs-Basis hätte in Vergessenheit geraten können, dagegen spricht ein ebenso forcierter Ausbau aller anderen Schulbereiche. Er ist im Gegenteil in einem Umfang betrieben worden, daß demnächst mit dem Heranwachsen der geburtenschwachen Jahrgänge ein zum Teil erheblicher »Raumüberhang« entsteht. Vorbildlich und fortschrittlich zugleich zeigt Bergisch Gladbach sich auf dem Sektor der Berufs- und Fachschulen. Kaum regte sich in der zweiten Hälfte

des vorigen Jahrhunderts die Fortbildungsschule als jüngster Zweig des öffentlichen deutschen Schulwesens, war Bergisch Gladbach dabei. Allen voran gründete die damals erst acht Jahre alte Stadt 1864 eine sogenannte allgemeine Fortbildungsschule. Deutsch, Rechnen, Geographie, Geschichte, Naturgeschichte und Zeichnen standen auf dem Stundenplan, und zwar samstags von 18.00 bis 21.00 Uhr und sonntags von 12.30 bis 14.30 Uhr. Nach einer arbeitsreichen Woche wurde damit den Probanden zweifellos einiges zuviel zugemutet. Und so sank die Schülerzahl von anfangs 62 sehr schnell auf 20. Als man dann den Unterricht zur Gänze auf den Sonntag verlegte, hatte das einen ebenso wenig belebenden Effekt. Am Ende

Innenhof des Nicolaus-Cusanus-Gymnasiums (NCG) an der Reuterstraße in Bergisch Gladbach.

hielten nur noch 6 Schüler durch, für die es sich nicht lohnte, eine ganze Anstalt zu unterhalten. Sie wurde 1866 wieder geschlossen. Aber man gab das Projekt Fortbildungsschule nicht etwa verloren. Keine zehn Jahre später waren sogar deren zwei in Betrieb: eine in Gladbach und die andere in Paffrath. Doch wieder hatte man das Schülerinteresse erheblich überschätzt. Während das Gladbacher Institut schon drei Jahre später, 1878, wegen Schülermangel seine Pforten schließen mußte, konnte sich die Paffrather Fortbildungsschule immerhin 12 Jahre halten, ehe sie 1887 an Auszehrung einging. In allen Fällen war es wohl die Freiwilligkeit des Schulbesuchs, die den Mißerfolg zu verantworten hatte. Deshalb wurde beim dritten

Anlauf, es handelte sich um die Gründung der Fortbildungsschule für die Lehrlinge des Handwerks im Jahre 1892, sehr schnell der Pflichtbesuch beschlossen. Von da an ging es aufwärts. 1904 kam eine Handelsschule für schulentlassene Mädchen hinzu, mit Unterricht in den kaufmännischen Fächern und in Haushaltungskunde. Für schulentlassene Knaben gab es ab Ostern 1906 eine kaufmännische Fortbildungsschule, und bereits seit 1904 war in einem eigens dafür hergerichteten Lehrsaal im Volksschulgebäude Romaney eine landwirtschaftliche Fortbildungsschule um den Bildungsstand der Jungbauern aus Bergisch Gladbach und Umgebung bemüht. Nach 1918 entwickelte sich aus den elementaren Fortbildungsschulen zunächst die »wirtschaftsorientierte Berufsschule« und dann nach 1945 die »betont menschenbildnerische Berufsschule mit beruflicher Grundausrichtung«. Aber 20 Jahre dauerte es, bis 1952 der Bau einer neuen Berufsschule begonnen wurde. Weitere 10 Jahre später war das in mehreren Bauabschnitten fertiggestellte Gebäude an der Bensberger Straße komplett. Seit 1936 ist Bergisch Gladbach zentraler Schulort für das berufsbildende Schulwesen, und zwar mit der Gründung eines Berufsschulzweckverbandes zwischen Bergisch Gladbach, Bensberg, Rösrath, Overath, Kürten und Odenthal.

Heute gibt es gewerbliche, hauswirtschaftliche und sozialpädagogische Schulen einerseits und andererseits die kaufmännischen Schulen. Beide Schulformen gliedern sich jeweils in Berufsschulen, Berufsgrundschulen, Berufsfachschulen und Fachoberschulen. Diese Vielfalt entspricht der

Das Schulzentrum Herkenrath, eine der letzten großen Schulbauunternehmungen der Stadt.

»Mannigfaltigkeit der beruflichen Anforderungen« unserer Zeit und »den unterschiedlichen Bildungsbedürfnissen der jungen Menschen«. Den beruflichen Schulen der Stadt signalisierte die Entwicklung unserer Gesellschaft seit der Jahrhundertwende auf allen Bildungswegen grünes Licht. Nur der Städtischen Hufbeschlag-Lehrschmiede zu Bergisch

heit zu bieten, sich im Hufbeschlag und in der gesamten Hufpflege gründliche Kenntnisse und Fertigkeiten zu erwerben, damit sie befähigt werden, den Pferdezüchtern und Besitzern bei der Aufzucht und Haltung ihrer Pferde durch sachgemäße Einwirkung auf die Erhaltung und Entwicklung normaler Hufe, Stellungen und Gangarten zu helfen«.

Im Fachwerkhaus an der Buchmühle residiert die Musikschule der Stadt. Dort ist die Verwaltung, die weit über 1000 Schüler zu betreuen hat, untergebracht.

Gladbach wurde ein unwiderrufliches Stopzeichen gesetzt. Dieser Institution, der alle Pferdegangarten geläufig zu sein hatte, geriet in dem Maße aus dem Tritt, wie sich das Fortbewegungstempo auf zwei, drei, vier und mehr Räder verlagerte. Sie war eine Einrichtung, die sich laut Statut zur vornehmlichsten Aufgabe gesetzt hatte, »Schmieden Gelegen-

Von 1899 bis in die fünfziger Jahre vermittelte sie in jeweils drei Monate dauernden Lehrkursen Theorie und Praxis des »rationellen Hufbeschlags«. Heute hat längst schon wieder eine gegenläufige Pferdebewegung eingesetzt und Pferdeliebhaber fürchten die langfristige Terminplanung der »fliegenden Hufschmiede«.

Lernen
aus Lust

»Meditation als Lebens- und Glaubenshilfe«, »Abbau von Lampenfieber«, »Funktionelle Entspannung«, »Autogenes Training«, »Raucherentwöhnung«, »Bandscheibengymnastik«, »Yoga für Damen, Herren und Jugendliche« – das Programm bietet praktische Lebenshilfe. Aber die Volkshochschule, Stätte der Erwachsenenbildung, widmet sich natürlich auch anderen Dingen. Auf fast 200 Seiten ist das Veranstaltungsverzeichnis der VHS Bergisch Gladbach inzwischen angewachsen. In ihm spiegeln sich die Aktivitäten von rund 300 Dozenten, 9 hauptamtlichen Fachbereichs- und Fachleitern und einem Dutzend Verwaltungsmitarbeitern. Von den 10000 Teilnehmern pro Semester interessieren sich etwa 7000 für das Kursangebot, der Rest verteilt sich auf die Einzelveranstaltungen. Weit an der Spitze rangieren die Sprachkurse, vor allem Französisch. Nur, mehr als ein Drittel kann dieser Anteil nicht betragen, sonst wäre die VHS eine Sprachenschule, was ihrem Gesamtkonzept entgegenliefe. Ein ausgeklügeltes Anmelde- und Beratungsverfahren fungiert und funktioniert deshalb als eine Art kaschierter Numerus clausus. Die Bergisch Gladbacher Volkshochschule sieht ihre Aufgabe darin, neben den offenkundigen auch die verborgenen Bedürfnisse der Bevölkerung mit in ihre Bildungsstrategie einzubeziehen, Bedürfnisse, die da sind, aber nicht artikuliert werden. So hatten sich z.B. für einen neueingerichteten Kurs »Hauswirtschaft« statt der erwarteten 20 mehr als 60 Interessenten angemeldet. Man änderte daraufhin das Konzept, mit dem Ergebnis, daß es nun in Bergisch Gladbach staatlich geprüfte Hauswirtschafterinnen gibt. Die Volkshochschule versteht sich als reiner Dienstleistungsbetrieb ohne jegliche ideologische Verbrämung ihrer Aktivitäten. Sie geht weit über die ihr gesetzlich verordnete Pflicht hinaus und scheint mit ihren Initiativen vor allem der weiblichen Bevölkerung entgegenzukommen. 80 Prozent aller Besucher sind Frauen. Neben den Sprachkursen sind die Gebiete Landeskunde, Geographie, Kulturgeschichte und Studienreisen im Aufschwung begriffen. Weniger gefragt sind Politik, Gesellschaft, Wirtschaft und Recht.

Aufgrund einer öffentlich-rechtlichen Vereinbarung nimmt die VHS Bergisch Gladbach auch Aufgaben außerhalb des Stadtgebietes wahr. Die Gemeinden Kürten und Odenthal haben sich angeschlossen. Mit einem Einzugsbereich von insgesamt 135000 Einwohnern und Veranstaltungen in 27 Außenstellen ist die Volkshochschule Bergisch Gladbach ein wichtiger Kulturträger.

Schon lange bevor der Gesetzgeber 1975 mit seinem 1. Weiterbildungsgesetz für Gemeinden ab 40000 Einwohnern die Erwachsenenbildung zwingend vorschrieb, hat Bergisch Gladbach sich auf diesem Gebiet Meriten erworben. Es vergingen zwar 5 Jahre von der ersten Planung bis zur feierlichen Übergabe durch die

Honoratioren der Stadt, aber immerhin schon 1969 besaß Bergisch Gladbach im »forum« ein modernes Haus der Erwachsenenbildung. Heute, 10 Jahre danach, ist die Situation gekennzeichnet durch personelle, finanzielle und räumliche Engpässe – Friktionen eines rasanten Wachstums. In einem »Gutachten zum Ausbau der VHS Bergisch Gladbach« empfiehlt ein Expertenteam die Bildung und Ausstattung eines VHS-Hauptzentrums Bergisch Gladbach als erweitertes »forum«, eines VHS-Zentrums Bensberg als Teil des geplanten Kulturzentrums um das Heimatmuseum und von sechs Subzentren, und zwar in Refrath, Katterbach-Schildgen, Hand-Paffrath, Herkenrath, Kürten und Odenthal. Von »Amazonien« bis zu »Zinnarbeiten« – das VHS-Programm soll keine »beliebige Erweiterung« erfahren, sondern vielmehr eine »ausgeglichene Entwicklung« in allen Sachbereichen, wobei allerdings auch »neue pädagogische Arbeitsformen

Volkshochschule Bergisch Gladbach
Semester Herbst/Winter 1977/78

Bereich	Teilnehmer	Unterrichtsstunden
A – Gesellschaft – Geschichte – Wirtschaft Recht	154 (1,7%)	1,1%
B – Erziehung – Psychologie Philosophie – Theologie	226 (2,5%)	2,5%
C – Literatur – Theater Musik Kunst – Kreatives Gestalten Filmprogramm Fototechnik	2100 (23,3%)	15,5%
D – Landeskunde – Geographie Kulturgeschichte – Studienreisen	826 (9,1%)	1,5%
E – Mathematik – Naturwissenschaften – Technik	610 (6,7%)	2,5%
F – Verwaltung – Kaufmännische Praxis	627 (7,0%)	11,4%
G – Sprachen Englisch, Französisch, Spanisch, Italienisch, Russisch, Niederländisch, Neugriechisch, Latein, Deutsch als Fremdsprache, Deutsch für Deutsche, Rhetorik	2735 (30,3%)	43,0%
H – Gesundheit Ernährung, Gesundheitspflege, Autogenes Training, Gymnastik, Folklore, Yoga, Hauswirtschaft, Kochen, Nähen	1389 (15,4%)	14,3%
I – Schulabschlüsse	107 (1,2%)	8,0%
K – Besondere Veranstaltungen Arbeit und Leben Seniorenprogramm Kinderprogramm	253 (2,8%)	0,2%
	9027	

Das »forum« an der Ecke Hauptstraße/ Paasweg, ist seit 1969 Zentrum der Erwachsenenweiterbildung für Bergisch Gladbach und seine nähere Umgebung.

der Weiterbildung mit Nachdruck zu fördern« wären.

Nun, Bergisch Gladbach ist eine Stadt, die gerade auf diesem Gebiet eine Tradition zu vertreten hat, und es besteht eigentlich kein Grund, warum das nicht auch in Zukunft gelingen sollte.

In Bergisch Gladbach lernen aber nicht nur die Bürger dieser Großstadt und ihrer Umgebung. Es gibt zwei Institutionen in dieser Stadt, die nach außen wirken, deren Bildungsauftrag überlokalen, überregionalen und übernationalen Charakter hat. Beide führen in ihrer Bezeichnung den Namen eines Staatsmannes, beide sind nunmehr über 25 Jahre erfolgreich tätig, beide haben ihr Domizil in stattlichen Häusern in landschaftlich reizvoller

Lage. Ihre Zielsetzungen indes entspringen verschiedenen Wurzeln: als »Katholische Akademie im Erzbistum Köln« die »Thomas-Morus-Akademie« an der Overather Straße in Bensberg; als »Europäische Akademie Lerbach« das »Gustav-Stresemann-Institut für übernationale und europäische Zusammenarbeit« im Bergisch Gladbacher Haus Lerbach.

Beide sind auf ihre Weise Stätten geistiger Begegnungen, Treffpunkte von Besuchern aus allen Teilen der Bundesrepublik und Europas, Kristallisationspunkte divergierender Meinungen zu aktuellen gesellschaftspolitischen Fragen. Außerdem sind sie Bildungseinrichtungen ohne die übliche Lernsituation mit dem Zwang zu einer Leistung.

z. B.
Thomas Morus

Die Toreinfahrt ist relativ bescheiden. In einem langgezogenen »S« führt eine Asphaltstraße hoch, daneben ein Fußweg. Beide enden vor dem mächtigen, auf einem Bruchstein-Sockel ruhenden Gebäude.

»ERITIS MIHI TESTES« – die Inschrift an der Giebelspitze signalisiert: eine Trutzburg des Geistes!

Die Lettern provozieren sofortiges Rückbesinnungsbemühen auf einen tiefgesunkenen Vokabelschatz. Doch die Übersetzung gelingt zunächst einmal nicht. Eine seltsame Verschlossenheit geht von dem stattlichen Gebäudekomplex aus, der breit und braunfarben im grünen Hügelland des Bensberger Weichbildes in der Mittagshitze des schwülen Julitages dahindöst.

Zwei, drei ältere Damen im Sommergeblümten bevorzugen Buchenschatten. »Pflegeheim«, »Thomas-Morus-Akademie«, die beiden Schilder weisen in entgegengesetzte Richtungen. Im Innenhof der Akademie lärmt ein Motormäher. Verhaltenes Gemurmel aus einer anderen Richtung erweist sich als das Vespergebet der mit der Bewirtschaftung

Genau 30 Jahre liegen zwischen dem Baubeginn des heute als Sitz der »Thomas-Morus-Akademie« dienenden ehemaligen Priesterseminars und des Vinzenz-Pallotti-Hospitals im Hintergrund. Beide Gebäude liegen im Weichbild Bensbergs.

↑ Protokolle und Manuskripte halten die wichtigsten Ergebnisse der in der Akademie geleisteten Arbeit und die gewonnenen Erkenntnisse fest.

→ Seit 1958 ist das ursprünglich als Priesterseminar erbaute Gebäude an der Overather Straße (B 55) Heimstatt der Thomas-Morus-Akademie.

des Hauses befaßten Nonnen. Die Kapelle ist wohltuend kühl. Schräg gegenüber hinter einer Glastür prangt über einem Getränkeautomaten die Schrift »Sir Thomas Pub«.

Anhand der Fernsehsendungen »Hitparade« und »Disco« soll eine Untersuchung des Konsumartikels Musik Einblick in das »harte Geschäft der heilen Welt« vermitteln. Referent ist ein Kölner Dozent. Die Ankündigung am Schwarzen Brett verspricht auch die Beantwortung der Frage »Warum singt im Fernsehen keiner falsch?«

Ein anderes Seminar: »Angst, Leid, Not – Grenzsituationen des Lebens«. Die Teilnehmer erwartet ein kontrastreiches Programm im nächsten Semester.

Neben Medienanalyse und Fragen zu Philosophie und Lebensangst stechen aus der Fülle der anstehenden Themen hervor: »Bürokratie und Staatsverdrossenheit«, »Dialog mit den Kirchen des Ostens«, »Datenbank und Menschenwürde«, »Sicherheit und Abrüstung als Friedensaufgabe«, »Diagnose Krebs«, »Extremisten im öffentlichen Dienst«.

Akademie- und Seminartagungen, Studienkonferenzen und Studienfahrten, Ferienakademien und verschiedene Foren bilden die Form eines »Dialogs zwischen Kirche und Welt«. Die Arbeit der Akademie ist ihrem Selbstverständnis nach die Aufrechterhaltung dieses Dialogs im Dienste der »Wahrheitssuche und -findung«. Für den Bildungsauftrag der Thomas-Morus-Akademie kann als Motto ein Wort von Thomas von Aquin gelten: »Das erste, was von einem, der handelt, gefordert wird, ist, daß er wissend sei. Wer nicht weiß, wie die Dinge wirklich sind und liegen, der

kann auch nicht das Gute tun, denn das Gute ist das Wirklichkeitsgemäße.«

In »geistiger Offenheit« will Akademieleiter Dr. Hermann Boventer »den Dialog der gesellschaftlichen Kräfte in die Kirche hineintragen«. Vor allem Primaner und Pädagogen, Priester und Publizisten, Offiziere, Beamte und Studenten stehen als das Gros der Tagungsteilnehmer in dieser Pflicht. In den 25 Jahren ihres Bestehens hat die Akademie 116659 Teilnehmer gezählt. Hunderte von Referenten – Professoren, Wissenschaftler, Politiker, Theologen, Journalisten, Vertreter aller möglichen Sparten – waren ihre Partner.

Solange die Bensberger Thomas-Morus-Akademie auf ihre Weise

Menschen ins Gespräch bringt, braucht sie nicht um ihre Zukunft besorgt zu sein. Sie hat sich jedenfalls weit über das Rheinland hinaus einen hervorragenden Ruf erworben.

Die sommerliche Ferienstille mit ihren normalerweise dem Erlebnisbereich der Akademiebesucher verborgen bleibenden Impressionen bildet einen interessanten Kontrast zur

Bedeutung des Bildungsinstituts und zur Betriebsamkeit, die sonst dort zu herrschen pflegt.

Hinter dem verschlossenen Haupteingang sind in zwei Glasvitrinen »Bensberger Manuskripte« und »Bensberger Protokolle« ausgestellt. Das Protokoll 22 enthält Vorträge, die zum 500. Geburtstag des englischen Staatsmannes, Humanisten und Mär-

tyrers Thomas Morus auf einem Symposion gehalten wurden: Thomas Morus als Autor von »Utopia«, Thomas Morus als Glaubenszeuge, als Historiker, Staatsmann und als Märtyrer. Wissenschaftler und Publizisten waren die Referenten. – Im zweiten Glaskasten werden das Gesamtwerk Thomas Morus' und verschiedene Bücher über ihn in englischer und französischer Sprache gezeigt. Da fällt langsam ein Groschen: Eritis mihi testes – »Ihr werdet mir Zeugen sein«. Oder?

Draußen ist es nach wie vor schwül.

Auf einer größeren Wiese, zur Stadt hin leicht abfallend, wartet sattes Grün auf den zweiten Schnitt. Der erhabene Blick auf das Böhmsche Rathaus vor der mächtigen Barock-Kulisse des Neuen Schlosses verdrängt den landwirtschaftlichen Aspekt. Links recken drei Baukräne ihre weitreichenden Ausleger: die Stadtkern-Sanierer haben Hochkonjunktur.

Zur B 55 hin bietet eine Wallhecke nur dürftige Abschirmung vor tosendem Verkehr und tausendfachem Blick aus Küchen- und Kinderzimmerfenstern. Das Visavis der Akademie wird vom Volksmund »Manhattan« genannt, und böse Zungen behaupten, es könne wegen seiner extremen Nordlage die Sonne nur als Reflex vom Priesterseminar empfangen.

Priesterseminar – das ist das Stichwort zur Historie des Akademie-Gebäudes. Es begann damit, daß der Major a.D. Piper, Geschäftsführer der Fa. Eduard Kettner, Köln, der Gemeinde Bensberg am 5. Mai 1924 ein 64963 qm großes Grundstück an der Kaule für 130000 Goldmark anbot – Land, das den Gemeindevätern für die Entwicklung des Ortes sehr gelegen kam. Dennoch gelang es ihnen in zähen Verhandlungen, den Preis auf 85000 Goldmark zu drücken. Für 60000 Goldmark verkaufte die Gemeinde dann gleich einen Teil (46000 qm) an den Erzbischöflichen Stuhl zu Köln, der gerade auf der Suche nach einem geeigneten Gelände für die Aussiedlung seines in der Marzellenstraße gelegenen Priesterseminars war. Damit tat sich für Bensberg, so empfand man es seinerzeit, eine sensationelle Perspektive auf. Im Stadium der Verhandlungen erbat die Redaktion der Kölner Volkszeitung

← Blick in den Innenhof des Akademiegebäudes.

96

vom damaligen Bürgermeister Friedrich Zander Informationen über den Stand der Dinge: »Es wäre zu peinlich, wenn uns irgendein gegnerisches Blatt (liberal und sozialdemokratisch) mit der Veröffentlichung dieser bedeutsamen Nachricht zuvorkommen würde.«

Als dann nach langwierigen Vorbereitungen am 27. April 1926 der Kölner

Der Eckturm am kirchlichen Profanbau der Thomas-Morus-Akademie macht die auch noch in den 20er Jahren vorherrschende Anlehnung an den Neubarock deutlich.

Kardinal Schulte den ersten Spatenstich tat, jubelte das Blatt: »Der 27. April des Jahres 1926 wird ewig mit goldenen Lettern in der Geschichte Bensbergs eingegraben bleiben.« Die Hoffnungen, die seinerzeit an die Errichtung des Priesterseminars geknüpft wurden, waren groß. Zwei Monate später vollzog der Apostolische Nuntius für Deutschland, Erzbischof Eugenio Pacelli – der spätere Papst Pius XII. –, die feierliche Grundsteinlegung. Und die Volkszeitung kommentierte: »Bensberg hat eine neue Ära begonnen in seiner

wechselvollen Geschichte. Es geht aufwärts.«

Wie wechselvoll die Geschichte des Priesterseminars selbst sich entwickeln sollte, konnte damals keiner ahnen. Ein geradezu diametral entgegengesetzter Geist zog ein, als das Seminar 1942 wegen »staatsgefährdender Umtriebe« geschlossen, enteignet und der im Schloß residierenden »Napola« (Nationalpolitische Erziehungsanstalt) angegliedert wurde. 1958, der nationalpolitische Spuk war längst vorbei, zog das Priesterseminar wieder nach Köln und überließ der 1953 ins Leben gerufenen Thomas-Morus-Akademie das Gebäude.

Auch heute noch wird das von dem bekannten Kirchen-Architekten Bernhard Rotterdam entworfene Gebäude im Kontrast zu seinem dunkel wirkenden Äußeren von Akademie-Besuchern als »innen frei und hell« empfunden.

Stresemann und Europa

Die Verpflichtung, die sich die Europäische Akademie Lerbach mit der Namenswahl »Gustav-Stresemann-Institut« auferlegt, beschränkt sich auf einen Teilaspekt des Wirkens dieses Politikers der Weimarer Zeit. Nicht die Ziele der von Gustav Stresemann geführten Deutschen Volkspartei, die er 1918 in Konkurrenz zur linksliberalen Deutschen Demokratischen Partei gegründet hatte, und auch nicht die Politik der Wiederherstellung einer deutschen Großmachtposition, die Stresemann als Außenminister der zwanziger Jahre verfolgte, geben der Lerbacher Akademie Anlaß zur Identifikation. Noch weniger kommt der als »Stresemann« in die Modegeschichte eingegangene offizielle Besuchsanzug mit schwarzgrau gestreifter, umschlagloser Hose, grauer Weste und schwarzem Sakko als Motiv in Frage. Die Akademie fühlt sich ausschließlich von den Verdiensten dieses Staatsmannes um die europäische Einigung angezogen und angespornt.

1926 erhielt Gustav Stresemann gemeinsam mit seinem französischen Amtskollegen Aristide Briand den Friedensnobelpreis. Heute liegt Europa als politische Einheit zwar immer noch in weiter Ferne, aber daß überhaupt einmal ein Anfang gemacht werden konnte, geht auf Männer wie Stresemann und Briand zurück, an deren Leistungen man nach dem Zweiten Weltkrieg anknüpfen konnte. Politische Bildung und europäische Einigung sind die Ziele des Gustav-Stresemann-Instituts. »Die Integration Europas ist in ihren wirtschaftlichen, soziologischen und politischen Auswirkungen von so großer Bedeutung, daß sich die Verpflichtung ergibt, die Kenntnis der Probleme europäischer Zusammenarbeit der Öffentlichkeit zu vermitteln«, heißt es in der Präambel der Instituts-Satzung. Studenten und Soldaten, Arbeitnehmer und Arbeitslose, Gewerkschaftler, Staatsbürger – das Teilnehmerpublikum stammt aus anderen sozialen und intellektuellen Schichten und Kreisen als das der Thomas-Morus-Akademie. Die Veranstaltungen sind mehr praktisch-politischer Art. Sie behandeln die gesellschaftlichen Zustände in den beiden deutschen Staaten und in Europa.

Die Gründung des Gustav-Stresemann-Instituts ging auf eine Initiative des belgischen Sozialisten Paul Henri Spaak zurück, der als Außen- und Premierminister seines Landes für die europäische Einigung wirkte. In den Anfangszeiten besaß das Institut noch keine eigenen Tagungsräume, aber zehn Jahre später ließ der stark gewachsene Arbeitsumfang die Einrichtung einer Tagungsstätte als dringend geboten erscheinen. Haus Lerbach erwies sich da als geradezu ideal und wurde im Herbst 1961 gepachtet. Weitere zehn Jahre später wurde das Haus baulich erweitert und den wiederum stark angestiegenen Anforderungen angepaßt. Das allein genügte aber nicht, und so kam 1972 eine zweite Bildungsstätte hinzu, und

Gustav-
Stresemann-
Institut e.V.
für übernationale Bildung und europäisch
Zusammenarbeit
**Europäische Akademie Lerbach
Programm II/1978
1. 5. 1978 – 31. 8. 1978**

zwar in Schloß Neuburg am Inn, 1975 dann in Niedersachsen die Europäische Akademie Bevensen. Schließlich konnte man 1977 in Bonn-Bad Godesberg das »Haus am Stadtwald« eröffnen. Mit diesen Tagungsstätten ist nun das Gustav-Stresemann-Institut in der Lage, Süd-, West- und Norddeutschland abzudecken und damit die Kontakte auch nach Süd- und Südosteuropa und nach Nordeuropa zu vertiefen, während das Bonner Haus den Vorzug genießt, unmittelbar vor Ort das politische Geschehen zu verfolgen. Auf diese Weise wurde von Bergisch Gladbach aus ein dichtes Netz von Beziehungen zu Menschen, Institutionen und Organisationen in Westeuropa geschaffen.

Die internationale Wirkungsweise des Instituts und die internationale Zusammensetzung der Tagungsteilnehmer sind dem Bürger dieser Stadt wohl kaum bewußt, wenn er im Vorüberfahren den schloßartigen Bau hinter den prächtigen Parkbäumen sieht. Das Gelände ist mit 115 Morgen Größe ein luxuriöser Schutzgürtel vor Verkehrslärm und Ruhestörung jeglicher Art. Es ist samt Schloß Besitz der Familie von Siemens, die es nach dem Tode von Anna Zanders, einer geborenen von Siemens, erbte. Ihr Mann, Richard Zanders, hatte Lerbach 1893 von Levin Graf Wolff Metternich erworben, der Stadtverordneter und Beigeordneter in Bergisch Gladbach war. Nach und nach kaufte Richard Zanders alle um Lerbach liegenden Grundstücke auf und brachte es dabei auf etwa 1476 Morgen. Vom Münchener Architekten Gabriel von Seidl, Erbauer des bayerischen Nationalmuseums, des Lenbachhauses und des Deutschen Museums, ließ er sich dann das Schloß bauen. Im letzten Krieg war es Waisenhaus der Stadt Köln, danach Erholungsheim für belgische Offiziere, vorübergehend ein Hotel mit Kneippkur-Badebetrieb und ab 1961 Sitz des Gustav-Stresemann-Instituts.

In einem zeitlichen Abstand von nur drei Jahren haben die beiden Akademien in Bensberg und Bergisch Gladbach ihre Arbeit begonnen; die eine katholisch konservativ, die andere sozial demokratisch. Die eine wendet sich mehr an elitäre oder bildungsbevorzugte Gruppen, die andere an bildungsbenachteiligte Schichten der Bevölkerung. Damit spannen sie einen Bildungsbogen nicht nur von einem Stadtteil zum anderen, sondern über wesentliche Teile unserer Gesellschaft.

← Das Gustav-Stresemann-Institut, die zweite große Bergisch Gladbacher Bildungseinrichtung von überregionaler Bedeutung.

↓ Haus Lerbach inmitten eines weiträumigen Parks ist Sitz des auch als Europäische Akademie bezeichneten Instituts. Das Haus wurde von Richard Zanders erbaut und befindet sich heute im Besitz der Familie von Siemens.

Schlesische Spezialitäten

Auf einem ganz anderen Gebiet ist ein drittes ortsansässiges Institut tätig, das weit in das kulturelle Leben der Bundesrepublik hineinwirkt. Finanziell von Bund und Land getragen, bemüht sich das Institut für Ostdeutsche Musik, das im Bensberger Rathaus untergebracht ist, um die Pflege eines Kulturgutes, das uns durch die Kriegsfolgen zu entgleiten drohte.

Unter der Leitung seines Gründers Gotthard Speer, Professor an der Pädagogischen Hochschule Köln, teilen sich drei hauptamtliche Mitarbeiter die Institutsaufgaben. Hier werden nicht nur die Werke sämtlicher Komponisten aus den früheren ostdeutschen Gebieten gesammelt, gesichtet und systematisiert; die drei hauptamtlichen Mitarbeiter sind auch ständig auf der Suche nach noch verborgenen und unentdeckten Schätzen. Die Erfolge des Instituts beruhen auf seinen exzellenten Kontakten zu zahlreichen Fachbibliotheken und der Mitarbeit der 1500 Mitglieder im ganzen Bundesgebiet, die den Arbeitskreis für schlesisches Lied und schlesische Musik bilden. Aus diesem Arbeitskreis und der Sammlung für Ostdeutsche Musik ist das Institut 1973 zusammengewachsen. Etwa 25 schlesische Komponisten und eine Gruppe von Musikwissenschaftlern bilden eine lebendige Verbindung innerhalb des Arbeitskreises.

Vom Volkslied bis zum großen Orchesterwerk, von der historischen Musik bis zur Moderne und zur Unterhaltungsmusik – für diese steht zum Beispiel der Name Ralph Benatzky (»Im weißen Rößl«) – ist in den musikalischen Sammlungen des Instituts fast alles zu finden. Man bemüht sich um Vollständigkeit. So befindet sich hier auch der Nachlaß des letzten Breslauer Domkapellmeisters Paul Blaschke und aus der Breslauer Domchor-Bibliothek das Ur-Manuskript der in aller Welt gesungenen Weihnachtsmotette »Transeamus«.

Der schlesische Tonkünstler schlechthin ist Thomas Stolzer, 1526 gestorbener Renaissancekomponist, ein Mann von europäischem Rang. Bedeutende zeitgenössische schlesische Komponisten sind Günter Bialas, Gerhard Schwarz, Heino Schubert, Alexander Ecklebe. Nicht nur ihre Werke – und das ist eine weitere wichtige Instituts-Tat – werden veröffentlicht. Mit Noten- und Chorblattreihen, einer Reihe kleinerer Chorwerke und Kunstlieder, Liederbüchern, Orgelwerken sind alle Bereiche der ostdeutschen Musik von der Publikationsarbeit erfaßt.

»Und in dem Schneegebirge«, Lieder aus »Der schlesische Wanderer« – die Herausgabe eigener Schallplatten ist jüngeren Datums. Der Organist Professor Rudolf Walter ist für eine Schallplattenaufnahme ostdeutscher Musik bis nach Neisse in Polen gereist, wo er der Authentizität wegen in der großen Stadtpfarrkirche St. Jakobus die geeignete Orgel fand.

Die Ausweitung der Institutsarbeit auf

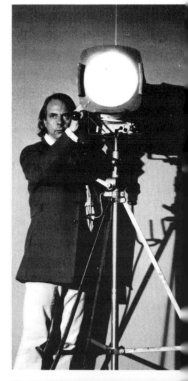

↑↑ Karlheinz Stockhausen, weltberühmter Komponist moderner Musik, ist ständiger Gast der Bergisch-Schlesischen Musiktage in Bergisch Gladbach. Das obige Bild

BEISPIEL FÜR EINE VERSION

AQUARIUS (4)	PISCES (3)	ARIES (3)	TAURUS (4)	GEMINI (3)	CANCER (4)	LEO (3)	VIRGO (4)	LIBRA (4)	SCORPIO (2)	SAGITTAR (3)	CAPRIC (3)
D ... D	DD D	D	D D D	D D D	D D	D	D D	D D	DD D	D D	D
K	K	K	K	nur AKK	K nur 1.-H.		K	K K	K	K	K K	
S	S	S	S			S		S		S		S
e₁ e₂	e.	e.	e. e₁ e₂	e. e.	e. e.	e.	e. e₁ e₂	e.	e. e.	e.	e.
d₁	d. d.		d₁ d₂	d.	d.	d.	d.	d.	d. d.	d.	(ital.)

D = DUO
K = Klavier allein
S = Stimme allein

e. = englisch (bei Aufführungen in deutschsprachigen Ländern werden diese Sprachen
d. = deutsch   umgetauscht; in andersprachigen Ländern singt man statt
                englisch die Landessprache und eine zweite Sprache)

e₁ und d₁ = 1. Strophe
e₂ und d₂ = 2. Strophe

den ehemaligen nordostdeutschen Raum, West- und Ostpreußen, Danzig, Pommern und die baltischen Länder, steht bevor. Und ebenfalls im Entstehen begriffen ist ein Katalog ostdeutscher Musikalien, der die Standorte der wichtigsten Werke ostdeutscher Komponisten nachweist. Wie man sieht, läßt sich die Arbeit des Instituts für Ostdeutsche Musik als überaus praxisnah charakterisieren. Hinzu kommt natürlich seine Tätigkeit als ein besonders geschätzter lokaler Kulturträger.

Alljährlich finden die »Altenberger Wochen für schlesisches Lied und schlesische Musik« und alle zwei Jahre die »Bergisch-Schlesischen Musiktage« statt. Veranstalter ist der Rheinisch-Bergische Kreis, der ein Patenschaftsverhältnis zum ehemaligen Landkreis Görlitz unterhält. Selbstverständlich bedient er sich dabei der künstlerischen Beratung und auch Leitung durch das Institut.

zeigt ihn beim Einleuchten einer Szene seines Werkes »Tierkreis« für Singstimme und Klavier (Auszug Bild r. o.).

↑ Offenes Singen mit der Chorgemeinschaft Bergisch Gladbach, einem Volksmusikensemble und einem Jagdhorn-Bläserkorps im Bensberger Ratssaal. Die Leitung dieser Veranstaltung zu den Musiktagen hatte der bekannte und verdiente Musikpädagoge Paul Nitsche.

Das nächste Beben kommt bestimmt

Wenn irgendwo auf der Erde eine Atombombenexplosion oder ein Beben unseren Planeten erschüttert – die Seismographen der Erdbebenstation der Universität Köln in der Bensberger Vinzenz-Pallotti-Straße registrieren jedes Ereignis dieser Art und weisen ihm einen Stellenwert auf einer der gebräuchlichen Maßeinteilungen (Richter- oder Mercalli-Skala) zu. Von außen sieht man es dem unscheinbaren, unauffälligen, hinter dichtem Koniferenwuchs versteckten Haus nicht an, was sein Inneres verbirgt. Nur einem aufmerksamen Spaziergänger mag das Schild »Erdbebenstation des Geologischen Instituts der Universität Köln« auffallen. Die hier benutzten Geräte sind so empfindlich, daß sie schon auf die Brandungswellen der Nordsee reagieren und daß z. B. Besucher-Rundgänge in normalen Straßenschuhen problematisch sind. Früher erwarteten deshalb Pantoffeln den aus Passion oder Profession neugierigen Gast. Heute ist ein Teil der sensiblen Seismographen in Außenstationen installiert. Aufgabe der umfassenden und exakten Beobachtung ist es, die Ursachen von Erdbeben zu erforschen und eine Methode zur Voraussage zu finden. Die Meßstationen befinden sich in dem Dreieck Köln-Koblenz-Aachen,

einem Gebiet, in dem natürliche Erdbeben relativ häufig vorkommen. Der Leiter der Erdbebenstation, Dr. Ludwig Ahorner, spricht von seismischen Aktivitäten, die in ihrer Intensität und Häufigkeit in der Bundesrepublik nur noch von der Schwäbischen Alb übertroffen werden. Vom leichten Lokalstoß bis zum schweren Schadenbeben reichen die spürbaren Erschütterungen, die überwiegend dadurch entstehen, daß sich bis zu einer Tiefe von 700 km Schollen der Erdkruste gegeneinander verschieben: tektonische Beben. Das letzte Erdbeben mit Gebäudeschaden in dieser Gegend ereignete sich am 14. März 1951 in Euskirchen. Es zeigte auf der von dem amerikanischen Seismologen Charles

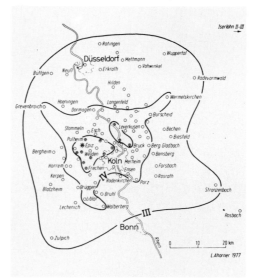

Makroseismische Karte des Pulheimer Erdbebens am 6. November 1977 gegen 2.22 Uhr MEZ mit Linien gleicher Erdbebenstärke, die nach den in Bensberg eingegangenen Augenzeugenberichten gezeichnet wurden. Die deutlichsten Wirkungen mit dem Stärkegrad IV-V der zwölfstufigen Erdbebenskala wurden in der Nähe des Epizentrums im Raum Pulheim, Brauweiler, Weiden und Frechen beobachtet. Das fühlbar erschütterte Gebiet reicht 40–50 km weit bis Düsseldorf, Wuppertal und Zülpich.

Francis Richter aufgestellten Richter-Skala die Stärke 5,6 an (bei 5 beginnen Gebäudeschäden), auf der nach dem italienischen Geophysiker G. Mercalli benannten Skala 7 bis 8. Die in der Bensberger Station aufgestellten Seismographen ruhen auf Betonsockeln, die ihrerseits bis auf den Felsgrund reichen. Nur so ist ein störungsfreier Meßbetrieb möglich.

Die seit 1954 bestehende Station rückt bei ihrer Beobachtung und Betrachtung der Erdbebentätigkeit mehr den geologischen Aspekt in den Vordergrund. Sie ist den Beben- ursachen auf der Spur, um Aussagen über Gefährdungen durch Erdbeben in Mitteleuropa und im Rheinland machen zu können. Gleichzeitig ist sie eingebunden in den weltweiten Beobachtungs- und Meßverbund, mit dessen 1500 Erdbebenstationen sie einen regen Daten- und Informations- austausch unterhält. Zu den seismisch aktiven Zonen hierzulande gehört die Niederrheinische Bucht, in der sich der Rheintal-Grabenbruch fortsetzt. Und hier setzen die Bensberger Beben-Beobachter an. Ihr aufgebautes Netz von Außenstationen hat seit 1976 120 Beben registriert, und zwar soge- nannte Mikrobeben, deren Lokali- sierung gewisse Voraussagen über tektonische Veränderungen er- laubt.

Für das Bundesgebiet haben die Bensberger Wissenschaftler eine Erdbebenrisiko-Karte erarbeitet, aus der sich ablesen läßt, wo einmal in 1000 Jahren Erdbeben in bestimmter Stärke auftreten können. Auf dieser Karte zeichnet sich ab, daß der obere Rheingraben mit dem Raum Stuttgart, Freiburg und die Kölner Bucht beson- ders gefährdete Gebiete sind. Für Bewohner und Bebauer dieser Gegenden ist das nicht gerade beruhigend, zumal es sich um dicht- besiedelte Räume mit Ballungen von Kraftwerks-, Brücken- und Industrie- anlagen handelt. Um so dringender scheint daher die Installierung eines Vorwarnsystems, für das in Bensberg entscheidende Vor- und Hauptarbeit geleistet wird.

Otto Hahn und Schneller Brüter

Der Firmenname mag darauf hin- deuten und ist vielleicht die Ursache dafür, daß die in Moitzfeld ange- siedelte INTERATOM fälschlicher- weise immer wieder ausschließlich mit Forschung identifiziert wird. Wenn man aber weiß, daß zu ihrer Bezeich- nung eigentlich noch der Zusatz »Internationale Atomreaktor GmbH« gehört, darf zu Recht etwas mehr dahinter vermutet werden. Ange- wandte Forschung spielt zwar auch eine Rolle, aber INTERATOM ist vor allem ein Ingenieur-Unternehmen, tätig auf dem Gebiet fortgeschrittener Energietechnik. Es entwickelt neue Systeme von der Grundkonzeption bis zur Baureife und erprobt dabei Komponenten und Anlagenteile in eigenen Großversuchsanlagen. INTERATOM steht also an der Naht- stelle zwischen Forschung und Industrie.

Dabei liegt es in der Natur der Sache, daß der größte Teil der 1800 Mit- arbeiter im Laufe der Jahre aus allen Gegenden der Bundesrepublik nach Bensberg gekommen ist, die ersten 1958. Während die INTERATOM-Leute als Spezialisten ständig daran arbeiten, die Technik der Atomspaltung in neuartigen Reaktorsystemen einzu- setzen und so die Energie des Atoms für friedliche Zwecke zu nutzen, haben sie als Einwohner längst die Integration vollzogen. Sie haben im Verlaufe dieses Prozesses keine bloße Anpassung betrieben, sondern Akzente gesetzt und Impulse gegeben. Kulturszene und Schulwesen profitieren von ihnen. Selbst zur Zeit des größten Lehrermangels hat es in Bensberg nicht an Unterweisung in den naturwissenschaftlichen Fächern gefehlt: mancher INTERATOM-Wissenschaftler half den Stundenplan aufrechtzuerhalten, und die Computer-Programme des Unternehmens helfen von Jahr zu Jahr mit, die Stundenpläne einiger Schulen im hiesigen Raum rationell aufzustellen. Übrigens, die Gründung des »Otto-Hahn-Schulzentrums« geht wohl im wesentlichen auf diesen qualifizierten Bevölkerungszuwachs zurück.

Also, 1958 kam der erste Mitarbeiterstab, etwa 50 Mann stark, nach Bensberg, und zwar aus Duisburg, wo die INTERATOM ein Jahr zuvor gegründet worden war. Damals bezogen die Wissenschaftler und Techniker, Konstrukteure und Kaufleute zunächst das Alte Schloß. Hinter den bis zu zweieinhalb Metern dicken Mauern aus dem frühen Mittelalter begann ein junges Unternehmen mit der Entwicklung einer jungen Technologie. Knappe zwei Jahre dauerte der in den Schloßgewölben wie mittelalterliches Alchimistentum anmutende Planungs- und Konstruktionsbetrieb. Dann – Mitte 1960 – konnten die ersten neuerrichteten Gebäude auf dem 300000 qm großen Gelände am Moitzfelder Bockenberg bezogen werden. Von da an stiegen Mitarbeiterzahl und Aufgaben: angefangen von der Entwicklung des nuklearen Schiffsantriebes für das Fracht- und Forschungsschiff N.S. »Otto

Hahn«, das 10 Jahre lang technisch vorzüglich funktionierte und mit nur 2 Brennstoff-Füllungen in dieser Zeit die Weltmeere befuhr, aber 1979 aus Kostengründen stillgelegt wurde, bis hin zum Bau des Schnellen Brüters in Kalkar, der laut Planvorstellungen 1984/85 in Betrieb gehen soll. Diese beiden Projekte markieren nicht nur Anfang und gegenwärtigen Aufgabenstand der INTERATOM, sondern gleichzeitig die mit Projekten dieser Art verbundenen besonderen Schwierigkeiten: Wirtschaftlichkeit und politische Durchsetzbarkeit. Aber

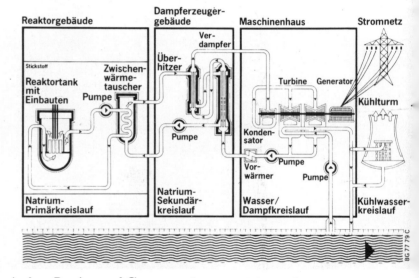

Schema eines Kernkraftwerkes mit natriumgekühltem schnellem Brutreaktor.

zwischen Beginn und Gegenwart liegen erfolgreiche Planungs-, Entwicklungs- und Bauarbeiten für eine ganze Reihe von Versuchs- und Forschungsreaktoren und andere kerntechnische Anlagen, die sich mit Ortsnamen wie Ispra (Italien), Grenoble, Berlin, Heidelberg, Karlsruhe und Jülich verbinden.

Man muß sich vorstellen, daß fast die gesamte Nukleartechnologie mit ihrer Milliarden kostenden Kompliziertheit dem simplen Vorgang dient, Wasser heiß zu machen, so daß Dampf und Druck entstehen, die dann wie zu

→ Blick in die Natriumversuchsgroßanlage bei INTERATOM.

Großvaters Zeiten über eine Turbine den Stromgenerator antreiben. Die auf der Erde nur begrenzt vorhandenen Primärenergievorräte wie Holz, Kohle, Öl, Gas und Wasserkraft, scheinen wohl keine andere Wahl zu lassen. Doch ein auch bei INTERATOM in der Entwicklung befindlicher sog. Hochtemperaturreaktor kann mehr. Einmal erzeugt er Prozeßwärme, die zur Vergasung von Kohle dienen kann, zum anderen läßt sich mit Hilfe des hocherhitzten Reaktorgases eine Gasturbine direkt zur Stromerzeugung in Rotation versetzen.

Eine weitere Schwerpunkttätigkeit ist die Entwicklung und der Bau von Anlagen zur Urananreicherung. Eine Demonstrationsanlage dieser Bauart läuft bereits im niederländischen Almelo – Grundlage für eine in der Planung bereits abgeschlossene Großanlage, ebenfalls dort, und für ein Projekt gleicher Größenordnung im grenznahen Gronau im westlichen Münsterland.
Mit der Übernahme einiger Schwerpunktaufgaben durch die INTERATOM ging jeweils eine Gesellschaftsgründung einher. Im Ausbrüten

von Beteiligungen, Töchtern und Teiltöchtern ist die INTERATOM nicht gerade untätig gewesen. Sie selbst ist zu 100 Prozent im Besitz der KWU Kraftwerk Union, die ihrerseits im selben Umfang zu Siemens gehört. INTERATOM ist also die Tochter der Tochter und damit wohl eine Enkelin. Die Entwicklung der Besitzverhältnisse vollzog sich übrigens ebenfalls in

Inzwischen macht sich ein spezieller Kundenkreis – auch außerhalb der Atomtechnik – die von der INTER-ATOM entwickelten und betriebenen Fertigungseinrichtungen zunutze. In einem eigens dafür gebauten Werk II, Am Böttcherberg in Bensberg, sind etwa 200 hoch-qualifizierte Mitarbeiter damit beschäftigt, die für laufende Ent-

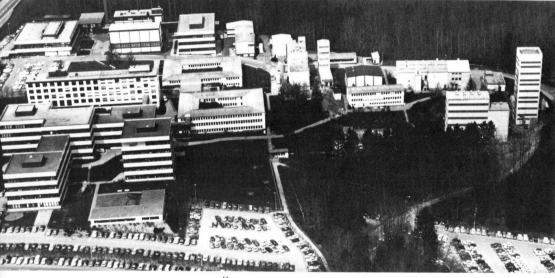

← Auf dem Bocken-berg bei Moitzfeld, unmittelbar neben Autobahn und B 55, sind die umfangrei-chen Firmenanlagen der Internationalen Atomreaktor GmbH, kurz INTERATOM genannt, entstanden.

enger Anlehnung an die Übernahme der verschiedenen Aufgaben. Interessant ist noch, daß die Bensberger Atomfirma im Zusammenhang mit der Arbeit für den Schnellen Brüter ein weltweit beachteter Natrium-Spezialist geworden ist. Das Flüssigmetall Natrium dient dabei nämlich als Mittel zum Transport der Wärme aus dem Reaktor zur Turbine. Die INTER-ATOM hat in Bensberg auf ihrem Werksgelände eines der größten Natrium-Technologie-Zentren Europas gebaut, das die Erprobung aller Komponenten praxisnah im Original-maßstab gestattet. Eine gelegentlich geäußerte Besorgnis ist dagegen unbegründet: Es gibt dort weder einen Reaktor noch Brennstoff zum Betrieb von Atomreaktoren.

wicklungsarbeiten erforderlichen Prüfgeräte und Präzisionsbauteile zu fertigen. Die vielfach selbst ent-wickelten besonderen Verfahren fin-den auch bei Fremdaufträgen Anwen-dung.

Mit einer künftigen Aufgabe der INTERATOM mag sich für all jene, die der Atomtechnik skeptisch gegen-überstehen, eine versöhnliche Perspektive verbinden: unter Führung von INTERATOM schickt sich ein internationales Konsortium an, noch in diesem Jahr den Bau eines Sonnen-kraftwerks in Almeria, Spanien, zu beginnen. Es wird zwar nur 500 kW erzeugen, aber in der Planung befin-det sich schon ein weiteres mit Sonnenenergie arbeitendes Kraftwerk von 20000 Kilowatt Leistung.

→ Das Verwaltungs-gebäude des 150jähri-gen Unternehmens Zanders Feinpapiere GmbH & Co an der Gohrsmühle.

Wer Papier sagt,
meint Zanders

Vieles steht auf Papier, und Papier steht für vieles. Das Unternehmen, das in Bergisch Gladbach, und nicht nur dort, für Papier steht, heißt: Zanders. Und dieser Name steht auch für den Tatbestand, daß Papier nicht gleich Papier ist.

Zanders Feinpapiere sind das Produkt einer Hohen Schule der Papiermacher-Kunst. Qualität bis in die letzte

eingetragene Gohrsmühlen-Zeichen ist eines der ersten Markensignets überhaupt. Das 1965 übernommene Zweigwerk in Düren firmierte als Reflex-Papierfabrik. Alle Produkte tragen Zanders-Zeichen als Qualitätssiegel.

In den beiden Werken in Bergisch Gladbach und Düren (mit einer Kapazität von 180000 Tonnen) erzielten

Wasserzeichen waren seit jeher das Signum selbstbewußter Papiermacher.

Zanders-Produkte sind die ersten Markenartikel der Papierbranche. Das Gohrsmühle-Zeichen ist eines der ersten Markensignets überhaupt.

GOHRSMÜHLE

REFLEX

CHROMOLUX

Faserspitze, das ist nicht nur ein selbstgestellter, selbstsicherer Anspruch, sondern zugleich eine Quelle weltweiter Anerkennung. Sicherheit der Güte und Gewährleistung der Verarbeitung nach allen technologischen Forderungen dieser Zeit, das ist die permanente Garantie des Unternehmens. – Daß aber das durchkonstruierte Produkt Feinpapier dieses, ihm durchaus gebührende, Mercedes-Image genießt, ist nicht zuletzt auch das Verdienst einer Verkaufs- und Werbestrategie, die der ihr anvertrauten Papier-Produktpalette entsprechend niveauvoll den Absatz zu weisen weiß. Zanders-Produkte können für sich beanspruchen, die ersten Markenartikel der Papierbranche zu sein. Das 1895

1979 3300 Mitarbeiter einen Umsatz von 500 Millionen Mark.

Dieser Ausstoß feinster Papiere ist allein in Deutschland nicht absetzbar. So hilft denn ein stetig steigender Export, neue Märkte zu erschließen. Schon längst ist die Firma ein europäisches Unternehmen, das als international führende Feinpapierfabrik mit der ganzen Welt im Wettbewerb steht. Ein großer Kunde ist beispielsweise die Sowjetunion. Auch bei der Verschönerung des größten internationalen Sport-Spektakels greift der Kreml auf Produkte aus Bergisch Gladbach zurück: Zanders ist offizieller Papierlieferant für die Olympischen Spiele in Moskau.

Das Werk, das von Bergisch Gladbach aus 63 Vertretungen in europäischen und außereuropäischen Ländern unterhält, wurde 1829 gegründet. Der Düsseldorfer Arztsohn Johann Wilhelm Zanders, Forstadjunkt in Bensberg, tauschte seinen preußischen Beamtenstatus gegen den Risikojob eines Unternehmers, als die Papiermühle seines Oheims Johann Heinrich Fauth in wirtschaftliche Schwierigkeiten geraten war. Er

Firmengründer Johann Wilhelm Zanders starb sehr früh und hinterließ seiner Frau Julie das junge Unternehmen.

beteiligte sich an dessen Schnabelsmühle, wurde deren Alleininhaber und schöpfte jährlich 1500 Ries feinstes Papier. 40 Mitarbeiter standen ihm an drei Bütten zur Seite. Nach seinem frühen Tod – er wurde nur 35 Jahre alt – führte seine Witwe Julie den Betrieb. Noch zweimal nach ihr trugen Zanders-Frauen das Schicksal einer frühen Witwenschaft und hatten sich als Unternehmerinnen zu bewähren, bis jeweils die Söhne ihnen die Bürde abnahmen. Doch die Damen reussierten, und schon Julie Zanders konnte behaupten: »Unser Büttenpapier ist das anerkannt beste in Deutschland.« Und Maria Zanders, wegen ihres sozialen und kulturellen Wirkens als bedeutende bergische Frau gefeiert, jubelte: »Es gibt kein besseres

Handpapier als das der Schnabelsmühle.«

Schon sehr früh wußte Zanders sein Papier gut zu verkaufen. Immer präsent auf allen wichtigen internationalen Ausstellungen, begann das Unternehmen kurz nach der Jahrhundertwende mit einer für die gesamte Industriewerbung richtungweisenden Arbeit. Im Verbund mit der gerade entstandenen Gebrauchsgrafik präsentierte Zanders eine Werbung, die ebenso progressiv war wie die Tatsache, daß dafür als Werbechef eine Frau verantwortlich zeichnete: Alexe Altenkirch. Mit ihren Ideen prägte die ausgebildete Malerin das Erscheinungsbild des Unternehmens. Wie aus der Tradition des Handwerks sich die Beherrschung modernster Papier-Technologien entwickelte, ist die diesen Prozeß begleitende Werbetätigkeit traditionell fortschrittlich – ihrer Zeit immer ein Stück voraus.

Heute stellt sich die Firma Zanders als ein Feinpapier-Konzern dar, der – zwar im Familienbesitz – sich eines professionellen Managements als Führungsspitze bedient. Dem sechsköpfigen Geschäftsführergremium gehören natürlich Familienmitglieder an. Ein paritätisch besetzter Aufsichtsrat übt die gesetzlich verankerte Mitbestimmung aus.

Schon weit vor dem Abschied vom patriarchalischen Prinzip bei Zanders, das vier Generationen überdauerte, gelang es der Stadt Bergisch Gladbach, sich aus der alleinigen Abhängigkeit und dem beherrschenden Einfluß der Papierindustrie und der in ihr führenden Familie Zanders zu lösen. Wie überall, wo ein Unternehmen jahrzehntelang größter

← 1912 wurde das Papier noch mit der Hand gemacht. Doch neben der Handschöpferei erzeugten 7 Papiermaschinen jährlich 20000 Tonnen Feinpapier.

Arbeitgeber ist, hat die Papierindustrie die Stadt geprägt und gestaltet, und es findet sich auch nirgendwo ein Hinweis darauf, daß man es als nachteilig empfunden hätte. Diese Harmonie ist allerdings auch darauf zurückzuführen, daß rechtzeitig eine Differenzierung erfolgte, die eine verhängnisvolle Monostruktur der Wirtschaft verhinderte.

Neben der alles überragenden Papierindustrie gab es zwar immer schon eine ebenfalls von der Topografie begünstigte Kalk- und Steinfabrikation, dann eine Textilmanu-

faktur, Eisenindustrie und Handwerk, aber vergleichsweise bescheiden und weniger einflußreich.

Wie schwierig es allerdings war, die Industrieansiedlung zu fördern, mag folgender Vorgang verdeutlichen: Am 26. August 1906 gab das Bürgermeisteramt der gerade 50 Jahre alt gewordenen Stadt in der Kölnischen Zeitung eine Anzeige auf, in der es beredt die Vorzüge des Gemeinwesens anzupreisen wußte: »... für Ansiedelung neuer Industrien sowie wegen seiner gesunden Lage zum ständigen Wohnsitze von Rentnern

← Zum Jubiläum im Sommer 1979 gab es einen Tag der offenen Tür. Tausende folgten der Einladung zur Werksbesichtigung.

Schweres »Geschütz«
für feines Papier –
Papiermaschinen sind
heutzutage hochkom-
plizierte technische
Großanlagen.

→ Eine Industrie-
kulisse bei Nacht zeigt
das Bild auf den fol-
genden Seiten. Es
handelt sich um das
Kraftwerk der Firma

Zanders, dessen hell
erleuchtete Fenster
sich im Wasser des
Kühlbeckens spie-
geln.

und Erholungsbedürftigen sehr
geeignet...« Zuzug von Produktions-
stätten und Pensionären – das eine
schien das andere nicht auszu-
schließen – war Motto und Hoffnung
der auf Wachstum erpichten Stadt. Die
Anzeige löste eine Lawine aus, aber in
einem ganz anderen Sinne als erwartet. Da offerierte zunächst ein Experte
aus Wien sein Sammelwerk »Wo baue
ich meine Fabrik?« Die Bremer Lloyd-
Zeitung empfahl sich als »hervor-
ragendes Insertionsorgan«, alldieweil
sie nicht nur in deutscher, sondern
auch in englischer Sprache erscheine
und außer an Bord aller Dampfer des
Norddeutschen Lloyd auf allen Fluß-
und Binnensee-Dampferlinien zur
Auslage gebracht würde. Das Berliner
Tageblatt schrieb unter dem 14. 9.
1906 an das Hochwohllöbliche
Bürgermeisteramt: »Unsere 110000
Abonnenten in allen Teilen Deutschlands gehören durchweg den wohl-
habenden und gebildeten Bevölke-
rungskreisen an, sie rekrutieren sich
vorwiegend aus der Geschäfts-,
Handels- und Finanzwelt, der Industrie
und dem Großgewerbe.« Der
Rheinisch-Westfälische Immobilien-
markt lockte mit dem Hinweis: »Unser
Organ findet hauptsächlich Verbrei-
tung in Kapitalisten- und Spekulantenkreisen.« Auch viele Privatleute
bekundeten Interesse, und der Kölner
»Verein für Sommersiedlungen«
begehrte zu wissen, ob die Stadt
»Grund und Boden in recht gesunder
Lage befindlich« besitze.
Als besonders erfolgreiches Insertionsorgan für das »bessere Publikum«
empfahl sich die Karlsruher Zeitung,
»besonders beliebt bei badischen
Hof- und Staatsbeamten, Offizieren,
Privatiers, Industriellen und Kauf-

leuten«. Schließlich teilte der Berliner Verlag »Erfolg« mit, daß er in seiner Fremden-Zeitung eine Rubrik mit dem Titel »Wo ziehen wir hin?« eingerichtet hätte, und bemerkte dazu, daß sich alljährlich tausend höhere pensionierte Militärs und Beamte diese Frage vorlegten, sämtlich Leute, die überall gern aufgenommen werden würden, da sie nichts begehrten, als friedlich in angenehmer Umgebung ihre Pension, oft auch noch die Zinsen ihres eigenen Vermögens zu verzehren, hierdurch den Gewerbetreibenden der Stadt eine gute, sichere Kundschaft bildend. Inwieweit nun die Stadt diesen Sirenenklängen erlag, ist nicht nachprüfbar. Es kann indes als sicher gelten, daß sie an Kapitalisten- und Spekulantenkreisen so wenig interessiert war wie badische Offiziere an einer Übersiedlung nach Bergisch Gladbach. Ebenso gewiß dürfte es sein, daß die Stadtverwaltung das Angebot eines Bürgers aus dem holländischen Haarlem, Informationen über ein dort praktiziertes »Cooperatif-Wohnen« speziell für Arbeiter zu geben, dankend ablehnte. Aber immerhin, man sollte das für die damalige Zeit sicherlich bemerkenswerte Bemühen der für das Wohlergehen der Stadt Verantwortlichen mit Respekt registrieren. War ihnen doch bewußt, daß sich auf einem Bein schlechter stehen läßt als auf zwei, drei oder mehreren.
Heute ist Zanders zwar nach wie vor der größte Arbeitgeber in Bergisch Gladbach, aber integriert in ein Wirtschaftsgefüge, das viele potente Betriebe und Branchen umfaßt und 19000 Beschäftigten eine Existenz bietet.

Bücher, Taschenbücher, Hefte, Zeitschriften

Bergisch Gladbach ist nach dem 2. Welt-Krieg eine Verlagsstadt geworden. Es begann in einer schon legendären Baracke und wuchs zu zwei Verlagen: Der eine, der Bastei-Verlag Gustav H. Lübbe, bringt jährlich Millionen Romane, Rätselzeitschriften, Comics und Publikumszeitschriften heraus. Der andere, der Gustav Lübbe Verlag, bringt anspruchsvolle Bücher, profiliert sich durch ein umfassendes archäologisches Programm und wurde zu einem der großen Taschenbuchverlage in Deutschland mit mehr als 350 Titeln im Jahr.

Der Verleger, von Osnabrück kommend und dort als Journalist tätig gewesen, und seine Frau Ursula begannen ihre Arbeit vor 26 Jahren, wie man sagt, aus dem Nichts heraus.

Drei Jahre später wurde eine Krimi-Reihe gestartet, die zum Welterfolg wurde: Jerry Cotton. Der Verlag zog in die Scheidtbachstraße um. Und 1958 konnte man – mit mittlerweile 50 Mitarbeitern – zum ersten Betriebsausflug aufbrechen. Für Ursula und Gustav Lübbe erstes Atemholen in der Gemeinschaft derer, die den Optimismus mitgetragen hatten oder, was wohl häufiger der Fall war, vom Optimismus des Mannes getragen wurden, dem im Laufe der folgenden 20 Jahre eine ganze Unternehmens-

gruppe aus seiner Tatkraft und Zuversicht erwuchs.

Unternehmensgruppe Lübbe, das ist in chronologischer Reihenfolge der Bastei-Verlag, das Druckhaus Lübbe und der Gustav Lübbe Verlag. Während das Druckhaus vor allem mit der Herstellung von Prospekten, Broschüren und Werbe-Drucksachen für große Industriefirmen den Bedarf an »Geschäftsliteratur« befriedigt, erfüllen die beiden Verlagshäuser den Unterhaltungsanspruch eines breiten Publikums und befriedigen den wachsenden Willen zu umfassender Bildung. Was die Unterhaltung angeht, so zeichnet sie sich zunächst durch einen Umfang aus, dessen computergesteuerte Bewältigung in einer 20 m hohen und 70 m langen Versandzentrale selbst Skeptikern den Atem verschlägt. Das, was die Sachverwalter einer höheren Dichtkunst geringschätzig als Trivialliteratur abtun, ist nach dem Verlags-Verständnis eingespannt in einen pädagogischen Prozeß. Ähnlich wie es die folgerichtige Entwicklung des Unternehmens war, erst die »literarische Traumfabrik« Bastei-Verlag in Gang zu setzen und ihr dann den Belletristik und Sachbücher produzierenden Lübbe Verlag anzugliedern, versucht man in der Scheidtbachstraße ein »allmähliches Hinauflesen von der Heftstory zum seriösen Schrifttum« zu fördern.

Mit den Zeichnungen des genialen Sandro Botticelli zu Dantes »Göttliche Komödie« hat eines der herausragenden Bücher des Gustav Lübbe Verlags einen vorläufigen Höhepunkt markiert. Es ist ein großformatiges, kostbar ausgestattetes Werk, dessen Druck und Typographie ihres-

→ Nur der Computer findet sich noch in der 20 m hohen und 70 m langen Lagerhalle der Versandzentrale zurecht. In den Hochregalen sind ständig etwa 25 Millionen Exemplare gestapelt.

gleichen suchen und das die New York Times zu »einem der wunderbarsten Bücher der letzten zehn Jahre« rechnet. Hier hat Gustav Lübbes Liebe zur Kunst wie so oft verlegerischen Mut gezeugt.

Die Bemühungen, Kultur in weitesten Kreisen zu verbreiten, begannen in den sechziger Jahren mit 90 Ausgaben der »Galerie großer Maler« und den 50 Ausgaben »Die großen Musiker«. Dann festigte die Reihe »Neue Entdeckungen der Archäologie« das Renommee des Verlages. Jüngste Werke in diesem Bereich sind »Das antike Italien aus der Luft« und »Lübbes Enzyklopädie der Archäologie«. Neben Belletristik, Kunst, Archäologie und Geschichte findet das zeitgeschichtliche und psychologische Sachbuchprogramm Absatz und Anerkennung. Das Bastei-Lübbe-Taschenbuchprogramm ist vielschichtig und reicht von Biographien über Geschichte und Zeitgeschichte, Archäologie

↑ Prospekte, Broschüren, Kataloge, Zeitschriften, Bildbände, Zeitungsbeilagen und Geschäftsdrucksachen produziert das Druckhaus Lübbe.

→ Die Versandzentrale ist der bauliche Ausdruck einer bis ins letzte spezialisierten und rationalisierten Methode des Versands und der Lagerung.

und Kochbüchern bis zur weltgängigen Belletristik und volkstümlichen Unterhaltung. Das Wort vom »kontrollierten Rausch des Büchermachens«, das Gustav Lübbe auf einer Frankfurter Buchmesse sprach, verrät einiges vom verlegerischen Impetus dieses Mannes. Gustav Lübbe, Verleger, Talentsucher, Ideenproduzent – mit seinem Werk erreicht er Millionen Leser in 50 Ländern, beschäftigt er 25 Druckereien in ganz Europa und bietet er im heimischen Bergisch Gladbach 750 Mitarbeitern mehr als einen bloßen Broterwerb. Spezialisten aus allen Städten Deutschlands und Hunderte von Autoren prägen zwei in verschiedener Weise erfolgreiche Verlage.

Plastische Anziehungskraft

Weniger Unternehmer als genialer Tüftler ist Max Baermann, dessen Wirken den Bürgern der Stadt lange Zeit kaum bewußt gewesen sein dürfte, denn er arbeitet stets von einer zurückgezogenen Position aus, gewissermaßen aus einer getarnten Stellung. Einer breiteren Öffentlichkeit wurde Baermann erst bekannt, als ihn zu seinem 75. Geburtstag die Zeitung entdeckte. »Sein Magnet rettete vielen das Leben«, so lautet die Überschrift. Max Baermann nämlich erfand ein flexibles Magnetmaterial, mit dessen Hilfe die sichere Abdichtung von Kühlschränken möglich wurde. Es machte die bis dahin gebräuchlichen Schnappverschlüsse überflüssig, die so manchem Kind schon zum Verhängnis geworden waren.

Max Baermann erinnert daran: »Diese Schlösser waren für den Tod vieler Kinder verantwortlich, die in abgestellten Kühlschränken und Gefriertruhen spielten. Schnappte das Schloß zu, saßen die Kinder in der Falle, konnten sich nicht befreien und mußten ersticken.« Das Baermannsche Magnet-Material nun garantiert nicht nur den hermetischen Verschluß des Kühlschranks, sondern sorgt auch dafür, daß man ihn mit leichtem Druck von innen öffnen kann.

Für seine Erfindung wurde Max Baermann zwar nicht hier, aber auf internationaler Ebene höchste Anerkennung zuteil. Selbst im »Weißen Haus« in Washington zögerte man nicht, ihm dafür zu danken, daß seine Erfindung »Flexibles Magnetmaterial« zur Rettung vieler Menschenleben beigetragen hat. Der Brief stammt von der Sonderbeauftragten, die den amerikanischen Präsidenten in

Erfinder und Unternehmer Max Baermann hat mit seinem flexiblen Magnetmaterial viele Menschen vor dem Tod bewahrt.

Verbraucherfragen berät, und wenn man ihn liest, ist man fast versucht, an das Wort vom Propheten im eigenen Lande zu denken – »Tromalt« hieß das Zauberwort, hinter dem der damals für die Troisdorfer »Dynamit Actien Gesellschaft« grübelnde Erfinder den ersten kunststoff-gebundenen Magneten der Welt verbarg. Mit Hilfe des neuen Magnetmaterials kam der legendäre Volksempfänger zu seinem Magnet-Lautsprecher und bezog auch gleich sein Gehäuse aus Baermanns Kunststoff-Kabinett. Und der ungleich legendärere Volkswagen lief und lief mit einem Winkelantrieb von Baermann in seinem Tachometer. Und die »Contax«, erste Kamera der Welt mit eingebautem Belichtungsmesser, wurde es dank Baermannscher Erfindungsgabe, die auch den 27 Millionen Wattstundenzählern der Firma Siemens zur gebremsten Rotation verhalf. In den Zählern befinden sich von Baermann entwickelte Bremsmagnete. Baermanns Erfindungsgeist brachte es auf insgesamt 757 in- und ausländische Patente.

Aus seiner anfangs bescheidenen Bastelstube wurde eine feine Fabrik, zunächst in Dellbrück, dann wegen der Bombenangriffe 1943 nach Bensberg-Wulfshof verlegt, einem versteckten Tal zwischen Moitzfeld und Herkenrath. Hier praktizierte Max Baermann auch das, was anfangs als »getarnte Stellung« angedeutet wurde. Wegen der kriegswichtigen Magnete sollte eine britische Luftmine die Fabrik pulverisieren. Der Explosivstoff aber verfehlte sein Ziel, und Max Baermann verbarg sein Werk unter einer Holzattrappe, die eine totale Zerstörung vortäuschte. Als die gefoppten Briten nach dem Krieg ihr vermeintliches Vernichtungswerk begutachten wollten, mochten sie es nicht glauben, derart hereingelegt worden zu sein. Immer wieder hielten sie Baermann Luftaufnahmen seines »zerstörten« Werkes hin, die jener gelassen höflich sich bemühte, als ausgezeichnet gelungen zu loben. Max Baermann beschäftigt in seinem Magnetpreßwerk 120 Arbeitskräfte – Mitarbeiter, die es gewohnt sind, vom Ideenreichtum ihres Chefs permanent neue Aufgaben zugewiesen zu bekommen.

G+H=E(nergie-sparen)

Vom Carl-Diem-Weg aus, dessen Benennung nach dem Organisator der Olympischen Spiele 1936 in Berlin und Gründer der Kölner Sporthochschule wohl deshalb geraten erschien, weil er zur Landesturnschule des Rheinischen Turnerbundes führt, von diesem Weg aus eröffnet sich rechter Hand der Blick auf eine echte Industriekulisse. Sie ist ein besonders bildhafter Beweis für den Tatbestand, daß Industriearchitektur weitgehend von der speziellen Produktionsproblematik des Unternehmens bestimmt wird. Die riesigen Hallen der Grünzweig + Hartmann und Glasfaser AG hätten andernorts vielleicht keineswegs so leicht in das Bild einer Wohnstadt eingefügt werden können. Das Unternehmen hatte aber die Chance, seit 1970 sein Werksareal auf 104000 qm zu verdoppeln, indem es vom Weggang anderer dort profitieren konnte. Das Produkt und die Art und Weise, wie es hergestellt wird, machten die Flächensicherung notwendig. Die Firma stellt nichtbrennbare Mineralfaser-Dämmstoffe her, die unter der Bezeichnung G+H ISOVER in Industrie und Hochbau vielfältige Anwendung finden. Schutz vor Wärme, Kälte, Schall und Brand – das ist der in Kurzform gepreßte Anspruch, den das Bergisch Gladbacher G+H-Werk aber nur erfüllen kann, wenn es für die Produktion genügend Platz hat. Aller technischer Aufwand und alle rationale Raffinesse gelten nämlich der Realisierung eines Prinzips, das die Natur einfach so beherrscht: Isolierung durch Luft.

Es muß ein Material produziert werden, das möglichst viel Luft einschließt und möglichst wenig Energie in Form von Wärme und Kälte fortleitet.

Hier erfüllen Glasfasern voluminös diesen Zweck. Ihr Produktionsprozeß aber kann sich nur in einem Dauerbetrieb vollziehen, was wiederum eine entsprechend dimensionierte Lagerkapazität erfordert. In Bergisch Gladbach sind es zwei Schmelzöfen, auch Wannenöfen genannt, die – mimosenhaft empfindlich auf jeden Luftzug reagierend – rund um die Uhr, Tag für Tag, jahraus – jahrein einen kontinuierlichen Glasstrahl erzeugen. Das von beiden Seiten also dem Werk aufgezwungene Raum- und Platzproblem findet dann noch seine Fortsetzung in einer nicht viel weniger schwierigen Lösung der Transportfrage.

Daß das alles gelingt, nicht allein erträglich, sondern auch ertragreich, ist die Kunst eines Unternehmens, dessen Ursprung in die Anfänge der 30er Jahre zurückreicht. Damals wurde in der Bergisch Gladbacher Jakobstraße ein Verfahren entwickelt, das, ähnlich der Zuckerwatte auf Jahrmärkten, im Schleudern Glaswatte hervorbrachte. Damit war in Deutschland das erste bedeutende vollsynthetische, verrottungsfreie Isoliermaterial produziert worden. Schon bald engagierte sich der französische Glas- und Chemiekonzern »Compagnie de Saint-Gobain-Pont-à-

Mousson« bei der aufstrebenden »Glaswatte GmbH«. Aber erst Mitte der fünfziger Jahre wurde sie eine hundertprozentige Tochter des französischen Partners, der heute mit 160000 Beschäftigten einen Jahresumsatz von 14 Milliarden Mark erzielt. 1960 wurde die Glasfaserproduktion vom im Bergisch Gladbach entwickelten »Bergla«-Verfahren auf das französische TEL-Verfahren umgestellt, das inzwischen die wichtigste Herstellungsmethode für Mineralfaser-Dämmstoffe darstellt. Nachdem 1967 schon eine Fusion der Glaswatte mit ihrer Düsseldorfer Verkaufsgesellschaft zur Glasfaser GmbH stattgefunden hatte, fügte die französische Mutter ihre Gladbacher Tochter mit einem anderen Familienmitglied zusammen, der Grünzweig + Hartmann AG in Ludwigshafen – ihrer vormals größten Konkurrentin. Ab 1972 bilden beide die heutige Grünzweig + Hartmann und Glasfaser AG, einen Verbund, dessen Umsatz 1977 bereits die Milliardengrenze überschritt.

Das in Europa führende Fachunternehmen kann heute davon profitieren, daß z. B. die lange vorher von ihm entwickelten Möglichkeiten zur Energieeinsparung ebenso wie die Maßnahmen zum industriellen Schallschutz zu einem öffentlichen Anliegen geworden sind. So verhilft der vom Gesetzgeber geforderte Mindestwärmeschutz für Gebäude im Verein mit Steuerbegünstigungen und Zuschüssen für nachträgliches Isolieren von Häusern der Grünzweig + Hartmann und Glasfaser AG, die in Bergisch Gladbach 800 Mitarbeiter entlohnt, zu einem stattlich-staatlich geförderten Absatz.

Über dem neuen Büro- und Verwaltungsgebäude der Grünzweig + Hartmann und Glasfaser AG in Bergisch Gladbach erheben sich Kirche und Schloß von Bensberg.

Offermann macht's möglich

→ Die Lederfirma
Friedrich Offermann
und Söhne war über
Jahrzehnte Bensbergs
größtes Unternehmen.

Die Hohe Straße in Köln ist die vielbewunderte Konsumzeile der Domstadt. Endlos windet sich ein schau- und kauflustiges Publikum durch die neonbunte »fußläufige« Ladenschlucht. Dicht an dicht lockt das Warenangebot eines ganzen Branchen-Spektrums. An bevorzugter Stelle lenkt ein exquisites Leder-Sortiment die Passantenblicke auf sich – vieltausendfach am Tag. Die Auslagen einer eleganten Schaufenster-Passage bieten lederne Solidität, deren Ursprünge nach Bensberg verweisen.

1842 gründete Jakob Offermann in Bensberg eine kleine Gerberei, in der Häute von Hand zu Leder verarbeitet wurden. Dieses Bensberger Unternehmen verließ im Laufe der Jahre die handwerkliche Form der Fertigung und entwickelte sich um die Jahrhundertwende zu einer Lederfabrik. Unter der umsichtigen Leitung des Jakob-Sohnes Fritz nahm das Werk Gestalt an. Mit mehreren Söhnen gesegnet, er hatte 1882 die Bensbergerin Katharina Gieraths geheiratet, gelang es ihm, so manchen Rückschlag zu überwinden. Als 1922 eine Lederwarenfabrikation hinzueröffnet wurde und gleichzeitig eine selbständige Handelsfirma in Köln, war die seit 1915 als Friedrich Offermann & Söhne firmierende

Fabrik Bensbergs größtes Unternehmen geworden und blieb es mit zeitweise fast 400 Beschäftigten über Jahrzehnte.

Heute konzentriert sich das Unternehmen an der Friedrich-Offermann-Straße ausschließlich auf die Fabrikation hochwertiger Lederwaren und die Entwicklung neuer Produkte. Die Lederherstellung, Keimzelle des Unternehmens, indes hat man aus Kostengründen und zum anderen wegen der langfristig am Standort Bensberg nicht mehr zu sichernden Reinhaltung von Luft und Wasser aufgegeben.

Während nach wie vor die Produkt-Palette von der Colleg-Mappe zur Brieftasche, vom Kulturbeutel zum Koffer, von der Einkaufs-, Reise- und Herrentasche bis zum fluggetesteten »Flyer-Set« reicht und damit eine begehrte Vielfalt der Kollektionen demonstriert, ist besonders bemerkenswert, daß dem Unternehmen ein Anpassungsprozeß gelang, der es vor dem Schicksal vieler Lederbetriebe bewahrte, die der verheerenden Kunststoff-Konkurrenz Ende der 50er Jahre erlagen. Der Umstand, daß man sich dabei im Hause Offermann aber stets als »Lederleute« verstand, erweist sich nun als unschätzbarer Vorteil in einer Zeit, die der Kunststoff-Ekstase längst wieder den Rücken gekehrt hat.

Neben dem eleganten Geschäft in Köln, das der Hohen Straße ihr Niveau halten hilft, bietet in der Bensberger Schloßstraße ein nicht minder gediegenes Offermann-Verkaufslokal seine Lederwaren feil.

→ Freizeit im Winter, »Eiszeit« auf dem Saaler-Mühle-See.

Freizeitstadt
Bergisch Gladbach

Den vielfältigen Arbeitsmöglichkeiten, die an Zahl natürlich die hier skizzierten weit übertreffen, entspricht allmählich ein gleichrangiges Angebot an Erholungsformen und Freizeitgestaltung.

Manche Bürger schaffen sich ihre Freizeitwelt selbst, und die Spanne reicht nicht nur vom Grillabend auf dem Balkon bis zum beheizten Luxusbad im Garten. Aber all jene, die ein erhebliches Bewegungsdefizit ausgleichen müssen und auch Gesellschaft mögen, brauchen einen öffentlichen Freiraum, wenn sie spazierengehen, laufen oder radfahren wollen. Dazu bedarf es verkehrsfreier Flächen, Wege und Anregungen. Drängt sie ihr Anspruch zu sportlichen Taten, ist es damit allein nicht getan. Bäder, Hallen, Plätze müssen her. Und sucht man Erholung und Entspannung im Kulturbereich, bei Musik und Malerei, Schauspiel und Show, Oper und Operette, dann sind weitere städtische und private Initiativen gefordert. Kurzum, die Freizeitbedürfnisse der Bürger, die nach unserem Lebensverständnis genau so wichtig sind wie Lernen und Arbeiten, sind groß und wachsen noch weiter. Hinzu kommt noch, daß eine Stadt wie Bergisch Gladbach ihrer bevorzugten Lage wegen gleichzeitig auch Erholungsgebiet für den Kölner Ballungsraum und seine Bevölkerung ist.

Ein ganz erheblicher Teil des Freizeitangebots entspringt privater Initiative. Vor allem sind es die Vereine, die auf kulturellem und sportlichem Gebiet unschätzbare Dienste leisten. Hier kommt die teutonische Eigenart zupaß, die nach dem Motto »zwei Deutsche – ein Verein« kaum eine

Ecke gemeinsamen Handelns unorganisiert läßt. Vereine, gleichviel ob sozial engagiert oder freizeitorientiert, bilden eine beliebte Alternative zur Berufsarbeit und ergänzen die Arbeitswelt, indem sie ein breites, unpolitisches Spektrum von Beschäftigungsmöglichkeiten anbieten. Sie verhelfen ihren Mitgliedern zu einem Gemeinschaftsbewußtsein und dadurch

Im Sommer ist Wassersport Trumpf. Die Freizeitanlage Saaler Mühle übt besonders auf Jugendliche eine große Faszination aus.

zu einer Nützlichkeitsbestätigung für ihre eigene Person, wie sie im Berufsleben vielfach nicht möglich ist. Überdies haben Vereine »oft symbolische Bedeutung für das Ganze der städtischen Gemeinschaft«, sind eine Art »Transmissionsriemen zwischen Bürger und Bürgerschaft«.

Bergisch Gladbach nun kann sich eines regen Vereinslebens erfreuen, das der Stadt so manche Trägerschaft in punkto Freizeit und Erholung abnimmt – gewissermaßen im Zuge eines Gegengeschäftes, denn die Stadt gewährt Zuschüsse. Geselligkeit und Gesang, Spiel und Sport – das sind die großen Hits der Vereine. Meistens unter Einbeziehung der Familien, stehen sie, wenn sie nicht gerade ausschließlich einem rein sportlichen Zweck dienen, in der Tradition eines Brauchtums, das Kirmes und Karneval, Schürreskarrenrennen und Schützenfest favorisiert.

Die 19 Chöre und 5 Orchester der Stadt tragen wesentlich zur Ausgestaltung öffentlicher Veranstaltungen bei, die gleichzeitig auch einen Teil ihres gesellschaftlichen Lebens ausmachen. So ist z. B. das 1970 und 1975 mit dem Titel »Meisterchor« ausgezeichnete Männer-Quartett Herkenrath Veranstalter der »Decke-Bunne-Kirmes« in Herkenrath, eines der bekanntesten und beliebtesten Volksfeste der Umgebung. Dieses, den »dicken Bohnen« gewidmete Traditionsfest schien beinahe schon vom Vergessen bedroht, da nahmen sich Mitte der sechziger Jahre die Sänger seiner an. Mit Schwung, Ideen und Eifer rissen sie es zu neuen Ufern. Als Reverenz an die in Herkenrath populäre Hülsenfrucht wartet das Männer-Quartett mit einem ganzen Veranstaltungsreigen im Festzelt am Asselborner Weg auf, während die Quartett-Damen die in tagelanger Arbeit eimerweise aus den Schalen herausgeknibbelten »decke Bunne« einer Behandlung »met Speck« überantworten. »Decke Bunne met Speck« – um das Herkenrather Hülsenfruchtgericht rankt sich die Kirmesfestivität zu einem Höhepunkt im gesellig-gesellschaftlichen Leben dieses Stadtteils.

Eine besondere Attraktion dabei ist das montags ausgetragene Schürreskarrenrennen. Ein jeweils aus zwei Teilnehmern bestehendes Gespann müht sich, möglichst originell kostümiert, mit einer Schürreskarre (Schub-karre) einen tückisch bestückten Hindemiskurs zu durchstehen – natürlich möglichst als schnellstes. Neben der sportlichen Leistung steht aber auch der in der Ausstaffierung zum Ausdruck kommende Einfallsreichtum zur Bewertung an. Erbsensuppe, ein weiteres Hülsenfrucht-Mahl, ist begehrte Kalorienzufuhr auf einer anderen Kirmes, die von einem anderen Verein vor Vergessenheit und Niedergang bewahrt wird. Der Bensberger Fußballverein macht sich gemeinsam mit der Gastwirtsfamilie eines traditionsreichen Hauses um die Pflege der Kirmes in Bensberg verdient. Eine dankbare Bevölkerung quittiert dieses Bemühen mit einer regen Teilnahme. Sie nutzt diese einmal im Jahr zur vergnüglichen Zusammenkunft gebotene Gelegenheit nur allzugem. Auch hier ist das Schürreskarrenrennen am Kirmesmontag, manchmal auf der Schloßstraße ausgetragen, manchmal rund ums Rathaus führend, ein Höhepunkt des Volksfestes.

In Bergisch Gladbach ist es die Laurentius-Kirmes, die alljährlich die Bürger wie ein Magnet anzieht. Nur leidet sie darunter, daß die umfangreichen Bau- und Sanierungsmaßnahmen der letzten Zeit ihr den angestammten Standort im Stadtmittelpunkt streitig machen. Doch mit der endgültigen Gestaltung der Innenstadt wird auch der Kirmes wieder die Rückkehr gestattet werden – die Rückkehr zum heiligen Laurentius, zu dessen Gedächtnis sie einst umgedeutet wurde. Denn ursprünglich waren es vorchristlich-germanische Opferfeste, an denen man sich acht Tage lang dem vollen

Kirmes und Karneval,
Schürreskarrenrennen
und Schützenfest
bilden die großen
Freizeitvergnügungen,
die meist im Verein
begangen und
gefeiert werden.

→ Schürreskarren-
rennen in Herkenrath.

↑ Jubiläumskonzert.

↑ Schützenzug in
Ehrenfeld.

→ St. Laurentius-
Kirmes.

↓ Straßenmusik beim
City-Fest.

↓ Decke-Bunne-Kirmes
in Herkenrath.

←Kölsch-Stand auf
dem City-Fest.

Genuß der Herbstgaben hingab. Später wurden die Feste dann »christianisiert«, indem man sie mit der Einweihung der Ortskirche (Kirchweih) oder dem Gedenken an einen besonders verehrten Heiligen verband. Vielfach aber ist das einstige Familienfest, zu dem sich die Verwandten aus der näheren und weiteren Umgebung trafen, nur noch eine TÜV-geprüfte Schaustellerdarbietung. Um so höher ist das Vereins-Verdienst zu werten, durch die Besinnung auf alte Traditionen entstandene Lücken zu füllen.

Auf diesem Gebiet tun sich in besonderem Maße auch die Schützenbruderschaften hervor. Mit der Pflege ihrer speziellen Bräuche bilden sie den Kern einer besonderen Form der Volksgeselligkeit. Schon lange lassen sie die gesamte Bevölkerung an ihren Feiern und Festen teilhaben. Von den sechs im Stadtgebiet tätigen Schützenbruderschaften sind besonders die St. Hubertus-Schützenbruderschaft Refrath 1926 e.V. und die 1911 gegründete St. Sebastianus-Schützenbruderschaft Hand diesen Weg gegangen. Beide sind Neugründungen einer jahrhundertealten Schützentradition, die im Mittelalter ihren Ursprung in den Bürgerwehren hat. Die Gesellschaften wandelten sich mit der Einführung stehender Heere allmählich zu rein geselligen Vereinigungen, die das sportliche Zielschießen pflegten und dann Ende des 18. Jahrhunderts von den Franzosen als katholisch-kirchliche Bruderschaft weiter geduldet wurden.

Eine ebensolche Neubelebung alten Brauchtums, das wiederum aus heidnischen Frühlingsfesten herrührt,

dann von der Kirche okkupiert wurde, ist der Karneval. Er fußt auf der vielfach noch heute auf dem Lande gefeierten Fastnacht, die angesichts der am Aschermittwoch anbrechenden vorösterlichen Fastenzeit den Gläubigen Lustbarkeit auf Vorrat zu tanken erlaubte. Die Entwicklung zum heutzutage überall verbreiteten Karneval großstädtischer Prägung

Gladbacher Karnevalszug 1978.

mit Bällen, Sitzungen und Umzügen, Elferrat und Büttenreden, Tanz- und Musikkorps vollzog sich in Bergisch Gladbach so, daß zunächst alle möglichen Vereine und Gruppen Karneval feierten, wie heute natürlich auch noch, dann aber reine Karnevalsgesellschaften gegründet wurden, die den offiziellen Stadt-Karneval inszenieren und repräsentieren.

In Bensberg waren es die 1904 gegründeten Karnevalsgesellschaften »Kleiner Rat«, auch »Hinterpommern« genannt, und »Großer Rat«, die sogleich einen gemeinsamen Zug

⬊ Das mit dem Titel »Meisterchor« ausgezeichnete Männer-Quartett Herkenrath versteht auch den Karneval zu feiern (r.).

Büttenmarsch der »Großen Gladbacher«

Text: Gerhard Ebeler · Vertont: Heinz Keul

Kommt Prinz Karneval ins Land
dann sind wir aus Rand
und Band,
nehmen bei den Flossen
Griesgram und Genossen.
Leider sind die schönen Stunden
schneller als ein Traum
entschwunden,
so daß man auf dem Standpunkt
steht
wenn es zu Ende geht.

Refrain:
Karneval das ganze Jahr,
Kinder, wär das wunderbar!
Zweiundfünfzig Wochen lang
Stimmung, Frohsinn und Gesang!
Immer frohe Menschen sehen,
die fidel aufs Ganze gehen.
Und die Aschermittwoch dann,
fangen wieder von vorne an!

organisierten, und in Bergisch Gladbach die 1927 gegründete »Große Bergisch Gladbacher Karnevalsgesellschaft«, kurz »Große Gladbacher« genannt. Kennzeichnend ist, daß zwischen Bensberg und Bergisch Gladbach eine regelrechte Karnevals-Konkurrenz ausbrach. Anfangs hatten die Bensberger mit ihren Zügen die Nase vorn, dann

aber holten die Gladbacher auf. »Gläbbich Alaaf«, dieser Schlachtruf der Narretei tönte weit von einer Fröhlichkeit, die sich auch von einer um Ordnung besorgten Obrigkeit nicht gern reglementieren ließ. Die Machthaber des Dritten Reiches z. B. gestatteten zwar den zum »deutschen Brauchtum« deklarierten Karneval, jedoch mit der Auflage, daß alle erzielten Überschüsse dem »Winterhilfswerk« zuzuleiten seien und daß jeweils die Bürgermeister das Motto der Züge auszurufen hätten – letzteres ein Gebot, das sich

Karnevalszug 1928 der ein Jahr vorher gegründeten KG »Große Gladbacher«. Der Wagen spielt mit seiner hochprozentigen Ladung auf die Paffrather Schnapsbrenner an.

mangels geeigneter Einfälle als praktisch undurchführbar erwies. Nach dem Krieg erlebte auch der Gladbacher Karneval eine stürmische Renaissance. Streit entzündete sich stets an der Frage, ob der Zug nun dienstags, wie es Tradition war, oder sonntags stattfinden sollte. Seit 1960 ist er dann ein Sonntagszug. 1962 ließen die Gladbacher ihren Zug wegen der Hamburger Flutkatastrophe ausfallen und den Geschädigten das eingesparte Geld zukommen. An die Gladbacher Schulkinder verteilten sie die schon bestellten Kamellen.

Dieser in Hunderten von Zentnern gewogene Gradmesser der Fröhlichkeit – der Erfolg eines Zuges scheint in direktem Verhältnis zur Menge des zum Einsatz gelangten Wurfmaterials zu stehen – ist neuerdings auf höchster Narrenebene umstritten. Gewisse Kreise des Kölner Karnevals verschmähen die Kamellen-Kanonade als nicht mehr zeitgemäßen und oft auch körperverletzenden Ulk. Andererseits erfüllte es die Gladbacher Jecken mit stolzer Freude, daß sich die unbestritten führende Hochburg des rheinischen Karnevals für die Session 1978/79 einen Gläbbicher Jungen zum Prinzen erkoren hatte. Hermann-Josef I., Kölner Karnevalsprinz, in Bensberg geborener Gladbacher, hat sich seine karnevalistischen Grundkenntnisse im Bergischen erworben – dort, wo man heute noch den einzigen aus dem Mittelalter überlieferten Fastnachtsbrauch, den »Heischegang« pflegt: »Joden Dag, joden Dag, joden Ovend – hie küt de Fastelovend.« Wenn das keine Städte und Narren verbindende symbolträchtige Symbiose ist!

Die Gesellschaft indes, die wesentlich früher – in der Form eines freiwillig gegründeten Vereins sogar als erste – die Geselligkeit auf ihre Fahnen geschrieben hatte, war »Der Verein«. Weil es weder Vorläufer noch Konkurrenten gab, konnte man es bei dieser schlichten Namensgebung belassen. Ihre Mitglieder waren Offiziere und Beamte der Bensberger Kadettenanstalt und Fabrikanten aus Bergisch Gladbach. Die Gesellschaft bestimmte 1842 in Punkt 2 ihrer Statuten: »Der Zweck der Gesellschaft ist geselliges Ver-

Gesellschaft „Erholung"
in
Berg.-Gladbach.

50jähriges Stiftungs-Fest

am

31. Oktober 1901.

Große Bergisch Gladbacher Karnevalsgesellschaft

Präsident: Hubert Kohlgrüber, Sitz: Gasthaus ‚Zum Berg. Löwen', Gegr. 1927

Bankfonten: A. Schaaffhausen'scher Bankverein, A.-G., Zweigstelle Bergisch Gladbach. Kreissparkasse Köln und Mülheim, Zweigstelle Bergisch Gladbach.

Briefanschrift: Große Gladbacher, Wilhelmstraße Nr. 50, Fernruf Nr. 646, (Frühlingsdorf).

Bergisch Gladbach, den 22. November 1927.

Sehr geehrter Herr!

Es wird auch Ihnen nicht unbekannt geblieben sein, daß sich unter dem Namen

Große Bergisch Gladbacher Karnevalsgesellschaft („Große Gladbacher")

eine Gesellschaft mit dem Sitz im Gasthaus „Zum Bergischen Löwen" gebildet hat, die nunmehr auch in unserer Stadt allen Freunden eines harmlosen karnevalistischen Treibens die Gelegenheit bieten will, sich während der Zeit vor Fastnacht einige Stunden echt bergischen Frohsinns hingeben zu können.

Es sind für den 15. und 29. Januar und 12. Februar n. J. drei Sitzungen mit Damen und anschließendem Tanz, sowie für den 11. Februar Kostümbälle vorgesehen.

Für diese Veranstaltungen werden zum freien Eintritt an die Mitglieder Stammkarten zu RM. 7.- einschließlich Tuchmütze der Gesellschaft und Liederhefte und an deren Angehörigen Nebenkarten zu RM. 3.- einschließlich Liederhefte ausgegeben.

In Anbetracht der geringen Beiträge rechnen wir bestimmt damit, daß auch Sie mit Ihren werten Angehörigen unsere Gesellschaft durch sofortige Anmeldung unterstützen.

Wir beehren uns, Ihnen eine Anmeldungskarte zu übersenden, die Sie uns ausgefüllt und unterzeichnet gefl. alsbald einreichen wollen. Die Mitgliedskarten werden Ihnen alsdann prompt zugestellt.

Unsere Gesellschaft wird bemüht sein, unter der Devise

„Von Zoten frei die Narretei!"

die sämtlichen Veranstaltungen, unterstützt durch bestbewährte hiesige und auswärtige Kräfte, in einwandfreier und schönster Form zur Durchführung zu bringen.

Es sei noch erwähnt, daß ein Fastnachts-Dienstagszug geplant ist, der alle Freunde und Gönner eines bergischen Karnevals von nah und fern zu unserer Stadt heranziehen soll und wird.

Unterstützen auch Sie uns durch sofortige Anmeldung.

Große Bergisch Gladbacher Karnevalsgesellschaft

Der Kleine Rat

J. A.

Hub. Kohlgrüber   Josef Grümmer   Wilh. Dahlheuser
Präsident   Schriftführer   Kassierer

Josef Boddenberg, C. Stef. Fröhlingsdorf, Jean Giesen, herm. Haas,
hub. Heuser,   Peter Höller,   Walter Lautenbach,   Ad. Schnüttgen,
Friedr. Veith,   Louis Weber,   Peter Wißdorf.

Festkalender 1928

1. Sonntag den 15. Januar im Mariensaale   Große Sitzung mit Damen und Tanz
2. Sonntag den 29. Januar im Mariensaale   Große Sitzung mit Damen und Tanz
3. Samstag den 11. Februar im Mariensaale u. im groß. Saale am Bod Große Maskenbälle
4. Sonntag den 12. Februar im Mariensaale   Prunksitzung mit Damen und Tanz
5. Fastnacht-Dienstag   Großer Fastnachtszug

Änderungen bleiben vorbehalten.

gnügen«. Sie legte sich ein Gesell-
schaftslokal mit Salon und Kegelbahn
zu. Im Jahre 1851 konstituierte sich als
Nachfolgerin die »Gesellschaft
Erholung«. An ihre Veranstaltungen
erinnern sich die älteren Bürger
heute noch mit großer Begeisterung,
obwohl die holde Weiblichkeit nicht
zugelassen war. In ihrem nach der
alten Studentenmelodie »Gaudeamus
igitur« gehenden Festlied texteten die
Mitglieder dann auch:

Leider fehlen uns die Frauen
Und ihrer Jugend Schöne,
Was Sitte ist in deutschen Gauen,
Nicht gilt's für Gladbachs Söhne.
Sie feiern jede Festlichkeit
Ohne holde Weiblichkeit,
Immer nur alleine.

Dieses ehemalige
Schulhaus an der
Ommerbornstraße in
Sand war 1842/43
Kasinogebäude der
Gesellschaft »Der Ver-
ein«. Aus dieser ging
1851 die Gesellschaft
»Erholung« hervor.

Übrigens, zur feierlichen Begehung
der Bismarckgeburtstage stand ein
von Herrn Richard Zanders gestiftetes
10000-Mark-Kapital zur Verfügung.
Einen Anflug von Liberalität leistete
man sich mit dem Abonnement
einiger Zeitschriften, wie der Fliegenden Blätter. Dieser, wie es in den
Annalen heißt, älteste von der Obrigkeit zugelassene weltliche Verein
Bergisch Gladbachs zog dann 1904
in den »Bergischen Löwen« ein, der
von der Kasino-Gesellschaft, einer
mehrheitlich von Frau Olga Zanders
gehaltenen GmbH, erbaut und betrieben wurde. Beide Gesellschaften
bestanden nebeneinander, bis
1935 und 1939 die Auflösung aus
politischen Gründen erzwungen
wurde. Die Neugründung erfolgte
1951.
In der Satzung der wiederbelebten
Gesellschaft Erholung steht unter
Vereinszweck: »Zweck des Vereins
ist die Pflege des Bürgersinns,
Förderung der Geselligkeit und
Veranstaltung von Vortragsabenden.«
Heute hat die Gesellschaft 120
Mitglieder: Ärzte, Apotheker, Architekten, Fabrikanten, Publizisten,
Rechtsanwälte, leitende Beamte und
Angestellte. Sie veranstaltet Vorträge
führender Publizisten und Schrift-
steller, pflegt die Geselligkeit, arbeitet
mit an der Pflege der Stadt- und
Heimatgeschichte und gibt neuen
Bürgern Kontaktmöglichkeiten. Erst
im Jahre 1979 wurde das Verhältnis
der Gesellschaft Erholung zum
»Bergischen Löwen« durch ihre
Beteiligung an der neugegründeten
Gesellschaft »Bürgerhaus Bergischer
Löwe« nahezu von gleicher Qualität
wie vor ihrer Auflösung im Dritten
Reich.

Neben aller Initiative der Bürger ist letztlich vor allem die Stadt eine entscheidende Stütze der Kulturszene. Allein für Theateraufführungen sind im Haushaltsplan 1979 zum Beispiel 260000 DM Zuschuß bereitgestellt worden. Bergisch Gladbach hat eine, wenn auch junge, kulturelle Tradition zu vertreten. Die Stadt bemüht sich nämlich mit Erfolg um das Kinder- und Jugendtheater. Sie gehört zu den bislang noch seltenen Städten, die nicht nur mit der Anzahl der Stücke das Kindertheater dem der Erwachsenen gleichstellen. Bergisch Gladbach spielt im »Interkommunalen Arbeitskreis für Kinder- und Jugendtheater« eine führende Rolle, die es gewiß eines Tages auch zum »Löwen« als einem adäquaten Veranstaltungsplatz drängen läßt.

Auf dem Sektor Sport helfen 46 Vereine mit ca. 20000 Mitgliedern – das sind ein Fünftel der Bevölkerung – aktiv mit, Bergisch Gladbachs Ruhm als Stadt von hohem Freizeitwert zu festigen. Außer der von den Schulen erhobenen Forderung nach Förderung der Sportmöglichkeiten waren es die Vereine, die immer wieder einer allerdings sehr entgegenkommenden Verwaltung ihre Wünsche darlegten. Mittlerweile stehen ihnen 19 Turnhallen, 18 Sportplätze, 13 Gymnastik- und 7 Sporthallen für Breiten- und Leistungssport zur Verfügung. Reiten, Schießen, Tennis finden auf weiteren 21 Sportanlagen einen ihnen gemäßen Raum zur Ausübung.

Wer nun glaubt, Bergisch Gladbach böte nur Vereinen oder anderen organisierten Gruppen Gelegenheit zu Spiel und Sport, vergißt so beispielhafte Einrichtungen wie die Freizeitanlage Saaler Mühle und das Tageserholungsgebiet Paffrath. Hier gibt es jeweils ein derart breit gefächertes Freizeit-Vergnügen für einzelne, Familien und natürlich auch wieder für Schulen und Vereine, daß kaum noch ein Wunsch offenbleibt.

Die Saaler Mühle, am Rande des noch verbliebenen Frankenforst-Restes

zwischen den Stadtteilen Refrath und Bensberg gelegen, verteilt ihre Attraktivität auf den 7 ha großen Kunstsee und das am 7. 7. 77 eröffnete Wellenbad. In Paffrath ist das Kombibad Kristallisationspunkt des Freizeitspaßes. Beide Anlagen sind jeweils großflächig und großzügig konzipiert und beziehen auch das Parkbedürfnis einer automobilen

7. 7. 77, 16.00 Uhr. Die Eröffnung des Wellenbades Saaler Mühle »brandet« ihrem Höhepunkt entgegen. Mit dieser Attraktion übt Bergisch Gladbach auch auf Kölner Schwimmfans eine unwiderstehliche Anziehungskraft aus.

Freizeitgesellschaft mit ein – wohl-bedenkend, daß das nicht nur den Kölner »Kunden« gelegen kommt. Nicht außer acht lassen darf man aber in diesem Zusammenhang ein Areal, das sozusagen eine Beigabe der Natur ist: den Königsforst, mit 1360 ha das größte zusammenhängende Erholungsgebiet der Stadt. Hier jedoch ist der Forst-Fiskus um eine angemessene Nutzung bemüht, indem er Wirtschafts- und Erholungsfunktion des Waldes in einem ausbalancierten Verhältnis zueinander zu halten versucht. Während in früheren Zeiten der Wald eindeutig nur Wirtschafts-faktor war, gebührt heute, vor allem in ballungsnahen Lagen, der Erho-lungsnutzung ein besonderer Rang, wenn nicht gar der Vorrang. Daß dabei aber auch wirtschaftliche Überlegungen eine Rolle spielen, führt oft noch zu mißverstandenen Maßnahmen. So fußt beispielsweise der beim Anblick eines Kahlschlages im Waldgänger aufkeimende Groll, besonders wenn die Lieblings-Baumgruppe davon betroffen ist, auf der irrigen Annahme, ein ehrgeiziger Forstmann habe blindwütig Profitwerk betrieben. Mit Sicherheit handelt es sich dabei aber um eine zeitlich genau festgelegte Fällaktion, die dem Zahn der Zeit in dem Augenblick zuvor-kommt, wo er gerade beginnt, den Baum wertlos und später noch zu einer Gefahr für den Besucher zu machen. Außerdem schreibt eine im Landes-forstgesetz verankerte Wiederauf-forstungspflicht Ersatz für jeden geschlagenen Baum vor.

Bäume werden großgeschrieben in Bergisch Gladbach, ebenso wie das Baden. Neben dem bereits genannten Kombibad, das sich in eine Hallen- und

↑ Jogging – der Königsforst ist ein ideales Terrain für diese neue Trimm-welle.

eine Freischwimmanlage gliedert, und dem Wellenbad gibt es noch je zwei weitere Hallen- und Freibäder und ein Schulbad. Dem Baden, so scheint es, wird wohl deshalb eine besondere Bedeutung beigemessen heutzutage, weil man in der Ver-gangenheit Versäumtes gründlich nachzuholen trachtet. Das gilt ins-besondere für Bensberg, obwohl am guten Willen es eigentlich nie gemangelt hat. Denn, als um die Jahrhundertwende der Staat die Wichtigkeit der öffentlichen Gesund-heit erkannt hatte und Anleitungen

und Vorschriften zur Förderung des öffentlichen Badewesens ergingen, war man in Bensberg gar nicht abgeneigt, den von allerhöchster Stelle empfohlenen Badegedanken aufzugreifen.

Die preußisch-peniblen Erlasse des Ministers der geistlichen, Unter-richts- und Medizinangelegenheiten, von Trott zu Stolz, fanden Beachtung: Am 31. Mai 1911 beschloß die Gesundheitskommission, den Gemein-derat zu bitten, »unverweilt an die Schaffung einer Badegelegenheit heranzutreten«. Doch stand es offen-

133

bar um die Gemeindefinanzen nicht
gerade zum besten. Deshalb kamen
praktisch denkende Gemeinde-
verordnete auf die Idee, den früher
von Kadetten benutzten Badeteich im
Milchborntal – »Kadettenweiher«
geheißen – für die Schuljugend zum
Baden freizugeben, oder gar zu
bitten, die Schwimmanstalt des
Kadettenhauses benutzen zu dürfen.
Aber der Kommandeur des Königlichen Kadettenhauses gab dem
Bensberger Bürgermeister militärisch
knapp Bescheid, aus sanitären und
praktischen Gründen könne er die
Mitbenutzung der Schwimmhalle
durch die Schuljugend von Bensberg
nicht gestatten. Und der Forst-Fiskus
warnte, daß das Wasser im Weiher
zum Baden zu kalt sei.
So leicht jedoch ließen die Bensberger den einmal gefaßten Badebeschluß nicht baden gehen. Am
13. Juli 1911 erhielt Polizeisergeant
Miebach die Order, »von heute ab bis
1. September dieses Jahres wöchent-
lich 2 mal und zwar an warmen, zum
Baden im offenen Wasser geeigneten
Tagen die Temperatur des Wassers
des Kadettenweihers festzustellen.
Es wird ein Badethermometer
beschafft werden, welches Sie zu
diesem Zweck zu benutzen haben.
Das Resultat der Messungen wollen
Sie in einer Nachweisung zusammen-
stellen, in welcher auch die Tages-
temperatur, im Schatten gemessen,
anzugeben ist.«
Am 2. September schon lag das
Ergebnis der polizeilichen Wasser-
wärme-Messung vor: 24,41 Grad im
Durchschnitt – ein überzeugendes
Argument für die Badetauglichkeit des
Weihers. Es war indes ein ungewöhnlich heißer Sommer gewesen, was die

Aussagekraft des ermittelten Wertes arg schmälerte, und darüber hinaus stellte sich noch ein Hindernis in den Weg: Der Kölner Gewehrfabrikant Eduard Kettner hielt den Teich zur Fischzucht in Pacht und war nicht willens, von seinem Vertrag zurückzutreten. In beredten Worten wußte er den Gemeindevätern ihren Badebeschluß madig zu machen: »Als alter Bensberger habe ich in meiner Jugendzeit sehr oft im Kadettenweiher gebadet, aber das Baden war kein Genuß, sondern eher eine Qual, weil das Wasser dort sehr kalt war.« Aber ehe die Gemeindeverwaltung nachfragte, warum er dann trotz der Qual so oft dort gebadet habe, sah man sich nach einer anderen Möglichkeit zur Befriedigung der Bensberger Badebedürfnisse um.

Just zu der Zeit nämlich konkretisierte sich im benachbarten Bergisch Gladbach die Errichtung einer Badeanstalt. Als aber die Bensberger sich mit einem Beteiligungsvorschlag anboten, teilte ihnen Gladbachs Bürgermeister Schröter mit, daß die neue Badeanstalt ein Geschenk von Hans Zanders sei und »fix und fertig der Stadt als Eigentum übergeben werden soll, eine Beteiligung der Gemeinde Bensberg an der Errichtung der Anstalt daher ausgeschlossen erscheint.« Eine Mitbenutzung durch die Bensberger indes schien den Bergisch Gladbachern aus Rentabilitätsgründen durchaus opportun. Nach endlosen Überlegungen wurde schließlich im Jahre 1920 den Schulen Bensbergs die kostenlose Benutzung der Bergisch Gladbacher Badeanstalt nahegelegt. Diese aber fanden das Angebot gar nicht so attraktiv: der Weg sei zu weit, wer soll die Aufsicht übernehmen, zusätzliche Honorierung der Lehrer sei nötig, undsoweiter undsofort.

Weitere zehn Jahre vergingen, ohne daß sich an der Badefront etwas tat. 1930 nimmt die Gemeinde erneut Anlauf. In einer umfangreichen Korrespondenz, die selbst die städtischen Betriebswerke des mecklenburgischen Ludwigslust und die Gemeinde Coßmannsdorf im Bezirk Dresden einbezog, verschaffte man sich Informationen über Badeanstalten, deren Bau und Betrieb. Firmen gaben Kostenvoranschläge ab. Man erinnerte sich an die Schloßbadeanstalt aus Kadettenzeiten. Doch die als Schloßherrin fungierende staatliche Finanzverwaltung stellte Forderungen, die der Gemeinde-

verwaltung unannehmbar erschienen. Da endlich naht Rettung in Gestalt eines Privatmannes. Der Bensberger Konrad Michel, ein an der Sache persönlich interessierter Bürger, läßt 1932/33 aus eigenen Mitteln im Milchborntal eine Badeanstalt errichten. In einer Zeitungsnotiz heißt es dazu: »Ein lang gehegter Wunsch der Schwimm- und Badefreunde aus der hiesigen Gegend wird demnächst in Erfüllung gehen: Bensberg erhält ein Schwimmbad ... Es ist erfreulich, daß der Besitzer der neuen Badeanstalt, wie wir hören, gewillt ist, dafür zu sorgen, daß Ordnung, Anstand und Sitte in dem neuen Bad gewahrt wird, und daß er jede Art von Auswüchsen energisch bekämpfen will. Mit solchem Entschluß zerstreut

Nach langem Hin und Her entstand Anfang der 30er Jahre Bensbergs erstes Bad, das 1963 neu gestaltete Freibad Milchborntal.

er die mancherlei aufgetauchten Bedenken der Bürger, die in ihrer überwiegenden Mehrheit großen Wert darauf legen, daß Bensberg nicht durch irgendwelche in dieser Hinsicht auftretende Mißstände in Verruf kommt und daß das sittliche Empfinden der Bewohner nicht verletzt wird.«

Dieses Privatbad verschaffte 30 Jahre lang den Bensbergern ein kontinuierlich kontrolliertes Badevergnügen, bis es 1963 die Stadt übernahm, es völlig umgestalten ließ und den Sohn des Bade-Pioniers Konrad Michel zur obersten Aufsichtsinstanz bestimmte. Unter seiner Leitung ist das Freibad Milchborntal, inzwischen natürlich auch längst beheizbar, heute noch so schmuck, frisch und

Saaler Mühle einen interessanten Verbund mit dem später angelegten Wellenbad.

Den absoluten Rekord im Bau eines Bades indes hält eine Institution, von der die Stadt hätte lernen können, wenn ihr Bäderbedarf nicht schon weitgehend gedeckt wäre. Die Landesturnschule des Rheinischen Turnerbundes an der Paffrather Straße brauchte für den Bau ihres Hallenbades vom Beginn des Rohbaus bis zur Einweihung sage und schreibe nur 5 Monate und einen Tag, samt Sauna, Solarium, Massageeinrichtungen und anderen Nebenräumen. Zur Eröffnung am 4. Sept. 1978 kam denn auch Sportbundpräsident Willi Weyer angereist, spendete den Rekordhaltern Lob und sprang als

Der Präsident des Deutschen Sportbundes Willi Weyer eröffnet am 4. September 1978 mit einem couragierten Sprung das Hallenbad der Landesturnschule.

beliebt wie am ersten Tag. Der Bau des ersten Bensberger Hallenbades in der 2. Hälfte der sechziger Jahre gestaltete sich dann vergleichsweise nicht annähernd so langwierig. Mit einer massiven Bürgerbeteiligung (ein Hallenbadbau-Förderungsverein machte fast eine halbe Million Mark flüssig) gelang das Werk in wenigen Jahren. Heute bildet das Hallenbad

erster in das 25-Meter-Becken, was ihn als ehemaligen Wasserball-Nationalspieler keinerlei Überwindung kostete. Die Landesturnschule ist zwar Leistungszentrum des Rheinischen Turnerbundes, aber dennoch voll in die städtische Szene integriert. So steht das Baurekord-Bad auch den Bergisch Gladbacher Schulen zur Verfügung.

Immer am Ball

Zunächst hat er Aufregung verursacht
und Verwirrung gestiftet, der kleine,
weiße, harte Ball mit den vielen
Mulden an der Oberfläche und dem
interessanten Innenleben. Aufregung,
weil sich seinetwegen ein Staats-
oberhaupt und eine komplette
Weltelite nach Refrath begaben,
und Verwirrung, weil eben dieses
Refrath den mit den örtlichen Verhältnissen nicht vertrauten Golf-Gästen
und -Berichterstattern aus aller Welt
als Stadtteil von Köln vorgestellt
wurde. Immerhin war es der Oberbürgermeister von Köln, der in seinem
Grußwort zur »Braun Trophy '78 –
Deutsche Offene Golfmeisterschaft«
geschrieben hatte: »Erstmals findet in
Köln-Refrath ein Golf-Ereignis statt, das
in seiner Bedeutung auf dem europäischen Kontinent unübertroffen
ist.« Eine wegen darin vermuteter
unterschwelliger Eingemeindungs-
gelüste des großen Bruders vom
Rhein drohende kommunale Kontro-
verse aber blieb aus. Es sprach sich
dann doch noch herum, daß der
Refrather Golfplatz, einer der schön-
sten Plätze der Bundesrepublik, zu
Bergisch Gladbach gehört.
Der große, vier Tage während
Golfschwung präsentierte sich einer
Öffentlichkeit, die bis dahin eher
zurückhaltend den aus einem schot-
tischen Schäferspiel entstandenen

Zeitvertreib der Reichen und Großen dieser Welt zur Kenntnis nahm. Mit Staunen und Respekt registrierte sie, daß hier ein Sport betrieben wurde, der sowohl vollen körperlichen Einsatz und geistige Konzentration als auch taktisches Geschick erfordert. Und manch nur vom Mini-Golf geschultes Auge lief über im Anblick des professionellen Rüstzeugs, das da sichtbar wurde. Die reinste Schläger-Schlacht schien anzubrechen für jene, die erst hier erfuhren, daß jedem Spieler bis zu 14 Schläger, 4 aus Holz und 10 aus Eisen, erlaubt sind.

Loch«, »ein ebenes treues Grün« und Ausdrücke wie »Drive«, »Wedge«, »Fairway« parat hält.

Noch vor dem 2. Weltkrieg hatte die Stadt Köln diesen über 300 Morgen großen Refrather Grund gekauft. Aber erst in den fünfziger Jahren konnte der Kölner Golf- und Landclub e.V., dessen Marienburger Platz durch den Autobahnbau 1938 auf 9 Löcher geschrumpft war, nach Refrath umsiedeln. Seitdem ist auch wohl die Bezeichnung »Golfclub Köln-Refrath« geläufig, die zu dem interkommunalen Mißverständnis zu Beginn der 78er Meisterschaft geführt hatte. Bundespräsident Heuss war es, der 1952 die Inbetriebnahme der ersten 9 Löcher und des Clubhauses in Refrath mit seiner Gegenwart beehrte. Sein dritter Nachfolger im Amt, Walter Scheel, ließ es sich nicht nehmen, die bislang bedeutendste Meisterschaft in Refrath aktiv zu eröffnen. Als gutbeschirmter Schirmherr, seine Bewacher hockten diskret hinter Büschen, gab er dem Golf-Ereignis staatsmännischen Glanz.

Namen wie Gary Player, Tony Jacklin, Severiano Ballesteros ließen den von überall herbeigeeilten Golfkennern das Blut schneller durch die Adern fließen. Der noch nicht einmal 22 Jahre alte Spanier Ballesteros schlug sie alle, wurde Deutscher Golfmeister 1978, kassierte 44.000 Mark Start- und Preisgelder und ist damit weiter auf dem Weg zum neuen Superstar des Golfsports. Und der Refrather Golfplatz hat wieder bewiesen, daß er selbst den größten Meisterschaftsanforderungen gerecht wird.

Aber der Golfplatz in Refrath ist nur eine von vielen Bergisch Gladbacher Sportattraktionen. So hat sich z.B. der

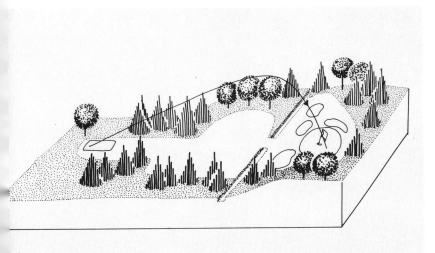

»Ein kurzes aber sehr kniffliges Loch. Das Grün liegt auf einer Anhöhe, eingebunkert auf der rechten vorderen und hinteren Seite. Ungewöhnlich und zu beachten ist das nach hinten abfallende Grün«.

← Die Bewacher hockten diskret hinter Büschen, als der amtierende Bundespräsident Walter Scheel, passionierter Golfspieler, die Deutsche Offene Golfmeisterschaft 1978 in Refrath eröffnete.

»Ich sehe keinen Bunker, sehen Sie einen Bunker?« Verzweifelt läßt ein offenbar noch sehr unbedarfter Golf-Gucker seinen Blick ins Golf-Gelände schweifen, in seiner Hand das offene Programmheft. »Bunker, das sind doch die Sandgruben, die man als künstliche Hindernisse anlegt.« Der kundige Nachbar schüttelt leicht indigniert sein Haupt, während der naive Frager weiter die »Loch-für-Loch«-Beschreibung im Heft studiert, die dann noch so mysteriöse Wendungen wie »ein Erholungsloch«, »ein kurzes, aber sehr kniffliges

139

TV Refrath 1893 auf dem Gebiet des Langstreckenlaufs international einen Namen gemacht. Weltweite Beachtung fand der Verein mit den zweimal von ihm ausgerichteten »Weltbestenkämpfen der über 40jährigen Langstreckenläufer«. Der Titel entspricht in seiner Länge sowohl dem abgeleisteten Streckenprogramm als auch den langen Anreisewegen, die manche Teilnehmer auf sich nahmen. Aus Japan, Amerika und Australien kamen sie nach Refrath, um sich im Marathon und »Jogging« zu vergleichen. Selbst 80jährige gingen an den Start und bewiesen einem staunenden Publikum ihre Fitness. »Langläufer leben länger« – diese von Ärzten und Gesundheitskündern einer in Bewegungsarmut zu erstarren drohenden Gesellschaft vorgetrommelte Devise kommt dabei dem Laufinteresse des Vereins entgegen. Auch die jährlich im Königsforst veranstalteten Waldlaufserien sind in Langlaufkreisen berühmt. Es sind dieses Veranstaltungen, zu denen die Leichtathletikabteilung des TV Refrath jedesmal Läufer aus allen Teilen der Bundesrepublik auf die sorgsam abgesteckten Staatsforst-Strecken schicken kann.

Wer selbst das Laufen liebt und es mit einiger Regelmäßigkeit, z. B. auf dem vorzüglich dazu geeigneten Rundkurs um den Saaler Mühlensee ausübt, begegnet mitunter einer hochgewachsenen, hübschen jungen Dame, die mit geradezu gazellenhafter Grazie das Gewässer umschwebt. Ihre Füße scheinen den Boden kaum zu berühren. Das aparte Gesicht der Läuferin kommt einem im Vorüberhuschen bekannt vor, und

es dauert auch nicht lange, bis man weiß, daß es schon oft die Sportseiten der Tageszeitungen zierte. Brigitte Kraus ist für den Kölner ASV startende Mittel- und Langstreckenläuferin, bisher 36fache Deutsche Meisterin, dreifache deutsche Rekordhalterin, Olympiateilnehmerin 1976, Europahallenmeisterin und Hallenweltrekordläuferin über 1000 m 1978.

Elegant ist der Laufstil der Bensbergerin Brigitte Kraus, mehrfache deutsche Meisterin und Rekordläuferin über Mittel- und Langstrecken.

Sie ist eine echte Bensbergerin, nämlich dort geboren. Ihr Vereinschef, ein zugezogener Bürger in Refrath, kann sich dank einer bemerkenswerten Sportlerlaufbahn ebenfalls als des Laufens besonders kundig ausweisen, allerdings auf kürzeren und deshalb wesentlich schnelleren Distanzen: Manfred Germar, zweimal Europameister, Olympiateilnehmer 1956, 19facher Deutscher Meister und Rekordläufer über 100 m und 200 m, Sportler des Jahres 1959. Auch er schätzt den Saaler Seeweg – zum Spazierengehen.

→ Sprintmeister
Manfred Germar 1961.
Heute ist der in
Refrath lebende
»Sportler des Jahres
1959« Präsident des
renommierten Kölner
Leichtathletikclubs
ASV.

↓ Liesel Westermann
in Aktion. Die in
Schildgen lebende
ehemalige Weltre-
kordlerin im Diskus-
werfen ist heute als
Lehrerin tätig.

Im Stadtteil Schildgen ist eine sportliche Neubürgerin zu Hause, die
gewissermaßen aus dem Stand zu
Weltruhm gelangte, und zwar mit Hilfe
einer 1000 g schweren Scheibe, die
sie wie keine andere nach eineinhalb-
facher Umdrehung aus einem
Wurfring von 2,50 m Durchmesser
herauszuschleudern verstand. Liesel
Westermann war die »Diskus-Liesel«
einer begeisterten Nation, als sie
1969 als erste Frau die 60-m-Marke
überwarf und mit fast 64 m einen
neuen Weltrekord aufstellte. Ein Jahr
zuvor hatte sie bei den Olympischen
Spielen in Mexico-City die Silber-
medaille gewonnen. 1969 wurde sie
zur Sportlerin des Jahres gewählt.
Robert Klein wiederum ist ein echter
Gladbacher mit Meisterehren und
Olympiaruhm. Er war 1956 Deutscher
Meister an den Ringen und damit
auch Teilnehmer an den Olympischen
Spielen in Melbourne im selben
Jahr. Er ist Vertreter einer Sportart,
die eine traditionell führende Stellung
in Bergisch Gladbach innehat. Die
Bergisch Gladbacher Turnerschaft 79
ist nicht nur der älteste Sportverein,
sondern bis auf den heutigen Tag
ein Kunstturn-Club, der immer wieder
junge, vielversprechende Talente
hervorgebracht hat. Auch in Zukunft
braucht sich die Turnerschaft 79 in
Sachen Leistungssport keine Sorgen
zu machen. Die neue Spitzenriege ist
bundesligareif, wenn sie auch im
Augenblick dieser vom Deutschen
Turnerbund geschaffenen Leistungs-
klasse noch nicht angehört. Mit dem
Kreisturnfest 1949, dem ersten sportlichen Höhepunkt nach dem Krieg,
und zwei von ihr ausgerichteten
Bundesturnfesten hat die Turnerschaft 79 sowohl ihren anerkannt hohen

↓ Bundesturnfest 1955
in Bergisch Gladbach.

→ 1977 wurden die
Damen der SSG 09
4. Deutscher Frauen-
Fußballmeister. 1979
erkämpften sie sich
die begehrte Trophäe
zum zweiten Mal.

Deutscher
Amateur-
Fußball-
meister
1953 wur-
den die
»rote Teu-
fel vom
Krade-
pohl«
genann-
ten Spie-
ler des
damals
noch als
SV 09
bezeich-
neten
Bergisch
Glad-
bacher
Sport-
vereins.

142

↓ Die »schwarze Perle« aus Jamaica, Beverly Ranger, einzige Profikickerin der Bergisch Gladbacher Damen, scheint nicht ganz zufrieden.

↓ Strahlende Meisterinnen am Rhönrad. Die Mädchen des TV Bensberg sind sehr erfolgreich an diesem Gerät.

Leistungsstand – nicht von ungefähr hat der Rheinische Turnerbund für seine Landesturnschule den Standort Bergisch Gladbach gewählt – als auch ihre Verbundenheit mit der Bevölkerung eindrucksvoll demonstriert.

Neben dem Turnen spielt der Fußball eine dominierende Rolle in der sportbegeisterten Stadt. Als die »Roten Teufel vom Kradepohl«, wie die Spieler des SV 09 genannt wurden, sich 1953 über die Punktespiele, Entscheidungs-, Gruppen- und Endkämpfe in einem »einzigartigen Siegeszug« die höchste Trophäe des deutschen Amateurfußballs erspielten, stand Bergisch Gladbach im Fußballrausch. Der Abend des 28. Juni 1953 sah nach dem 3:2-Endspielsieg gegen den Homberger SV im Wuppertaler Zoo-Stadion eine brodelnde Innenstadt. 30.000 Menschen waren auf den Beinen und feierten den Deutschen Meister.

24 Jahre später, fast auf den Tag genau, gab es in Bergisch Gladbach wieder einen Deutschen Fußballmeister zu feiern. Am 25. Juni 1977 schlug die Damen-Mannschaft der SSG 09 ihren Endspielgegner »Oberst Schiel« Frankfurt mit 1:0 und wurde damit 4. Deutscher Frauen-Fußballmeister. Über tausend Bergisch Gladbacher Fans hatten die Fußballmädchen, Fußballfrauen, die ihren Lebensunterhalt als Lehrerinnen, Sekretärinnen, medizinisch-technische Assistentinnen oder Büglerinnen verdienen, schon in Frankfurt stürmisch gefeiert. Am nächsten Tag wurden die siegreichen Damen im Triumphzug zum Rathaus geführt und dort vom Bürgermeister empfangen. Einziger Wermutstropfen:

die »schwarze Perle« aus Jamaica,
Beverly Ranger, die einzige Profi-
Kickerin in der Mannschaft, spielt seit
dem Meisterschaftsgewinn nicht mehr
für Bergisch Gladbach. Aber das min-
derte den Elan der Damen nicht im geringsten: 1979 wurden sie zum 2. Male
Deutscher Meister und machten damit
einen weiteren Schritt auf dem
Weg zur allgemeinen Anerkennung.
Ganz andere Sportarten werden in
Bensberg bis zur Meisterschaftsreife
gepflegt. Da ist zunächst ein relativ
junger Sport, der von absolut jungen
Damen – Durchschnittsalter 14,5 Jahre –

des TV Bensberg perfekt praktiziert
wird: das Rhönrad-Turnen. Seit 1960
gibt es deutsche Meisterschaften in
dieser inzwischen auch international
sich ausbreitenden Turndisziplin.
Zwei davon haben in Bensberg
stattgefunden, die letzte 1978. Sie
bescherte den Bensberger Turnerin-
nen nach der Post-SG Stuttgart mit nur
0,2 Punkten Rückstand den 2. Platz. Der
Austragungsort Saaler Mühle war zugleich Premierenplatz für das »Rhöni«,
das als Mini-Rhönrad schon Klein-
kindern Übungen gestattet und diesem
Sport neue Kreise erschließen soll.

Kinderturnfest im
August 1979 zum
100jährigen Bestehen
der Turnerschaft Ber-
gisch Gladbach 1879.

144

Alles nette Leute

Im April des Jahres 1809 notierte der Polizeibericht: »Die Einwohner der Munizipalität Gladbach sind ein (so) genügsames, friedliches Landvolk, daß seine Stimmung gut ist.« – Die Franzosen sind es, die zu der Zeit das Land besetzt halten und wissen wollen, wie es um die Volksstimmung – Ruhe oder Unzufriedenheit – steht. Um die Mitte des vorigen Jahrhunderts notiert ein Historiker: »Zu eng saßen hier arm und reich, adelig und bürgerlich, preußisch und rheinisch-bergisch, streng katholisch und frei protestantisch nebeneinander.«

Wenn man sich heutzutage mit der Bevölkerung von Bergisch Gladbach, dem großen »Kollektiv« der Stadt, befaßt, dann fallen drei Dinge besonders auf: 1. die Frauen sind in der Überzahl, und die Geburten steigen wieder, 2. die Fluktuation, das Hin und Her, ist groß, 3. der Anteil der Angestellten und Beamten an der Zahl der Erwerbstätigen liegt weit über dem Durchschnitt.

Herrschaftsgefüge obrigkeitsstaatlicher Art gibt es nicht mehr. Das Volk ist sein eigener Souverän. Wie es entscheidet, was, wie, wo und wann zu tun, läßt es höchstens von einer Statistik erfassen, die ihm dann untertänigst ihren Zahlenspiegel vorhalten darf. Von den 101055 Einwohnern, die Bergisch Gladbach am 31. Dezember 1978 zählte und mit denen sie sich als stabilisierte Großstadt erwies, waren 52947 Frauen und 48108 Männer. Das ergibt, um es statistisch exakt auszudrücken, einen Überschuß von 4839 Einwohnern weiblichen Geschlechts. Ob das als Vor- oder Nachteil zu bewerten ist, entzieht sich dem Aufgabenbereich der nur den Quantitäten verpflichteten

Statistik und bleibt somit der Beurteilung eines jeden einzelnen überlassen. Ohne Zweifel ein Vorteil hingegen ist die steigende Tendenz der Geburtenzahl, die 1978 bereits 997 betrug. Zieht man davon die Zahl der 980 Sterbefälle ab, bleibt ein Plus von 17. Aus dem sogenannten Wanderungssaldo, das ist das Resultat der Gegenüberstellung von Zu- und Fortzügen, ergibt sich ein Gewinn von 503 Einwohnern. 5162 Personen waren 1978 nach Bergisch Gladbach zugezogen, und 4659 verließen die Stadt. Insgesamt also wuchs 1978 die Einwohnerzahl um 520. Seit dem 1. Januar 1975, dem Datum des Inkrafttretens der Gebietsreform, stieg die Einwohnerzahl der neuen Stadt um zweieinhalbtausend.

→ Mit ihrer Geburt machte Jennifer Thull am 22. März 1977 Bergisch Gladbach zur jüngsten Großstadt Deutschlands. Die Einwohnerzahl von 100000 war erreicht.

145

Ein Blick zurück auf die Entwicklung der Einwohnerzahlen in den beiden heute zu einem Ganzen zusammenwachsenden Stadtteilen Bensberg und Gladbach zeigt folgendes: 1816 (aus diesem Jahr datieren die ersten ermittelten Statistiken) hatte Bensberg 3378 und Bergisch Gladbach 3368 Einwohner. Im Jahr der Stadtwerdung, 1856, zählte Bergisch Gladbach 4947 Bürger. Bensberg hatte um die Zeit etwa 6600 Einwohner. Die 90er Jahre des vorigen Jahrhunderts läuteten dann die Wende ein. 1895 lag Bergisch Gladbach mit 25 Einwohnern vor Bensberg, das 10004 Bewohner zählte. In der Phase der Industrialisierung zog Bergisch Gladbach dann unaufhaltsam davon. 1915 hatte die Stadt 16500 Einwohner gegenüber 12568 in Bensberg – ein Vorsprung von rund 4000 Einwohnern. Die absolut höchste Differenz präsentierte das Jahr 1945, als in Bergisch Gladbach über 13000 Menschen mehr lebten als in Bensberg. 32954 Bergisch Gladbachern standen nur 19851 Bensberger gegenüber.

Aber dann hob eine regelrechte Aufholjagd an. 1948 – Bensberg war ein Jahr zuvor in den Stadt-Stand erhoben worden – sah es schon anders aus: 22114 zu 31152. Als es schließlich zum Endspurt kam – Bensberg war bestrebt, unter allen Umständen mit größtmöglichem Gewicht in die Eingemeindungsdiskussion zu gehen – war man am Ende bis auf 4484 herangekommen. Das war 1974. Bergisch Gladbach hatte 52311 und Bensberg 47827 Einwohner. Dann kam am 1. Januar 1975 die Zusammenlegung. Den Verlust von Immekeppel, Untereschbach, Spitze und Dürscheid

auf Bensberger Seite konnte Gladbachs Hinzugewinn von Schildgen nicht ausgleichen. Die neue Stadt brachte es nur auf 98559 Einwohner. Erst die Geburt der kleinen Jennifer Thull am 22. März 1977 machte Bergisch Gladbach zur Großstadt. Die Einwohner verteilen sich auf 25 Wohngebiete. Die meisten Einwohner hat der Wohnplatz Gladbach mit rund 10100. Ihm folgt Refrath mit 8775 und Paffrath mit fast 7500 Einwohnern. Nach Heidkamp, Gronau, Hand und Schildgen erst kommt der Wohnplatz Bensberg mit knapp unter 5000 Einwohnern.

Wohnplatz	Einwohner 1979
Schildgen	5.392
Katterbach	4.908
Nußbaum	739
Paffrath	7.471
Hand	6.681
Heidkamp	6.411
Gronau	6.736
Gladbach	10.100
Hebborn	4.641
Sand	2.676
Romaney	729
Herrenstrunden	664
Herkenrath	3.181
Asselborn	754
Bärbroich	1.375
Moitzfeld	4.135
Lückerath	3.499
Bensberg	4.910
Bockenberg	2.658
Kaule	2.940
Refrath	8.875
Alt-Refrath	2.749
Kippekausen	3.112
Frankenforst	3.504
Lustheide	3.412
Stadtgebiet insgesamt	102.152

Einwohnerzahlen pro Wohnplatz.

Herrenstrunden bildet mit 664 Bewohnern das Schlußlicht. Ineressant und gleichzeitig wichtig für eventuell zu ergreifende Lenkungsmaßnahmen ist die Zu- und Abnahme der Einwohnerzahlen in den einzelnen Wohnplätzen. Zum Beispiel bilden Gladbach und Sand den Bereich mit dem größten Bevölkerungsrückgang in der Zeit von 1975 bis 1977. Auch Refrath, Alt-Ref-

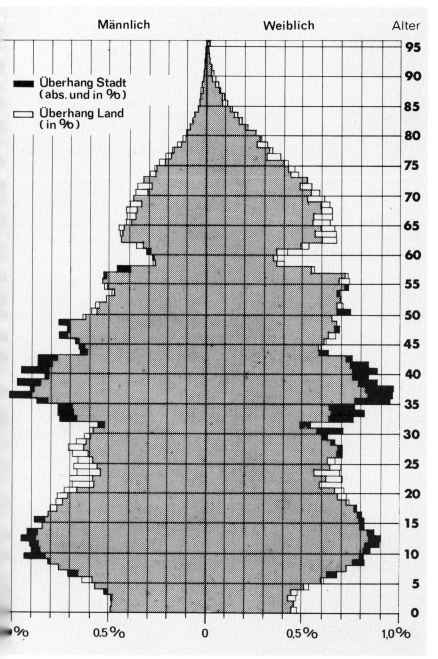

Altersaufbau (Bevölkerungspyramide) der Wohnbevölkerung der Stadt im Vergleich mit dem Land Nordrhein-Westfalen.

Within the chart:

Männlich — **Weiblich** — **Alter**

■ Überhang Stadt (abs. und in %)
□ Überhang Land (in %)

95, 90, 85, 80, 75, 70, 65, 60, 55, 50, 45, 40, 35, 30, 25, 20, 15, 10, 5, 0

% | 0,5% | 0 | 0,5% | 1,0%

---

rath, Frankenforst, Lückerath, Kaule, Bensberg, Herrenstrunden, Herkenrath, Bärbroich, Heidkamp, Nußbaum und Katterbach mußten in diesem Zeitraum Verluste hinnehmen. Gewinne machten Schildgen, Paffrath, Hand, Gronau, Hebborn, Romaney, Asselborn, Moitzfeld, Bockenberg, Kippekausen und Lustheide. Nach Asselborn mit 28,02 Prozent Zuwachs

kommt Bockenberg mit 23,15 Prozent. Dieser Wohnplatz hält mit 212 Einwohnern pro ha Wohnbauland die Spitzenposition auf der Wohndichten-Skala, was durch die als »Manhattan« bekannten Wohnblöcke bedingt ist. Mit 34 Einwohnern pro ha liegt Nußbaum am Ende. Insgesamt ergibt sich für Bergisch Gladbach eine Wohndichte von 55 Einwohnern pro ha Wohnbauland.

Die unterschiedliche Verteilung auf die einzelnen Wohngebiete ist also kein festzementierter Zustand, sondern ein Prozeß. Woher er seine Dynamik bezieht, ist zur Zeit noch nicht bekannt. Eine Motivationsuntersuchung soll demnächst die Frage erhellen, was die Bergisch Gladbacher Bürger von einem Ort zum anderen bewegt. Im Augenblick läßt sich allenfalls nur eine Beschreibung des Phänomens geben und die Vermutung aussprechen, daß Neubauwohnungen zu 80 Prozent von bereits im Stadtgebiet ansässigen Einwohnern bezogen werden.

Die Tendenz der Wanderungen zwischen Wohnplätzen ist jedenfalls steigend. 1977 hatte es 1736 Personen hin- und hergezogen.

Wesentlich bedeutsamer als die Umzüge innerhalb des Stadtgebietes aber sind die Bewegungen, die dadurch ausgelöst werden, daß Bürger aus anderen Gegenden zuziehen oder Bergisch Gladbach verlassen.

Dabei steht Köln als Spender und Nehmer weit an der Spitze. Nicht einmal halb so hoch ist der Austausch mit den Gemeinden des Rheinisch-Bergischen Kreises, der sich zahlenmäßig nur wenig vom Austausch mit dem übrigen Nordrhein-Westfalen

147

und dem weiteren Bundesgebiet abhebt. Auch die Zuzüge aus dem Ausland liegen nur unwesentlich niedriger als die Kreis- und Landzahlen, während die Fortzüge ins Ausland in letzter Zeit häufig stattfinden. Dahinter verbirgt sich wohl ein allmähliches Abwandern von Gastarbeiterfamilien.

Wie für alle Städte in der Bundesrepublik erweist sich die vom Arbeitsmarkt bestimmte Mobilität auch für Bergisch Gladbach als die entscheidende Entwicklungskomponente. Seit langem schon ist der von ihr ausgehende Einfluß erheblich größer als derjenige der natürlichen Bevölkerungsbewegung (Differenz zwischen Geburtenziffer und Sterbefällen).

In den deutschen Großstädten des Jahres 1974 betrug z. B. die Veränderungsquote der Bevölkerungsbilanz aufgrund der Geburten und Sterbefälle rund 1/6, aufgrund der Wanderungsbilanz 5/6. Für Prognosen bedeutet das eine Erschwernis. Während die Entwicklung der natürlichen Bevölkerungsbewegung relativ sicher abzuschätzen ist, sind Wanderungsbewegungen von sehr vielen wirtschaftlichen, verkehrstechnischen und psychologischen Faktoren abhängig.

Eine Bewegungsart jedoch ist eindeutig einer ganz bestimmten Ursache zuzuordnen: das Pendeln. Tausende von Bergisch Gladbacher Bürgern verlassen tagtäglich morgens das Stadtgebiet, um auswärts zu arbeiten, und fahren abends wieder zurück. Der Grund für ein solches Verhalten liegt auf der Hand: das Arbeitsplatzangebot der Stadt ist geringer als die Zahl der in ihr wohnenden Erwerbstätigen. Zur Zeit hat Bergisch Gladbach einen negativen Berufspendlersaldo von rd. 10000 Personen, das heißt, es gibt in der Stadt 10000 Arbeitsplätze weniger als Erwerbstätige. Die Zahl der Erwerbstätigen in Bergisch Gladbach liegt bei etwa 41000. Das sind auf die gesamte Wohnbevölkerung bezogen 41,7 Prozent. Damit liegt die Stadt etwas unter dem Bundesdurchschnitt von 43,4 Prozent. Nun würden sicherlich nicht alle Pendler ihren auswärtigen Arbeitsplatz aufgeben wollen, selbst wenn es genügend Arbeitsplätze in Bergisch Gladbach gäbe. Denn gependelt wird immer, weil das nicht nur etwas mit Quantität zu tun hat. Aber der Stadt wäre schon an einem Pendel-Pari gelegen. Die Millionenstadt Köln ist nämlich Bergisch Gladbachs größter Pendler-Partner. Von ihr kommen die meisten Einpendler, aber nach ihr gehen ungleich mehr Auspendler, so daß die Arbeitsmarktverflechtungen mit Köln überwiegend vom negativen Berufspendlersaldo bestimmt werden. Bergisch Gladbach sieht das mit Unbehagen, nicht zuletzt deshalb, weil die angrenzende Großstadt auch schon in anderen Bereichen eine enorme Sogwirkung ausübt. Das Bild vom gierigen Moloch mit dem knackigen Appetithappen Bergisch Gladbach direkt vor der Nase ist immer präsent.

Nicht nur Bergisch Gladbach, sondern auch der übrige, sich weit nach Westen erstreckende Rheinisch-Bergische Kreis orientiert sich mit seinen Verkehrswegen nach Köln und zum Rhein hin. Für ihn wie für Bergisch Gladbach ergibt sich daraus der negative Berufspendlersaldo. Diesem steht allerdings ein seit Jahren positiver Wanderungssaldo

Bei den Wahlen der letzten Jahre – Kommunal-, Landtags- und Bundestagswahl – lag in Bergisch Gladbach die CDU an der Spitze.

gegenüber, das heißt, der Zuzug aus Köln ist größer als der Fortzug dorthin. Man arbeitet in Köln, wohnt aber draußen am Rand des Bergischen Landes. Der Charakter einer Großstadt im Grünen – fast 80% des Stadtgebietes sind land- und forstwirtschaftliche Nutzfläche – macht Bergisch Gladbach eben zum beliebten Wohnort für alle, die nicht nur an den Beruf zu denken haben, sondern auch an ihre Familie.

Angestellte und Beamte halten in Bergisch Gladbach die Spitzenposition inne. Sie stellen mit fast 55 Prozent einen weit über dem Bundesdurchschnitt (40 Prozent) liegenden Anteil an den Erwerbstätigen. Die Arbeiter in Bergisch Gladbach machen weniger als 38 Prozent der Erwerbstätigen aus. Eine solche soziale Aufteilung und der traditionelle Katholizismus des Rheinlandes spiegeln sich natürlich auch im politischen Spektrum. So ergaben sich bei den letzten Wahlen jeweils respektable Mehrheiten für die CDU. Die Landtagswahl 1975 brachte der CDU 51,12 Prozent, der SPD 38,99 Prozent und der FDP 9,07 Prozent der abgegebenen Stimmen. Bei der letzten Bundestagswahl 1976 entschieden sich 48,63 Prozent der Wähler für die CDU, 42,98 Prozent für die SPD und 7,75 Prozent für die FDP. Im Stadtparlament verfügt die CDU über eine 51,6 prozentige Mehrheit, auf die SPD entfallen 37,9 Prozent und auf die FDP 9,8 Prozent. Daraus ist aber auch ersichtlich, daß der Bürger je nach Wahl unterschiedliche Akzente setzt. Den höchsten Prozentsatz an CDU-Wählern gibt es laut der letzten Bundestagswahlstatistik im mehr ländlich strukturierten Stadtteil Sand-Romaney-Herrenstrunden mit 54,3 Prozent. Die SPD findet ihre Wählermehrheit mit 39,8 Prozent im Stadtteil Gronau-Gladbach-Hebborn und die FDP mit 17,5 Prozent im Refrather Raum. Neben der Alters- und Sozialstruktur und auch der Aufteilung nach Geschlechtern ist die Konfessionszugehörigkeit noch ein wesentliches Indiz für das Wählerverhalten.

→ Glückwunsch der Ehefrau – 1976 wurde Franz Heinrich Krey als Abgeordneter der CDU in den Bundestag gewählt.

60 Prozent der Bergisch Gladbacher Bevölkerung sind römisch-katholischen Bekenntnisses und 27 Prozent evangelisch. Den höchsten Katholiken-Anteil hält der Wohnplatz Asselborn mit 77 Prozent. Bei den Protestanten führt Kippekausen mit einem Anteil von 38 Prozent.

In diesem Zusammenhang, oder auch völlig unabhängig davon, ist vielleicht

← Der »schwukke Pitter« wurde Peter Herkenrath, ein Bensberger Original aus Refrath, genannt.

↙ »Et Botterlies«, bürgerlich Elisabeth Bensberg, verkaufte den Kadetten im Schloß Obst und Butter. Aufnahme aus dem Jahr 1910.

noch interessant, daß rund 38 Prozent der Bergisch Gladbacher ledig, 52 Prozent verheiratet, 2,6 Prozent geschieden und 7,5 Prozent verwitwet sind – so die Zahlen von 1977.

Daß Bergisch Gladbach eine familienfreundliche Stadt ist, zeigt sich deutlich in der Altersstruktur: der Anteil der Kinder und Jugendlichen (also der 6 – 16jährigen) und der Erwachsenen im »Elternalter« (also der 31 – 45jährigen) liegt deutlich über dem Landesdurchschnitt. Die Zahl der 17 – 30jährigen und der über 65jährigen ist hingegen im Verhältnis deutlich geringer. Offensichtlich kommt also, wer Kinder hat oder Kinder erwartet, während es Kinderlose vielleicht eher nach Köln oder anderswohin zieht.

Frauen werden älter – das gilt auch für Bergisch Gladbach. Von der mit dem 62. Lebensjahr beginnenden kontinuierlichen Abnahme der Jahrgangsstärken sind die Frauen

weit weniger betroffen als die Männer. Die verschiedenen Altersgruppen verteilen sich ziemlich gleichmäßig auf das Stadtgebiet. Im Stadtkern leben die meisten älteren Leute. Der Wohnplatzbereich Gladbach-Hebborn-Sand steht mit 16,5 Prozent bei den über 65jährigen an der Spitze. Das liegt sicher auch an der Massierung von Wohnheimen für ältere Bürger im Gladbacher Gebiet. Der Bereich Romaney-Herrenstrunden-Herkenrath-Asselborn-Bärbroich-Moitzfeld führt mit 32,1 Prozent bei den bis zu 15jährigen, einer für das biologische Kräfteverhältnis wichtigen Altersgruppe. Schildgen-Katterbach hält in der großen Gruppe der 15- bis 65jährigen mit 68,2 Prozent die Spitzenposition.

↑ Boulevardblatt aus dem Kinderwagen – Zeitungsfrau in Bergisch Gladbach.

← Heinrich Seeger zog von Herkenrath durch die Lande und hieß »der Waisebub«.

Mustafa und Canaris

Als am 18. März 1979 die Wahl zum Berliner Abgeordnetenhaus stattfand, säumten den Weg zu einigen Wahllokalen türkische Bewohner der Stadt. Sie trugen Plakate mit der Forderung »Wir wollen auch wählen« und der Frage »Sind wir Bürger 2. Klasse?«. Wenn es um die Pflichten geht, so meinten sie, natürlich nicht, aber bei den Rechten gewiß! Wie hält es Bergisch Gladbach mit seinen ausländischen Bürgern? Wählen – das ist auch hier schon gefordert worden, aber das kommunale Wahlrecht zu gewähren liegt nicht allein in der Macht der Stadt. Und sonst? Werden die ausländischen Familien akzeptiert, ihre anderen Interessen und Wünsche berücksichtigt, fühlen sie sich wohl in dieser mit Fürsorge nicht geizenden Stadt? Der 24. September 1978 hat darüber einige Aufschlüsse gebracht. Es war der »Tag des ausländischen Mitbürgers« – ein Sonntag, und der Park hinter dem »forum« war als Ereignisort Zeuge eines ausgesprochen positiven Beginns gegenseitigen Kennenlernens und gemeinsamen Fröhlichseins. Türken, Griechen, Spanier, Italiener, Jugoslawen und Portugiesen hatten ein Fest arrangiert, zu dem sie, die Gäste in Gladbach, die Einheimischen einluden. Paella und Tortilla, Cevapcici und Raznici,

Empanadilla und Boquerones Enbinagre lockten einige tausend Gladbacher Gaumen aus der Reserve. Sangria und Cognac, Slibowitz und Rotwein, Prosek, Retsina und Ayran »vergeistigten« diesen ersten Treff unter Kastanienbäumen. Doch dieser exotische Gaumenkitzel, dem Folkloristisches auch Genüsse für Augen und Ohren folgen ließ, lenkte keines-

Zum Tag des ausländischen Mitbürgers

Am Sonntag, dem 24. September 1978 Bergisch Gladbach, vor dem forum
ab 14.30 Uhr

wegs von den Problemen der einladenden Ausländer ab: Integrationsschwierigkeiten, Fragen des Aufenthaltsrechts, Einführung des von Europaparlament und EG-Kommission empfohlenen kommunalen Wahlrechts, Verbesserung der Bildungschancen, Ausbildungsplätze, Arbeitslosigkeit, unzureichende Raumverhältnisse im Ausländerzentrum an der Cederwaldstraße und Transport- und Schulprobleme türkischer Kinder. Diese unter der Schirmherrschaft von Landrat und Bürgermeister stehende Veranstaltung war ein Festival der Spezialitäten, Sprachen und Sorgen – aber auch der wichtigen Kontakte mit den Menschen hier in der Stadt, deren Heimatländer wir als Urlaubsziele schon längst schätzen.

151

Eine andere Gruppe ausländischer Mitbürger genießt oder – besser gesagt – genoß einen ganz anderen Status: die Belgier. Sie waren 1946 als Besatzungsmacht zu Feinden gekommen und scheiden jetzt nach mehr als 30jährigem Aufenthalt in Bensberg als Freunde. Sie haben sich in dieser Zeit nicht nur von Besatzern zu Brüdern in der NATO gewandelt, sondern auch zu Bürgern unserer Stadt. Viele freundschaftliche und familiäre Verbindungen und Bindungen sind entstanden. »Eigentlich waren wir hier zu Hause«, sagte beim offiziellen Abschied am 21. Juli 1978 der Kommandeur der 1. Belgischen Division und Flügeladjutant des Königs, General Josef Segers. Mit der Stadt habe es allzeit ein gutes Einvernehmen gegeben. Das gilt sicherlich auch noch für diejenigen, die bleiben, denn das Königliche Gymnasium im Schloß, dessen Einzugsbereich bis nach Lüdenscheid reicht, bleibt weiterhin bestehen. Das Stabsgebäude an der Falltorstraße ist in den Schulbetrieb mit einbezogen. Schüler- und Lehrerschaft vertreten also auch künftig das belgische Element – nicht mehr militärisch, sondern ganz zivil. Schließlich ist da noch eine dritte Kategorie von Mitbewohnern, die ebenfalls nicht aus freien Stücken Bergisch Gladbach zu ihrem Aufenthaltsort erkoren haben. Sie leben zudem in der erkennbaren Abgeschiedenheit einer Kaserne. Die »Bürger in Uniform« gehören zum Wachbataillon des Bundesministers der Verteidigung. In der Bergisch Gladbacher Hermann-Löns-Kaserne ist die Hälfte dieser in erster Linie an der protokollarischen Front stehenden Truppe stationiert, die andere Hälfte

in Siegburg. Als Ehrenformation blickt sie in so manches Präsidenten- und Monarchenauge und ist mitverantwortlich für den ersten Eindruck, den ein Staatsgast von der Bundesrepublik Deutschland erhält. Vorgänger dieser »Zeugen der Zeitgeschichte« in Bergisch Gladbach waren ein Fernmelde- und ein Grenadierbataillon. Der Bau der Kaserne geht zurück auf das Jahr 1937. Damals hat Bergisch Gladbach aus unerfindlichen Gründen die Chance, in den Genuß einer vom Militär besorgten Kanalisation zu gelangen – solches ist zum Beispiel in Porz geschehen –, verpaßt. Erst nach dem Krieg wurde die Kaserne vollendet und diente dann zunächst den Besatzungsmächten als Unterkunft. Das Wachbataillon, zu dessen Pflichten auch die Bewachung des Verteidigungsministeriums auf der Bonner Hardthöhe und die Sicherung der Bundesregierung im Verteidigungsfalle gehören, setzt sich aus Heeres-, Marine- und Luftwaffenkompanien zusammen, und alle drei Teilstreitkräfte sind auch in einer militärischen Institution vertreten, die in der Nähe der INTERATOM ihren Sitz hat. Seit 1959 ist der »Stab für Studien und Übungen der Bundeswehr« in einem Gebäudekomplex in Moitzfeld untergebracht, in dem während des Krieges eine Abwehrstelle des Admirals Canaris tätig war. Die Aufgabe des heutigen Bundeswehr-Stabes besteht in der Erstellung strategischer, operativer und militärpolitischer Studien für den Führungsstab der Streitkräfte in Bonn und in der Leitung und Auswertung von Übungen auf NATO- und Bundesebene. Die Militärs werden dabei von

Mit Eltern und Bräuten – angehende Rekruten bei einem Einführungsvortrag in der Hermann-Löns-Kaserne.

Rund um die Uhr

Juristen, Verwaltungs- und Rüstungsfachleuten unterstützt. Nicht alle Bediensteten dieses Studien- und Übungsstabes haben sich in Bergisch Gladbach niedergelassen. Einige von ihnen nehmen tägliche Anfahrten bis zu 60 km in Kauf.

Gladbacher, Bensberger, Bürger in Uniform, Belgier, Gastarbeiter – der neuen Stadt Bergisch Gladbach wird reichlich Stoff geboten, ihr Integrationsvermögen unter Beweis zu stellen. Auch darin besteht der Reiz dieser sehr aktiven, lebendigen Stadt.

Er hält den pfahldicken Unterarm zur Begrüßung hin, um den Kontakt mit seiner triefendnassen Hand zu vermeiden. »Wir sind gerade dabei, die Maschine zu säubern. Wir mußten sie abstellen.« Aus einem dicken, schwarzen Schlauch quillt ein Wasserstrahl. »Wie lange wird das dauern?« »Tja, anschließend richten wir einen Versuchslauf ein. Ein paar Minuten hätte ich Zeit.«

Der Papiermaschinenführer ist von untersetzter, kräftiger Statur, bringt gut und gerne ein sattes Halbschwergewicht auf die Waage. Das rote T-Shirt hat Mühe mit dem ausladenden Muskelspiel des Oberkörpers. Dennoch wirkt der mächtige Mann verloren an seinem Arbeitsplatz in der stattlichen, von Tageslicht überfluteten Halle. Sein »Arbeitsgerät« ist 90 m lang, 12,4 m breit, 11,8 m hoch – ein dumpf dröhnender Koloß mit der Bezeichnung PM2. Jetzt läuft die Maschine. »Tut mir leid wegen der Eile.« Peter Theisen ist 36 Jahre alt, verheiratet und hat zwei Söhne. Die Kindheit hat er auf dem Igeler Hof verbracht. Sein Vater stand dort im Dienst der Familie Zanders. Mit 14 Jahren kam Peter Theisen in den Zandersschen Betrieb, als Anlernling. Ein Jahr zuvor war er Zeuge gewesen, wie Firmenchef Dr. J.W. Zanders zu Hause stolz Papier präsentierte – das erste von der neuen Papiermaschine PM1. Das war Weihnachten 1956. Später – Peter Theisen war inzwischen Maschinenführer an der im November 1969 in Betrieb genommenen PM2 – kam »der Doktor« regelmäßig zu ihm an den Arbeitsplatz.

Trotz ihrer gewaltigen Ausmaße, oder gerade deswegen, ist die PM2 ein ausgesprochener Schnelläufer. Mit einer Geschwindigkeit bis zu 600 m pro Minute schießt die 3,15 m breite Papierbahn über Siebe, Saugnäpfe, Saugkästen, Filzbahnen und durch ein ausgeklügeltes Walzensystem auf eine gewaltige Rolle. 8,2 Tonnen pro Stunde schafft der Riesenapparat – und das rund um die Uhr. 17 elektrische Antriebe, die auf einen einzigen Knopfdruck hin synchron anlaufen und arbeiten, halten die Maschine auf Trab. Wenn irgendein Teil ausfällt oder nicht gleich mitzieht, dann gibt es die gefürchteten Abrisse der Papierbahn, die auch aus anderen Gründen auftreten können, »wo wir ganz lecker arbeiten müssen«.

Peter Theisens Blick wandert über den Stoffauflauf, der – aus drei riesigen Arbeitsbütten gespeist – den Papierbrei auf das 38 m lange Endlos-Sieb verteilt.

Gleich hier, am Anfang des Entstehungsprozesses, wird die Geschicklichkeit des Papiermachers gefordert. Es kommt nämlich darauf an, daß das gewünschte Querprofil des Papiers, die über die gesamte Breite (3,15 m) gleichmäßige Dicke der Bahn, gewährleistet ist. Die Lage auf dem Sieb, die Wasserführung, die übrigens auch elektronisch angezeigt wird, sind die dafür entscheidenden und vom geschulten Auge ständig überprüften Kriterien. Die Elektronik

hat zwar längst ihren Einzug in die Papierproduktion gehalten, ist unbestechliches Kontrollorgan des gesamten Ablaufs, das Auge des Papiermachers jedoch ist nicht überflüssig geworden, und auch nicht das Fingerspitzengefühl. Beim »Streicheln« der Bahn oder der Rolle werden Falten erkannt, die das Auge nicht wahrnimmt. Die Sensibilität des Papiermachers ist deshalb nach wie vor ein wichtiger Produktionsfaktor. Damit gibt er dem später auf Streichmaschinen veredelten Papier seinen grundlegenden Charakter. Er verleiht ihm die im Fachjargon geheißene »runability«, die Lauffähigkeit, die modernste Druckmaschinen von einem gleichmäßigen, standardisierten Produkt verlangen.

Auch Peter Theisen hat sich von der hochentwickelten, nicht nur durch ihre Dimensionen beeindruckenden Technologie sein natürliches Verhältnis zum Papier nicht streitig machen lassen. Die Schicht – ob früh, spät oder nachts – beginnt er mit einem Rundgang zur Überprüfung aller Funktionen: Lauf der Filze und des Siebes, Kontrolle der Pressen, Pumpen und der Geschwindigkeit, der Temperatur der Walzen und der Lager, Zustand des Egoutteurs – der großen Siebwalze, die das Papier vom endlos laufenden, die Bewegung des Schöpfens nachahmenden Langsieb abhebt, nachdem es sein erstes Wasser verloren und seine erste Verdichtung erfahren hat. Hier kommt es darauf an, daß die Walze frei von »Nocken« und »Schnallen« ist, das sind Rückstände der Papiermasse auf dem Gewebe der Walze. Die Check-Liste hat er im Kopf, und sein Gehör filtert die Geräusche.

Mit kritischem Blick prüft Papiermaschinenführer Peter Theisen das Querprofil der Papierbahn.

Nach dem Rundgang steht eine Qualitätskontrolle auf dem Schichtprogramm: Prüfen einer Papierbahn in Sieblänge auf einem Lichtband – Stichprobe – zur Feststellung von

Flecken, Knicken und Verdichtungen; dann Einstellung und Regulierung des schon definierten Querprofils von Hand. Danach wird es allmählich wieder Zeit für einen Rundgang. In diesem Turnus läuft ungefähr eine normale, störungsfreie Schicht ab. Konzentration und starker körperlicher Einsatz im Falle von Störungen, Umstellungen und Säuberungen

wechseln einander ab. Den Lauf der Papierbahn in der Trockenpartie, wo Filze und Walzen in einem verwirrenden Auf und Ab die langsame Trockenlegung und Egalisierung des Papiers besorgen, kontrolliert der Kollege »Computer«. Das elektronische System registriert und reagiert ununterbrochen.

Dem Maschinenführer Peter Theisen stehen zur Seite ein 1. Gehilfe (Trockner), ein 1. und 2. Roller und ein halber Siebjunge oder, wie man heute sagt, Pressensteher. Das »halbe« bezieht sich nicht etwa im Sinne von halber Portion auf die körperliche Konstitution dieses Mitarbeiters, sondern auf den Tatbestand, daß er auch der danebenstehenden PM1 zur Verfügung stehen muß.

»Die ersten beiden Jahre waren hart, sehr hart«, Peter Theisen fährt mit der Hand durch sein dichtes Haar, »man war immer in der Anspannung, daß etwas passieren würde. Man wartete ständig auf das Ereignis.« In diesem Augenblick tönt von der PM1 nebenan ein schriller Alarmton. »Was ist das?« »Ein akustisches Signal, das anzeigt, daß irgend etwas mit dem Sieb nicht stimmt.« Gelassen schaut er rüber, wo der Pressensteher sich sogleich um die Korrektur des aus der Bahn laufenden Langsiebs bemüht.

Peter Theisen ist ein erfahrener Routinier geworden, aber allzeit wachgeblieben für den lebendigen Stoff Papier, wach für die gestiegenen Ansprüche der Kunden und der Maschine. Schließlich hat seine PM2 runde 50 Millionen Mark gekostet, und nur eine mit wirtschaftlichem Denken durchzogene Verantwortung wird ihr gerecht.

Der Ursprung liegt im Bach

Das hat er nicht verdient, daß man ihn schamhaft versteckt. Einst als »Deutschlands fleißigstes Flüßchen« gelobt, hat man ihn heute einfach über weite Strecken in den Untergrund gewiesen. Er wurde aus dem Stadtbild verbannt, weil kein Staat mehr mit ihm zu machen war – abgearbeitet, unansehnlich geworden, weg damit! Da, wo an der Odenthaler Straße ein kleiner Querweg »An der Strunde« genannt wird, taucht er unter durch ein Eisengitter, das seinen gröbsten Schmutz zurückhält. Irgendwo in Gronau, in der Nähe der alten Kläranlage, tritt er wieder ans Tageslicht – noch grauer und trüber als zuvor. Schon zum Stadtjubiläum 1906 wurde wehmütig geklagt: »Durch unser Wappen schlängelt fein der Strunderbach sich her, – wenn der so silbern, klar und rein in Wirklichkeit doch wär!«

Bergisch Gladbach hat ihm viel zu verdanken – eigentlich alles. Der Strunderbach, oder die Strunde, ist Namensquell und Lebensader zugleich. Die Gunst der Geologie rüstete ihn mit einer Kraft aus, die der Mensch schon früh zu nutzen wußte.

Seine Lage inmitten der Paffrather Kalkmulde verschafft dem Strunderbach ein Einzugsgebiet von 85 Quadratkilometern. Aus diesem Umkreis etwa sammelt der poröse Kalk die sehr hohen Niederschlagsmengen und speist den Fluß durch ober- und unterirdisch verlaufende Bäche und Rinnen. Dieses nie versiegende Reservoir verlieh der Strunde einen unübertroffenen Wasserreichtum und machte sie zum zuverlässigsten und begehrtesten Kraftspender. An ihren 20 Kilometern, die sie mit einem Gefälle von 200 m von der Quelle in

Von der Quelle bis zur Mündung säumten Mühlen ihren Weg. Einst »Deutschlands fleißigstes Flüßchen«, führt die Strunde heute zumeist ein Dasein im Untergrund.

156

Herrenstrunden bis zur Mülheimer Mündung in den Rhein mißt, klapperten, als sie noch ganz offen war, nicht weniger als 51 Mühlen, alle 5 Minuten eine. Gleich am Ort ihres Austritts, im Teich der Komturei, trieb die Strunde die Mühle der Johanniter an. Dank des Wasseraustrittes von 50 Kubikmetern pro Minute gelang ihr das ohne langen Anlauf. Von da an knüpfte sie eine dichte Kette von Mühlen aller Art. Allein auf Gladbacher Gebiet waren es 34 Walk-, Öl-, Pulver-, Farbholz-, Getreide-, Gewürz- und Gipsmühlen, Sägewerke, Eisenhämmer, Schleif- und Pleißkotten. Später kamen die Papiermühlen hinzu, die dann den Grundstein zur Industrialisierung im 19. Jahrhundert legten.

Ursprünglich war die Strunde ein Bach gewesen, der sich wie viele westwärts eilende Wasserläufe in Bruch, Sumpf und Teichen verlor. Ein fränkischer König schuf ihm dort, wo heute die Stadt steht, ein künstliches

Bett. Dieser gelade (=gelegte) Bach gab dem gleichzeitig angelegten Fronhof samt Mühle den Namen Gladbach. Ab 1815 macht der Zusatz »Bergisch« den feinen Unterschied zu »Mönchen«-Gladbach deutlich. Eine andere Version will wissen, daß glad »klar« oder »glatt« bedeutet. Beides bezieht sich auf die Strunde, die ihrerseits ihren Namen von »strudeln«, das heißt »frisch, lebendig quillen«, ableitet. Klar war sie vor ihrer intensiven Nutzung als Kraftquell auf alle Fälle. Der einträgliche Forellenfang von Schiff bis zur Mündung in Mülheim blieb freilich allein dem Landesherrn vorbehalten. Einige hundert Jahre später, die technische Entwicklung hatte ihr Kraftwerk schon weitgehend überflüssig werden lassen, diente die Strunde an strengen Wintertagen als Grundlage für ein Volksvergnügen besonderer Art. Die von ihr überfluteten Wiesen waren ein idealer Eislaufplatz für Kinder und Jugendliche, die sich diesen Vorteil durch rechtzeitiges Öffnen der Schleusen zu verschaffen wußten.

Aber dazwischen lag die lange Periode der wirtschaftlichen Verwendung der Wasserkraft des Strunderbachs – angefangen bei der Deckung des elementaren Bedarfs durch die Getreidemühlen, die für das tägliche Brot sorgten, bis hin zu den mannigfach hinzukommenden gewerblichen Aufgaben. Es entstanden enge Verflechtungen zu dem nahegelegenen Handels- und Verkehrsplatz Köln. Die Gerber aus der Weißbüttengasse und vom Rothgerberbach ließen an der Strunde Eichenrinde zu Lohe mahlen, die Färber vom Blaubach Holz zerfasern, um Farbstoffe zu gewinnen. Die

Kölner Tabakhändler mahlten Abfallblätter zu Schnupftabak. Dann kamen Ölhändler mit Leinsamen, Raps, Nüssen und Bucheckern. Die Walkmühlen bearbeiteten Tuche und Leder. In Schleif- und Pleißkotten wurden die Harnische und Schwerter der berühmten Kölner Schwertfegerzunft geschliffen und poliert. Die Kalkmühlen standen in engem Zusammenhang mit der weiter um sich greifenden Besiedlung und die Gewürzmühlen mit der Einfuhr orientalischer und überseeischer Geschmacks-Verfeinerer. Die Erfindung des Schießpulvers schließlich ließ Pulvermühlen aus dem Boden schießen. Von all diesen Gewerben aber sollte sich das der Papiermahler und -macher als langlebigstes und erfolgreichstes erweisen.

Wenn ein Fluß wie die Strunde so vielen und unterschiedlichen Interessen dienen mußte, blieben Streitigkeiten um Rechte und Pflichten der Anlieger nicht aus. Da wurde oft der Versuch unternommen, dem anderen das Wasser abzugraben. Aber schon im Mittelalter hatten die Grafen von Berg eine Bachordnung erlassen. Einem Bachgrafen standen ein Bachgericht mit Bachschöffen und ein Bachbote (Polizist) im Kampf gegen Bachfrevler zur Seite. Ein Bachprotokoll vom 19. Mai 1773 enthielt dann penibel alle – wie es heißt – »Gerechtsame der Mühlen- und Wiesen-Beerbten auf dem Strunderbach«. Im Bergisch Gladbacher Raum gab es 27 solcher Beerbten, die am Lauf der Oberstrunde saßen. Weitere 100 folgten an der Unterstrunde bis hin nach Mülheim. Vom 1. Dezember 1823 schließlich datiert die »Strunderbach-

Ordnung«, nach der jahrzehntelang Bachrecht gesprochen wurde. Eine »Bach-Commission« und amtliche Bachbegehungen hielten das Wohl der Strunde im Auge. Ihre Aufmerksamkeit galt ganz besonders der Reinhaltung des Flusses. Noch bis weit in die dreißiger Jahre unseres Jahrhunderts wurden Bürger, die als Anlieger ihrer gesetzlichen Pflicht zur

benannten Verbrennungsmotors, in der Scheldemündung). Auf derselben Seite preist die Fa. C.C. Heising, an der katholischen Kirche, wohlfeile Herbstangebote an: Hauskleiderstoffe für 55 Pf pro Meter und Corsetts von 1,– bis 8,– Mark und weist darauf hin, daß der Laden Sonntag bis abends 7 Uhr geöffnet sei.
Die Reinigung des Strunderbachs war

Feststellung und Ordnung
über den
Strunder-Bach.

---

§. 13.

Es soll auf dem Unter-Bach ein vereideter Bach-Bote, welcher auf alle Bach-Frevel und Anordnungen Acht haben, und solche seiner vorgesetzten Behörde zur Anzeige bringen soll, angeordnet, und mit einer besondern Instruktion versehen, auch wenn es künftig für nöthig erachtet werden soll, ein solcher auf dem Ober-Bach angestellt werden.

§. 14.

Den Mühlen-Eigenthümern oder Pächtern auf dem ganzen Bach soll die Mitaufsicht von ihrer, bis zur nächsten unterhalb liegenden Mühle mit übertragen, und dieselben, wegen dieser Verpflichtung in Eid genommen werden.

Dieselben haben nachzusehen, ob der Bach-Bote, wo derselbe angeordnet ist, seine Schuldigkeit thue, und die Unordnungen die vorfallen, entweder wenn sie können, selbst abzustellen, oder den Pflichtigen zur Abstellung aufzufordern, demnächst aber entweder den Vorfall dem betreffenden Bürgermeister mittelst eines Protokolls, in welchem die That-Umstände kurz bemerkt sind, anzuzeigen, oder solchen dem Bach-Boten zur befördernden Bestrafungs-Anzeige anzudeuten. Seiner als Bach-Geschworner gemachten Aussage soll voller Glauben beigemessen werden.

§. 15.

Der Bach-Bote erhält jährlich ein Gehalt, welches noch näher bestimmt werden wird, und den dritten Theil der Strafgelder, außer dem was demselben in dieser Bach-Ordnung noch besonders zugebilligt ist.

2

Für die Nutzung des Wassers der Strunde galt ein strenges Reglement. Im Mittelalter hatten Bachgraf, Bachgericht und Bachbote (Polizist) auf die Einhaltung der Regeln zu achten.

Reinhaltung des Baches nicht nachkamen, mit einer »Wasserpolizeilichen Anordnung unter Androhung der zwangsweisen Ausführung« bedacht. Was heute eine öffentliche Aufgabe ist oder hin und wieder freiwillig in besonders vor Wahlen beliebten, publikumswirksamen Umweltschutzaktionen geschieht, war damals alleinige Anlieger-Aufgabe. Zur Reinigung der Bachläufe – es gab auch noch andere Gewässer als die Strunde – wurde jeweils in »Zeitungsbekanntmachungen« aufgerufen. Eine solche befindet sich z.B. in der Bergisch Gladbacher Zeitung vom 15. Oktober 1913 (makabrerweise neben der Meldung über die Auffindung des Leichnams von Rudolf Diesel, dem Erfinder des nach ihm

immer ein Unternehmen von mehreren Tagen Dauer. Vor allem die Firmen wurden dazu herangezogen, die jedoch nicht immer gleich bereit waren. Schon damals schob einer dem anderen die Schuld in die Schuhe, wenn es stank. Aktenfüllende Prozesse sind wegen der Reinigung der Strunde geführt worden, an denen auch die Stadt Köln beteiligt war. Sogar der 3. Senat des »Königlich Preußischen Oberverwaltungsgerichts« in Berlin unter Vorsitz des Senatspräsidenten, des Wirklichen Geheimen Oberregierungsrats Dr. Dr. von Strauß und Torney, war mit dem Bergisch Gladbacher Bachproblem befaßt – damals eine der Bedeutung des Strunderbachs durchaus angemessene Instanz. Heute würde wohl kaum ein Gericht wegen des dürftig scheinenden Rinnsals tätig werden, wenngleich der Bach (neben seiner Säuberungsfunktion im Gladbacher Kanalnetz) immer noch einem Unternehmen, das ohne ihn nicht denkbar wäre, einen »verborgenen« Dienst erweist. Eine unterirdisch verlaufende Rohrleitung entnimmt der Strunde direkt an der Quelle Wasser für die Papierproduktion. Zanders Feinpapiere mit Frisch-Quell-Wasser geschöpft, könnte man in Abwandlung eines Werbespruchs aus der Bier-Branche sagen. Es bleibt also noch

die erste Konzession zum Bau einer Papiermühle an den Kölner Kaufmann Philipp Fürth. Der Mann hatte rechtzeitig den Niedergang des bis dahin blühenden Metallgewerbes an der Strunde heraufkommen sehen. Mit seinem Erbteil kaufte er das Nappenseifer Gut, dem ein Schleifkotten angeschlossen war. Nach Erteilung der landesherrlichen Konzession baute er ihn zu einer Papiermühle um. Quirlsmühle hieß sie, nach einem späteren Besitzer dann Schnabelsmühle, und 1829 wurde sie zum Grundstock der Fa. J.W. Zanders.

etwas zu tun für den Strunderbach, von dem sich die anderen Nutznießer in dem Maße abwandten – ade Bachordnung, Bachgraf und Bachbote –, wie die technische Entwicklung es ihnen ratsam erscheinen ließ.

Die Treue der Papiermacher geht zurück auf das Jahr 1582. Herzog Wilhelm IV. zu Jülich-Cleve-Berg gab

Fürths Unternehmergeist forcierte den Ausbau eines weiteren Schleifkottens zur Papiermühle. 1595 war sie vollendet, die nach dem Namen eines Nachfolgers benannte Gohrsmühle – heute Stammwerk und Gütezeichen für Zanders' Feinpapiere.

Nun brach das Papierfieber aus. 1614 baute Wilhelm Esser aus Bensberg die Dombacher Mühle, mit der er

Die Schnabelsmühle (l.), die Dombachmühle (o.) und die Gohrsmühle bildeten den Grundstock des Zandersschen Papierunternehmens.

Abständen die Kradepohls- und die Cederwaldmühle. Namen wie Jacobs, Fues, Fauth, Schnabel, Gohr stehen für die ersten zweieinhalb Jahrhunderte Gladbacher Papierproduktion. Sie werden abgelöst von Zanders, Poensgen, Hanebeck und Wachendorff, die bis heute diesen wichtigsten Industriezweig Bergisch Gladbachs repräsentieren.

Die Entwicklung der hiesigen Papierindustrie ist gekennzeichnet durch eine auffallend große Fluktuation unter den Besitzern der einzelnen Papiermühlen. Dafür waren der

GOHRSMÜHLE UM 1852

selbst zwar kein Glück hatte, andere aber um so mehr, vor allem die Zanders, die später neben der Schnabels- und Gohrsmühle auf der Dombachmühle ihr Papier-Imperium aufbauten.

1670 entstand außerhalb der Gronauer Mahlmühle eine vierte Papierproduktionsstätte, die Kieppemühle. Ihr folgten schließlich in größeren

relativ frühe Tod einiger Gründer und der unheilvolle Zwang zur Erbteilung ebenso verantwortlich wie in diesem Industriezweig wohl der Umstand, daß etliche Unternehmer ihre Befähigung überschätzt hatten. Erbmassen wurden zersplittert, aufgekauft, wieder zusammengefügt. So gelang z. B. Heinrich Schnabel im 18. Jahrhundert vorübergehend die Zusammenfassung mehrerer Mühlen und damit der Aufstieg zu einem bedeutenden Papiermacher.

Ein früh begonnener und langanhaltender Aufwärtstrend innerhalb einer Familie war eigentlich nur den Zanders vergönnt, die allerdings auch wie keine andere konsequent den Weg von der handwerklichen zur großindustriellen Fertigung gegangen sind. Die Erfindung der Dampfmaschine und später des Elektroantriebs hat dabei die Loslösung vom Standort der Strunde bewirkt, die – seitdem aus dem Gladbacher Gesichtskreis entschwunden – ihrer sowohl auf Papier als auf Gladbach bezogenen schöpferischen Vergangenheit im Untergrund nachplätschert.

Bergisch Gladbach hat, wie andere Städte, den Industrialisierungsprozeß auch schmerzlich erlebt. Nicht nur, daß sich der Aufschwung in Schüben mit immer wieder eintretenden Rückschlägen vollzog, sondern auch mit dem unbeschreiblichen Arbeitseifer und -einsatz einer Bevölkerung, die noch aller sozialen Errungenschaften entraten mußte. So schuftete sie ohne zeitliche Begrenzung in dem aufstrebenden Wirtschaftszweig Industrie, der ihr Befreiung von einer oft unvorstellbaren Armut verhieß, die sie bislang in einer landwirtschaftlich strukturierten Gesellschaft erduldet hatte. Als einzige Alternative zur Arbeit in den Fabriken blieb ihr praktisch oft nur der Bettel. Jedenfalls läßt sich das aus einer »Vergleichstabelle über die Betriebsamkeit der Arbeiter in den Industrieanstalten und über die Vermehrung und Verminderung des Bettels« entnehmen, die diesen engen Zusammenhang

offenbar nicht von ungefähr herstellte. Nach einer solchen Tabelle verringerte sich die Zahl der Arbeiter in Bergisch Gladbach von 232 im Jahre 1806 auf 203 im Jahre 1809. Im selben Zeitraum stieg die Zahl der Bettler von 20 auf 32. Im Botamt Bergisch Gladbach gab es in den Jahren 1807/08 sechzig Gewerbetreibende – »Industrianten« und »Professionisten« genannt – mit 100 Beschäftigten in der Papierindustrie, die sich während der Franzosenzeit einer wachsenden Beschneidung ihrer Märkte ausgesetzt sah und dadurch in arge Bedrängnis geriet.

Während die feudale Agrargesellschaft den Landarbeitern immerhin noch eine soziale Sicherung in der Großfamilie und durch den Grundherrn bot, war das in der kapitalisti-

↓ Marktplatz mit Blick in die Paffrather Straße 1910. Die Aufnahme stammt von Vinzenz Feckter.

schen Industriegesellschaft zunächst nicht der Fall. Außerdem verbilligte eine einsetzende Landflucht die Arbeitskraft in einem Maße, daß nur durch die Arbeit mehrerer Familienmitglieder, vor allem durch die noch billigere Frauen- und Kinderarbeit, das Existenzminimum erreicht werden konnte. Es wurden zwar Arbeitsschutzbestimmungen erlassen – in

Die untere Hauptstraße in Bergisch Gladbach – damals hieß sie Wilhelmstraße – fotografierte Vinzenz Feckter 1912. Der fotografische Nachlaß des Paffrather Lehrers befindet sich im Besitz des Stadtarchivs.

↖Die sozial enga-
gierte Maria Zanders
(r.) schuf viele Wohl-
fahrtseinrichtungen in
Betrieb und Stadt.

»Volksauflauf« in der
oberen Hauptstraße.
Wenn Lehrer Feckter
seinen Apparat
aufbaute, fanden
sich stets neugierige
Statisten ein.

Preußen ab 1839 –, aber noch 1916
waren Kinder der Schulen Paffrath,
Hebborn, Sand, Heidkamp, Gronau
und Wilhelmstraße (Hauptstraße)
gewerblich beschäftigt – auch an
Sonntagen. Meistens waren es die
eigenen Kinder, die im elterlichen
Betrieb halfen. Für fremde Kinder
wurden Arbeitskarten ausgestellt.
1894 durften Arbeiterinnen über
16 Jahre, z. B. in Meiereien, an allen
Werktagen von morgens 4.00 bis
abends 22.00 Uhr beschäftigt werden.
Als Überstunden – damals sinnigerweise Überarbeit genannt – galten
werktags mehr als 11 und samstags
mehr als 10 Stunden.
Später mußte dann jede Überstunde
genehmigt und den Behörden gemel-
det werden. 1903 leisteten in der
Bergisch Gladbacher Textilindustrie
403 Arbeiterinnen an 40 Tagen noch
7445 Überstunden. 1906 hatte die
Rheinische Wollspinnerei, eine aus
einer Tuchwalkmühle hervorgegange-
ne, heute nicht mehr existierende
Firma, größte Mühe, Überstunden
genehmigt zu bekommen: »Es liegt
momentan eine außergewöhnliche
Häufung der Arbeit vor. Da uns durch

Nichteinhaltung der Lieferungen unbe-
rechenbarer Schaden entstehen würde, dadurch, daß unsere Kundschaft
mit Schadenersatzforderungen an uns
herantritt, so ersuchen wir Sie, unserem Antrag die Genehmigung erteilen
zu wollen.« Von Glück reden konnten
all jene, die bei Zanders in Brot und
Lohn standen. Dieses Unternehmen
nämlich erlebte vor allem unter der

Leitung von Maria Zanders einen Aufstieg, der eng mit sozialem Engagement einherging. Es war zwar mehr
von matriarchalischer Fürsorge als von
gesellschaftspolitischer Überzeugung
geprägt, gleichwohl profitierte die
Arbeitnehmerschaft von Einrichtungen
wie Betriebskrankenkasse, Gesund-
heitsvorsorge mit Werksarzt, Werks-
schwester und Werksfürsorgerin,
Werksschule, Wohlfahrtshaus, Kaffee-
küche, freundlichen Aufenthalts-
räumen und Pensionskasse. Hinzu kam
noch der ganz persönliche Einsatz der
mit dem Ehrennamen »die Mutter«
bedachten Maria Zanders. Sie veran-
staltete Jubilarfeiern und Arbeiterfeste,
gründete eine Suppenküche und
eine Nähschule, gab begabten Söhnen
von Arbeitern und Handwerkern
Unterricht. Schließlich aktivierte sie
auch noch das kulturelle Potential der
Belegschaft, indem sie mit Fabrik-
arbeiterinnen den »Cäcilienchor« ins
Leben rief.

Muttermilch macht stark

Dieses Bemühtsein um den Menschen hat offenbar auch die Stadt beeinflußt, denn schon früh begann sie, eine über das normale Maß hinausgehende Fürsorge zu entwickeln. Dabei hatten die Papierproduzenten auch schon auf andere Weise eine wesentliche Vorleistung erbracht. Sie halfen nämlich »durch eine energische Wasserentziehung des Bodens« den allgemeinen Gesundheitszustand der Bevölkerung zu verbessern. Zuvor hatten Typhus, Wechselfieber und »alle Formen chronischer Rheumatismen« die Bürger geplagt, an denen die allenthalben spürbare Feuchtigkeit aus Sumpfwiesen und bis in die Keller der Häuser steigendes Grundwasser schuld waren. Später hat dann der Bau einer Kanalisation diesen Zustand restlos behoben. Solange aber die Ursache noch nicht beseitigt werden konnte, behalf man sich mit der Behandlung der Symptome. Bergisch Gladbach beteiligte sich an einer mit 150000 Mark ausgestatteten Stiftung zur Bekämpfung der Tuberkulose, die Beihilfen für Heilstättenaufenthalte und häusliche Betreuung der Lungenkranken gewährte. Ein ganz wichtiger Punkt waren Maßnahmen zur Eindämmung einer exorbitant hohen Säuglingssterblichkeit, von der allerdings auch andere Städte und Gebiete betroffen waren.

Aber die Stadt Bergisch Gladbach leistete Pionierarbeit mit der Schaffung einer Einrichtung, die sie als erste in ganz Deutschland einführte und mit der sie »die vollste Anerkennung Ihrer Majestät der Kaiserin« erlangen konnte. Die am 1. August 1904 gegründete »Städtische Kinder- und Kurmilchanstalt« produzierte, »zur Säuglingsernährung geeignete Milch.... indem sie nach dem Professor Biedertschen System die Milch nicht nur sterilisiert, sondern auch dem jedesmaligen Alter und der Verdauungsfähigkeit der Säuglinge anpaßt«. Die dem Städtischen Schlachthof – auch eine Einrichtung zur Hebung der Hygiene – unterstellte Milchanstalt machte Furore. Ihr Ruf drang sogar bis ins schwedische

Uppsala, dessen Stadtarzt zu einer Besichtigung herbeigeeilt kam, ebenso wie der Vorstand des Städtischen Marktamtes zu Karlsbad. »Durch die Kinder für die Nation« – dieser markige Spruch an der Wand des Präparier- und Sterilisierraumes gab das Leitmotiv einer sich als Dienst am Volk verstandenen Arbeit ab. Immerhin ist von allen mit der Anstaltsmilch

Mit der 1904 gegründeten Städtischen Kinder- und Kurmilchanstalt erregte Bergisch Gladbach Aufsehen und Interesse im In- und Ausland.

164

Ruhmreiche Berge!

Neue Folge des „Guten Abend"
Heimatkundliche Beilage der Heiderschen Zeitung, Bergisch Gladbach

Nr. 14   5. April 1929.   6. Jahrgang

Bergische Art
Von Ludwig Traude – Siegburg

Nicht weit im Bogen | *Hilfsbereit!*
Wo gerade es geht! | *Offenen Auges,*
Nicht gleich verzogen, | *Nicht allzu zart,*
Wenn ein Windchen weht! | *Niemand zu Unrecht,*
Wo ein Wort es mag sagen, | *Niemandes Knecht,*
Nicht Schwur noch Eid! | *Frei, – Gott nur fürchtend:*
Wo Schwächere zagen, | *Das ist Bergische Art.*

In der Zeit zwischen den beiden Weltkriegen war die Besinnung auf Volkstum u. ä. stark. Auch das Bergische war, wie man heute sagen würde, »in«.

ernährten Kindern keines gestorben. Die Kindersterblichkeit ging von fast 8 Prozent im Jahr 1903 auf 5 Prozent der Geburten 1906 zurück.

Welch merkwürdige Blüten jedoch auch ein noch so gut gemeintes Bemühen um die Volksgesundheit zu treiben vermochte, zeigt die Veranstaltung einer »Prämiierung der stattlichsten mit der Mutterbrust genährten Säuglinge«. Dieser als Hinweis auf die Bedeutung der natürlichen Ernährung mit Muttermilch ausgetragene Wettbewerb richtete sich vor allem an jene Mütter, »die unter schwierigen Verhältnissen – wie Armut, Schwächlichkeit der Mutter und des Kindes, Krankheit, Kinderreichtum, Witwenschaft, Lohnarbeit der Mutter u. dgl. – ihre Kinder im ersten Lebensjahr gut gepflegt und gewartet haben«. Bei der ersten »Prämiierung«, am 30. September 1905, wurde ein Geldbetrag von 210 Mark an 13 Mütter verteilt.

Von ungleich ernsthafterer und größerer Bedeutung ist da schon das in den Jahren 1894/95 erbaute Krankenhaus »Maria Hilf«, das nicht nur hinsichtlich der Pflegekosten, die damals 1,60 Mark pro Tag betrugen, eine rasante Entwicklung genommen hat. Was daraus geworden ist, zeigt sich heute als unübersehbarer städtebaulicher Blickfang – eine Architektur, die das Therapiebedürfnis einer menschlichen Stadt zu Recht dominant macht.

33 Jahre nach dem Bau des katholischen Krankenhauses »Maria Hilf« auf dem Bocker Berg entstand 1928 die Keimzelle des heute 300 Betten starken Evangelischen Krankenhauses auf dem Quirlsberg, der zweiten »Samariterhöhe« in der Stadt. Im Dezember 1969 erregte es erhebliches Aufsehen, weil ein 1957 neuerrichtetes Bettenhaus wegen baulicher Mängel gesprengt werden mußte – eine selbst für ein Krankenhaus recht ungewöhnliche »Opera-

tion«. 1972 wurde dann das Ersatzhaus errichtet. Mit dem Vinzenz-Palotti-Hospital in Bensberg, das 1958 – auch auf einer Anhöhe – in Betrieb genommen wurde, gehört es zu den drei großen Krankenanstalten in Bergisch Gladbach.

Als Beweis dafür, daß Bergisch Gladbach seine Fürsorge nicht nur einheimischen Bürgern angedeihen läßt, mag die in Moitzfeld angesiedelte »Kurklinik für Rehabilitation« gelten. Hier suchen Patienten aus allen Teilen Nordrhein-Westfalens nach Krankheit und Unfällen Genesung und Wiederherstellung.

Aber auch von einer anderen Seite, die mehr noch dem ursächlichen Bereich zuzurechnen ist, wurde Front gegen Krankheit und Elend gemacht. Die im Jahr 1900 begonnene Beschaffung von Arbeiterwohnungen brachte eine ganz entschiedene Verbesserung der Wohnverhältnisse in der Stadt und damit im Gesund-

→ 1894 wurde der Grundstein zum inzwischen durch einen hochmodernen Neubau ersetzten Krankenhaus »Maria Hilf« gelegt.

↘ Das evangelische Krankenhaus auf dem Quirlsberg (r. u.) kam in wesentlich kürzerer Zeit zu einem Neubau. Wegen Bauschäden mußte ein 1957 errichtetes Bettenhaus wieder abgerissen werden.

↓ In Bensberg gibt es seit 1958 das Vinzenz-Pallotti-Hospital.

heitsbefinden der Bürger. Angeregt vom Vorbild, das Anna und Richard Zanders mit ihrer Gronauerwaldsiedlung gaben, stellte auch die Stadt Geld und Grundstücke für den Bau

166

von Ein- und Zweifamilienhäusern zur Verfügung. Am Piddelborn teilte sie beispielsweise städtisches Terrain in 24 Parzellen zu je 625 qm und bot sie Arbeiterfamilien zu einem Preis von 300 bis 450 Mark an. Damals genügte ein Eigenkapital von 450 Mark, um in den Besitz eines Hauses zu gelangen, dessen Baukosten höchstens 4.500 Mark betrugen. Allerdings hatten sich die Bauherren strengen Auflagen der Hypothekengläubiger zu unterwerfen. So durften sie weder Neu-, An- und Aufbauten vornehmen, noch Kostgänger halten, und auch der Verkauf geistiger Getränke war ohne Genehmigung des Geldgebers nicht statthaft.

In den folgenden Jahrzehnten wandte die Stadt Mittel in Millionenhöhe für die Förderung des Wohnungsbaus auf. Firmen erhielten Kommunalkredite »zum Zwecke der Beschaffung von Wohnungsbauten«. Die Gelder wurden auf dem Anleihe- und Kreditmarkt beschafft. Es ergaben sich Finanzkontakte, auch zur Finanzierung verschiedener kommunaler Einrichtungen, mit Städten wie Köln, Braunschweig, Aachen, Dortmund, Castrop, Berlin, mit der Versicherungsanstalt Rheinprovinz und der Girozentrale der Provinz Brandenburg. Zu den wichtigen Hygiene-Aufgaben seinerzeit gehörte auch der Ausbau der Wasserversorgung – ein Wasserwerk gab es seit 1896 – und der Kanalisation. Beides wurde mit Elan betrieben. Auf diese Weise gelang es Bergisch Gladbach mit Anstand, die unliebsamen Begleiterscheinungen der Industrialisierung in Grenzen zu halten und dem sozialen Anspruch einer stetig wachsenden Bevölkerung gerecht zu werden.

Der Berg hat seine Schuldigkeit getan

Am 10. März 1876 gegen 14.00 Uhr fuhr der 16jährige Bergeleve August Ansorge mit seinen Kameraden Gerhard Klein aus Bensberg und Aegidius Preuß aus Juck bei Immekeppel durch den Conrad-Stollen in die Grube Apfel ein. Noch ahnte er nicht, daß er nicht heil unten ankommen würde, aber Minuten später setzte der Absturz des Förderkorbs seiner gerade begonnenen Tätigkeit als Bergmann ein vorläufiges Ende.

»Am Stollenmundloch hatten sich viele Leute versammelt«, erzählte er später, »da sich die Kunde von dem Unglück sehr schnell verbreitet hatte. Es würde so gegen dreieinhalb bis vier Uhr sein, als ich ans Tageslicht kam. Aber wie sah ich jetzt aus, hingegen vor zwei Stunden, wo ich als munterer Bergeleve in die Grube fuhr. Ich lag jetzt auf dem Boden des Wagens zusammengekrümmt, das linke Bein wie ein abgedrehter dicker Klumpen, Hose und meine Umgebung alles voll von Blut, die Gesichtsfarbe gelb und grünlich.«

Am 27. Oktober 1978, 102 Jahre später, entsteigen 16 Bergleute dem Hauptschacht der Grube Lüderich gemeinsam mit der symbolischen Fracht der letzten Lore. Sie wissen, daß die Schließung der Grube unabänderlich ist, denn die Lagerstätten sind aufgebraucht.

167

Die 16 Bergleute der Grube Lüderich, deren Gesichter noch die Dunkelheit aus 400 m Tiefe abschütteln, greifen zum Glas. Ihre Stimmung ist ernst, aber gefaßt. Die Kameras der Zeitungsfotografen klicken. Die letzte Tonne wird in die Mitte genommen für ein Abschiedsbild. Sie ist die letzte von 10 Millionen Tonnen Erz, die hier zur Gewinnung von Zinkblende und Bleiglanz – Rohstoff für 1 Million Tonnen Blei und Zink – zutage gefördert wurden. Etwas mehr als 10 Prozent betrug der Anteil der Grube Lüderich an der Gesamtproduktion der Bundesrepublik. Auf die Verhältnisse des Steinkohlebergbaus übertragen, entspricht das ungefähr dem Anteil der Saarkohle an der deutschen Steinkohlenförderung.

Der 16jährige Bergeleve August Ansorge wurde nach 8monatigem Aufenthalt im Bensberger Krankenhaus – »18 Wochen lang habe ich platt im Bett gelegen und in dieser Zeit dreimal, wie man zu sagen pflegt, am Himmelspförtchen geklopft« – als geheilt entlassen: »Ich kann ohne Stock ordinär schnell, ziemlich lange und auch gut gehen. Sonstige Fehler und Gebrechen habe ich von dem Falle her nicht behalten.« Er wechselte von der Grube Apfel, wo ihn das Unglück ereilte, zur Grube Columbus bei Immekeppel.

Für die 180 Lüdericher Bergleute indes gibt es im Jahr 1978 weit und breit nichts mehr zum Wechseln, denn mit der Schließung ihrer Grube, in der Chemiker 1877 ein bis dahin unbekanntes Metall, das sie Gallium nannten, entdeckten, hat er aufgehört zu existieren, der Bergbau im Bensberger Revier. Mit ihm verabschiedet sich ein traditioneller Industrie-

zweig, der in seiner Blütezeit 3000 Beschäftigte zählte und im Begriff war, der benachbarten Papierindustrie den Rang abzulaufen.

Schon im Mittelalter hatten mit sogenannten »Mutscheinen« ausgestattete Bürger den Bensberger Boden ringsum durchwühlt. Ungeachtet des sozialen Standes konnte jedermann, falls er einen Fundort samt dem abzubauenden Material zu beschreiben wußte, einen solchen Mutschein auf Antrag erlangen. Die zuständige Instanz war der Bergmeister als Beauftragter des landesherrlichen Bergrats. Neben Bauern beteiligten sich Gewerbetreibende, Beamte, Offiziere und Geldleute an den Schürfungen, die so etwas wie einen Goldrausch mit unzähligen Einzel-

die unter dem Namen »Traß« den Kalkbrennereien zustatten kam. Kurz darauf, im Jahre 1723, wurde man auch im Frankenforst fündig. Es entstand das Braunkohlenbergwerk »Alfred«, das der Volksmund »Traßkaule« taufte und das bis 1919 existierte. Straßennamen wie Braunkohlenstraße, Alter und Neuer Traßweg erinnern an die Zeit, ebenso wie Schürfgräben und Haldenreste im Milchborntal und in der Hardt.

Im 19. Jahrhundert entwickelte sich dann aus dem aufgesplitterten, auf viele Konzessionäre verteilten Montangewerbe eine Industrie. Neue Verhüttungsverfahren, vor allem für Zink, ließen den bisher weniger beachteten Rohstoff Zinkblende in den Mittelpunkt des Interesses rücken. Das »Know-how« aber hatten die Belgier und gleichzeitig auch das Kapital dazu. So kam die Grube Lüderich, die am reichhaltigsten mit Erz versehene Lagerstätte, 1852 in den Besitz der »Société anonyme des Mines et Fonderies de Zinc de la Vieille Montagne«, also in die »AG des Altenbergs«.

Zur gleichen Zeit entstand zwischen Bensberg und Bergisch Gladbach die Zinkhütte, der sich später eine Schwefelsäurefabrik anschloß. Sie gelangte in den Besitz der nach dem schwedischen Chemiker Freiherr Jöns Jacob von Berzelius benannten Gewerkschaft »Berzelius«, die im Volbachtal bei Herkenrath eine Grube betrieb. Einen dritten Großbetrieb schließlich eröffnete die »Stolberger Zink AG« mit der Grube »Weiß« bei Moitzfeld. Diese drei Gruben waren es auch, die alle anderen überdauerten – mehr als 50 an der Zahl – und den drei unvermindert fortbestehenden

← Die mit Akribie notierte Krankengeschichte des verunglückten Bergeleven August Ansorge stellt ein interessantes Zeitdokument dar. Es befindet sich im Besitz des Stadtarchivs.

↓ Die Betriebsanlagen der stillgelegten Grube Lüderich werden noch lange das Landschaftsbild bei Untereschbach bestimmen.

← Die Grube ist leer. An dieser Stelle wird nie wieder eine Förderung möglich sein.

aktionen auslösten. Es brach eine regelrechte Jagd nach Eisenerz und Eisenstein, Kupfer-, Blei- und Quecksilbererzen an. Dann fand man Braunkohle in Heidkamp und Zederwald,

169

→ Die Grube Weiß in
Moitzfeld kurz vor der
Stillegung im Jahr
1930.

↑ Zeitweise nahm das
Schürfen nach Metal-
len im Bergischen
Formen des Goldrau-
sches in Kalifornien

an. Erschließung von
Eisenerz im Weiden-
busch bei Paffrath vor
der Jahrhundert-
wende.

→ Zinkhütte »Berze-
lius« um 1910. Heute
ist das zwischen Glad-
bach und Bensberg
gelegene Gelände
Industriegebiet.

↑ Kalkwerk an der
Jakobstraße; der Kalk-
abbau war eine der
Grundlagen für das
Bergisch Gladbacher
Gewerbe.

→ Dicht neben der
Bensberger Straße
baut die Gladbacher
Firma Cox hochwerti-
gen Dolomit ab.

Eigentümergesellschaften Vorteile verschafften – aber auch Verdruß. 1924 wurde die Grube »Berzelius« stillgelegt und zur Zeit der Weltwirtschaftskrise 1930 auch die Zinkhütte, auf deren ehemaligem Gelände sich heute das bevorzugte Gewerbegebiet Bergisch Gladbachs befindet. Die Grube »Weiß« stellte 1931 ihre Förderung ein. Am längsten also hielt sich die Grube Lüderich, die jedoch zweimal schon am Rande einer Schließung stand, 1931 und 1957, jedesmal mit Massenentlassungen. 1934 waren es die Autarkiebestrebungen des herrschenden NS-Regimes, die der belgischen Gesellschaft mit der Gründung der »AG des Altenbergs für Bergbau und Zinkhüttenbetrieb« mit Sitz in Essen eine Eindeutschung und zugleich auch die Wiederbelebung der Bensberger Grube bescherten. Nach 1945 diktierte wieder der Weltmarkt mit seinem auf den US-Dollar fixierten Verrechnungssystem Wohl und Wehe der Lüdericher Erzgrube. Anfang der fünfziger Jahre, zur Zeit des Koreakrieges und einer weltweiten Metallverknappung, gab es auf der Grube den Rekordstand von rund 1000 Beschäftigten. Das darauf folgende Ab und auch wieder Auf vollzog sich im Rhythmus der Weltabsatz-Schwankungen und des Dollarkurses und mündete trotz aller Bemühungen um eine rationale Förderung in die endgültige, unwiderrufliche Einstellung der Produktion am 31. Oktober 1978. Die Grube ist leer, und auch das sogenannte Flotationsverfahren, das alten Haldenbeständen noch für die Verhüttung geeignetes Material entrang, gibt nichts mehr her. Nur neue Lagerstätten könnten dem Bensberger Bergbau wieder auf die Beine helfen. Diese sind auch vorhanden, können aber in absehbarer Zeit nicht abgebaut werden. Dabei ist es kein technisches Problem, das sich hindernd in den Weg stellt, sondern ein energischer Bürgerprotest. Schon 1975 hatte die AG des Altenbergs auf dem Gelände des Bensberger Güterbahnhofs den Schacht »Olefant« abzuteufen begonnen – in unmittelbarer Nähe von Wohngebieten. Die Staub und Lärm befürchtenden Anwohner schlossen sich zusammen. Die Stadt lehnte eine Baugenehmigung für die oberirdischen Schachtanlagen ab. Ein bis Oktober 1978 andauernder Rechtsstreit brachte der Gesellschaft in erster Instanz ein positives Urteil, aber auch die Einsicht, daß wohl zu viel Zeit verstrichen sei, um nun noch mit wirtschaftlich vertretbarem Ergebnis an den Abbau gehen zu können, zumal die Stadt Berufung gegen das Urteil eingelegt hat. – Bergbau in einer Wohnstadt, das wirft Fragen auf, die in unserer Zeit nicht mehr bloß an ökonomischen Fakten gemessen und entschieden werden.

Das hat Ende der sechziger Jahre schon ein anderer Zweig des Bergbaus erfahren müssen. Damals reagierte die Öffentlichkeit mit Unruhe und strikter Ablehnung auf Pläne eines Wülfrather Werkes, das einen Großabbau von Dolomit projektierte. Dolomit ist ein Mineral, das der Glas- und Stahlindustrie als notwendige Produktionszutat dient. Die seit 1869 bekannten Bergisch Gladbacher Lagerstätten enthalten besonders hochwertigen Dolomit, der natürlich zur Verwendung reizt. So betreiben denn auch die heimischen Cox-Kalkwerke, letzte Vertreter der

→ Die Overather Straße (B 55) ist in den Jahren 1823 bis 1831 als »Aggerstraße« angelegt worden. Lange Zeit war sie ein fast verträumt wirkender Zuweg zu den Schlössern von Bensberg.

172

einstmals in Blüte stehenden Kalkindustrie, im Lerbacher Gebiet
zwischen Bensberg und Bergisch
Gladbach einen Dolomitabbau, der
wegen seiner versteckten Lage von
der Bevölkerung kaum wahrge-
nommen wird. Als aber die Wülfrather
Wünsche ruchbar wurden, beun-
ruhigte das die Bürger wegen der
beabsichtigten Dimension über alle
Maßen. Die Städte Bensberg, Bergisch
Gladbach und Köln (das die Erho-
lungsinteressen auch seiner
Bewohner gefährdet sah) bezogen
einheitlich Stellung gegen die Schürf-
pläne. Den besten Dolomit gibt es
übrigens direkt unter dem Bensberger
Rathaus. Doch da dürfte er sicher
liegen – jedenfalls so lange, wie
Bürger- und Stadtbewußtsein sich das
selbstgesetzte Zeichen nicht unter-
minieren lassen.

Die Zeit der Industrialisierung war
zugleich die Periode des Straßenbaus.
Verkehrs-, Transport- und Handels-
wege waren Folge und Impulsgeber
der neuen Entwicklung. Was heute
ein hochkomplizierter Verbund ist,
begann damals mit dem Bau der
Aggerstraße in Bensberg und der
Wipperfürther Straße in Bergisch
Gladbach. Im Gegensatz zu den
alten Wegen (wie dem Mauspfad, der
nur im Bergischen so heißt und ein
Teil des ersten Heer- und Handels-
pfades zwischen Nordsee und
Mittelmeer ist) heißen die neuen
Verkehrswege »Kunststraßen«. Sie
bevorzugen die breiten Täler der
größeren Flüsse anstelle der bis dato
benutzten Höhenweg-Trassen. In den
Jahren 1823 bis 1831 wurde die
»Aggerstraße«, die heutige B 55, auf
Bensberger Gebiet angelegt. Dabei
erwies sich zweierlei als besonders

schwierig: einmal die Bürger zur
Hergabe ihrer Grundstücke – Plätze,
Höfe, Gärten, Wiesen, Busch und
Land – zu bewegen, zum anderen die
erhobenen Zwangsbeiträge einzutrei-
ben. Teilweise mußte die Gemeinde
die Beiträge vor dem Königlich Preußi-
schen Friedensgericht einklagen.
Die vom Landrat festgestellten
Kosten der Planierungsarbeiten für

→ Die Brüderstraße
von Frankenforst nach
Untereschbach. Ihr
Name geht auf einen
Brudermord zurück.
Die Inschrift auf dem
Steinkreuz lautet:
»1536 den 21. dece-
ber ist Dirrich Rütger
der jünger zu Drols-
hage hür ermord«.

→ Täglich Lustheide–
Hoffnungsthal und zu-
rück. Mit dem Trans-
portdreirad beför-
derte Fahrer J. J.
Schmitz Dynamit zum
Hoffnungsthaler Tun-
nelbau.

← Abbruch der Bahn-
strecke Bergisch
Gladbach–Lindlar bei
Immekeppel, Klefhaus
in den 60er Jahren.

die Aggerstraße betrugen 4198 Thaler,
17 Silbergroschen und 6 Pf. Sie
wurden auf die Grundsteuer umge-
legt. 1853 wurde die neue Talstraße
Mülheim - Bergisch Gladbach - Dürscheid - Kürten - Wipperfürth fertig-
gestellt.
Von den alten Wegen existieren heute
noch der Wolfsweg, der sich von der
Erdenburg bis Troisdorf 15 km durch

den Königsforst erstreckt – früher ohne ein Haus, geschweige denn eine Ortschaft zu berühren; parallel dazu der Rennweg und die Brüderstraße, die den Frankenforst mit dem Sülztal verbindet und ihren Namen der Sage nach einem Brudermord verdankt.

Die Wege, Straßen und Plätze, die bis auf einen kleinen Teil der Schloßstraße allesamt ungepflastert waren, standen unter strenger Aufsicht. Am 8. Juli 1862 beobachtete der Wegewärter Leffelsand ein in seine Kompetenz fallendes »Verkehrsdelikt«, das er mit folgender Anzeige dem Bensberger Polizeigericht zur Kenntnis gab: »Der Anton Heuser, Dienstknecht des Anton Krämer Gastwirth zu Bensberg wohnhaft, wird von dem Unterzeichneten zur Anzeige gebracht, weil derselbe am 8ten July dieses Jahres des Morgens um 9 Uhr mit einer Pferdekarre mit Dünger geladen, über Gemeinde-

Eigenthum der Bürgermeisterei Bensberg gefahren ist, in der Richtung zwischen dem Garten der Witwe Alexius zu Bensberg und dem Wege welcher von der Post aus nach dem Schloß führt, welches dem Anton Krämer aber schon vorher polizeilich verboten war.« Das Gericht jedoch ließ Gnade vor Recht ergehen und sprach unter dem Datum des 5. August 1862 »den Beschuldigten von Strafe und Kosten frei«.

Dem Straßen- folgte der Eisenbahnbau, dem aber die Topografie enge Grenzen setzte. Praktisch gab es nur die Strecke Köln - Mülheim - Lindlar - Hommerich. Die 1882 vom preußischen Staat übernommene »Bergisch-Märkische Eisenbahngesellschaft« eröffnete 1868 den ersten Streckenabschnitt bis Bergisch Gladbach. Die Verlängerung dieser liebevoll »Jläbbiger Jrietchen« getauften Bahn bis Bensberg folgte 1870, erst 1890 Bensberg – Hoffnungsthal, 1891

18 Minuten beträgt die Fahrzeit von Bergisch Gladbach, Stadtmitte, bis zum Kölner Hauptbahnhof.

Der S-Bahnhof Bergisch Gladbach, Endstation der S-Bahnstrecke Köln–Chorweiler– Bergisch Gladbach.

Hoffnungsthal – Immekeppel und nach langer Unterbrechung 1912 die Fortsetzung nach Hommerich.

Eine nach langer und lebhafter Diskussion projektierte Eisenbahnverbindung Bergisch Gladbach – Wipperfürth wurde immer wieder verschoben und nach dem 1. Weltkrieg endgültig aufgegeben, obwohl die Vermessungsarbeiten bereits abgeschlossen waren. Auf diese Weise blieb ihr jedenfalls das Stillegungs-Schicksal erspart, das in den sechziger Jahren die Stichstrecke Bergisch Gladbach – Lindlar ereilte. Nur noch einige Güterzüge rumpeln ein paarmal in der Woche zum Bensberger Güterbahnhof. Weiter geht es nicht, denn danach ist nichts mehr. Der Schienenstrang ist in die Schmelze gewandert, und die Eichenschwellen zieren, frisch karboniert, so manchen bergischen Vorgarten. Einige Jahre zuvor war bereits die ab 1906 über Thielenbruch nach Bergisch Gladbach hinausführende Kleinbahn eingestellt worden. Diese Verkehrsverbindung wollte die Stadt ursprünglich gern als eigenes Unternehmen inszeniert und betrieben und sogar noch bis Wipperfürth verlängert haben. Aber diese Absicht »ist durch die Konkurrenz der Großstadt Cöln vereitelt und damit die erhoffte neue Erwerbsquelle verschlossen worden«. Im nachhinein betrachtet, war es sicher gut so, denn das hat der Stadt ein garantiert defizitäres Unternehmen erspart. – Geblieben hingegen sind die nunmehr als S-Bahn eingerichtete Strecke Bergisch Gladbach – Köln und die Straßenbahnverbindung Bensberg – Köln, 1906 zunächst bis Brück gebaut und 1913 dann bis Bensberg verlängert. Die Straßenbahnstrecken haben vielen Kölnern Lust zum Siedeln in Bensberg und Bergisch Gladbach gemacht und damit den Wohncharakter der Stadt betont.

Acht
Stunden sind
eine Tour

Schon lange hatte ich eine Umrundung meines Wohnorts geplant. Und mein Sohn Stefan hatte sich bereit erklärt, mich auf dieser Tour zu begleiten. Angesichts der ausgedehnten Flächen von Bergisch Gladbach schien es uns ratsam, das Rad zu benutzen.
Aber kann man denn auf Stadtgrenzen radfahren? Bedarf es nicht eines Rudi Altig oder Hennes

Mit dem Fahrrad auf großer Grenzfahrt. Nicht immer sind Wege und Straßen, wie hier zwischen Gladbacher und Odenthaler Gebiet, mit der Stadtgrenze identisch.

Junkermann, um die bergischen Täler und Hügel unter die Pedale zu nehmen?

Wir studierten die Wanderkarte und den Stadtplan. Ziemlich auf den ersten Blick war uns klar, daß nur an den wenigsten Stellen eine direkte Grenzbefahrung möglich sein würde. Ein bizarres Gebilde, so eine Grenze – die Demarkationslinie eines kompliziert gewachsenen und zum Teil mühsam konstruierten Ausgleichs zwischen Hunderten von Ansprüchen und Interessen an Feld, Wald, Wiese. Die Sonne scheint, und die Tempera-

Kamera durch das Torgitter auf das weiße Betriebsgebäude richte, tönt eine Stimme aus der Sprechanlage: »Wofür fotografieren Sie das?«
Wir schlagen uns seitwärts in die Büsche. Ein schmaler Pfad führt in nördlicher Richtung auf einen breiteren Weg. Der Karte nach radeln wir jetzt direkt auf der Grenze. Den amtlichen Beweis dafür liefert uns etwas später das Ortsschild »Köln – Ortsteil Dellbrück«. Beningsfeld heißt die schmale Straße, die an dieser Stelle die Adresse für das neue Verbundklärwerk der Stadt mit

↑ Das Refrather Wasserwerk liegt auf der Stadtgrenze nach Köln. Hier beginnt ein Kreislauf, der . . .

→ . . . im nicht weit davon entfernt liegenden Verbundklärwerk der Stadt endet.

tur liegt bei etwa 20° C. Es ist Viertel vor zehn. Nach 5 Minuten Fahrt haben wir den ersten Grenzkontakt, und zwar am Refrather Wasserwerk, mit 58,5 m über dem Meeresspiegel tiefster Punkt des Stadtgebietes. Etwas auf Distanz gehalten werden wir aber schon, denn die 1947 erbaute Versorgungsanlage ist gut abgeschirmt. Als ich das Objektiv meiner

seinen beiden schwarz umkleideten Faultürmen abgibt. Von überall her finden die Abwässer der Stadt ihr notwendiges Gefälle bis zu diesem Punkt – Endstation eines Kreislaufs, der nur wenige hundert Meter entfernt im Wasserwerk beginnt. Von hier geht es zur Gierather Mühle. Dieses Ausflugslokal hat geschlossen, läßt aber keinen Zweifel an einer ange-

nehmen und gern beanspruchten Gastlichkeit aufkommen.
Wir verfolgen ein schönes, glattes Stück Weg bis zum Schlodderdicher Weg am Wohnplatz Gronau. Die

scharf getretener Rücktritt unseren Abschwung. Wir biegen links, direkt gegenüber der Hermann-Löns-Straße, in einen schmalen Weg, der ein auf Kölner Seite gelegenes Naturschutz-

←Einladende Ausflugslokale wie die Gierather Mühle . . .

Grenze schwenkt scharf nach Westen. Wir ignorieren ihre Abweichung in der Gewißheit, sie am Duckterather Weg wiederzufinden. Zuvor aber zwingt uns der Schlodderdicher Weg mit einer langgezogenen Steigung in den 1. Gang. Die Ampel springt auf Rot und stoppt jäh unseren Anlauf auf den sich noch steiler fortsetzenden Anstieg. Die L 286 genießt ihre Grünphase. Sie ist eine der ältesten »Kunststraßen« des Kreises. Hier trennt nur ein schmaler Waldstreifen das Stadtgebiet vom vornehmen Kölner Wohnviertel Thielenbruch – Endstation der Straßenbahn, die in entgegengesetzter Richtung Verbindung bis Bonn-Bad Godesberg hat. Den Scheitelpunkt der Steigung auf dem Duckterather Weg bildet die Brücke über die S-Bahn, eine zeitgemäße Schnellverbindung zwischen den benachbarten Großstädten: 18 Minuten vom Kölner Dom zur Gladbacher City. Nun bremst ein

gebiet vom Wohnort Hand trennt. Ausgeblühte Weidenkätzchen streicheln uns im Vorüberfahren. Den nächsten Stop beschert uns die Paffrather Straße – B 506 –, und zwar exakt dort, wo sie im Bergisch Gladbacher Bereich zwiespältig wird: rechts Hand- und links Dellbrücker Straße. Wir bevorzugen die sich etwas bescheidener hinzugesellende Heinrich-Strünker-Straße – natürlich nur wegen ihrer besonderen Lage – immer an der Grenze lang! Das geht glatt und ohne Umschweife bis zur Diepeschrather/Katterbachstraße. Diepeschrath löst bei meinem Sohn sogleich einen Erfrischungsreflex aus: »Sollen wir nicht kurz zur Diepeschrather Mühle ranfahren, ein Eis essen?« Ich gebe zu bedenken, daß wir noch gar nicht so lange unterwegs seien, aber ich sehe nur noch eine über den Lenker gebeugte Rückenfront in Richtung Mühle davonstrampeln.

↑ . . . und die Diepeschrather Mühle säumen die Grenzmarken von Bergisch Gladbach.

180

Im Hof der Gaststätte herrscht Hochbetrieb. An mehreren zusammengeschobenen Tischen kühlen Anhänger einer ostasiatischen Kampfsportart ihre erhitzten Körper mit Kölsch. Ein Pferd sucht im Moment der Erleichterung durch den absitzenden Reiter eigene Wege, wird aber von einer couragierten alten Dame daran gehindert. Der Reitersmann bedankt sich artig verlegen.
Wir streben über einen neben dem Lokal gelegenen Bauernhof wieder der Stadtgrenze zu. Indem wir Paffrath an seiner äußersten Peripherie

Wir überqueren die L 101, hier geht es über Odenthal zum wohl beliebtesten Ausflugsziel der Umgebung hinaus: zum Altenberger Dom mit seinen herrlichen goldenen Fenstern und gotischen Säulen. Zwischen dem Hardt Hof auf Kölner und der Straße Am Kluthstein auf Gladbacher Gebiet verläuft die Stadtgrenze. Linker Hand liegt ein Sportplatz. Er gehört zur Erholungsanlage der Chemischen Fabrik Kalk in Köln. Mit seinem saftig-frischen Grün sieht er so aus, als ob er gleichzeitig Demonstrations- und Werbeobjekt für einen firmeneigenen Kunstdünger wäre.
»Was ist denn das für eine Wand?« Ein von einer dunklen Holzwand eingezäuntes weitläufiges Gelände mit hüttenähnlichen Aufbauten läßt

umfahren, gelangen wir durch herrlichen Buchenbestand und die Waldsiedlung Heidgen zum Klutstein. Ein gelbes Ortsschild ist unser Grenz-Signal.

meinen Sohn fragen. »Die Wand schützt eine Nudisten-Anlage vor neugierigen Blicken.« »Wie am FKK-Strand?« »So ähnlich.« »Kann man da mal rübergucken?« »Besser nicht!« Wir steuern genau in den Dünnwalder Weg, der hier die Grenze zwischen Schildgen, genauer gesagt Hoppersheide, und dem Leverkusener Schlebusch bildet.

Nachdem wir die als K5 ausge-
wiesene Bensberger/Leverkusener
Straße überquert haben, sind wir
in Nittum. Mir kommen Prozeß und
Verbrennung der als Hexe verfolgten
Katharina Güschen, genannt Scheur
Tring, aus Nittum in den Sinn. Sie war
die letzte von vielen, die hier im
finstersten Mittelalter diesem Wahn
zum Opfer gefallen sind. Eine freundliche Nittumerin, die sicherlich auch
damals nichts zu befürchten gehabt
hätte, weist uns den Grenzweg. Dicke
Knubbeln von der Frühjahrsbestellung
des anliegenden Ackers lassen
unsere Räder bis zur L288, der
Odenthaler/Schlebuscher Straße,
hopsen.
Links ab und hinter der Brücke
gleich wieder rechts! Hier ist es die
Dhünn, die von Pappeln besäumt und
kleine Wehre bildend die Grenze
darstellt. Ihr klares Wasser gleißt im
Gegenlicht. Uns gefällt dieses Landschaftsbild sehr. Besonders begeistert
ist mein Sohn von dem immer
schmaler werdenden Pfad, der nach
den Pappeln dicht an einer Fichten-
schonung vorbeiführt und schließlich
in einen hellen Eichen- und Buchenwald mündet. Vorbei am Hover Hof
müssen wir dem Lauf der Dhünn
folgen. Erst eine ganze Strecke in
Richtung Odenthal – unsere Grenze
hat sich inzwischen aufs Trockene
gerettet – erreichen wir erneut die
L101. Kehrt marsch über die Brücke
hier und dann gleich links! Ein
Asphaltsträßchen bringt uns an den
Anfang einer neuen Erfahrung. Hier
nämlich beginnen die Probleme mit
der Topografie. Bisher sind wir von
unseren Stahlrössern nur zum Karten-
lesen und Fotografieren herunter-
gestiegen, nun müssen wir schieben.

Wir verlassen keuchend die radfahr-
freundlichen Niederungen des
Stadtgebietes. Bergisch Gladbach
macht dem ersten Teil seines Namens
Ehre und zeigt sich von seiner
anstrengendsten Seite.
Den von Wohn-Individualisten
bevorzugten Ableger Schildgens
mit dem so ostpreußisch klingenden
Namen Kalmünten lassen wir rechts
liegen. Im Schuß erreichen wir
Buschhorn, eine der perfekten
Fachwerkidyllen, an denen es der
Stadt nicht mangelt, und uns ereilt der
Hunger. Wie auf Bestellung bietet sich
der Hinweis auf ein Waldrestaurant
an. Es müßte noch auf Bergisch
Gladbacher Gebiet liegen. Wie sich
dann aber herausstellt, ist es das
erste Haus jenseits der kommunalen
Demarkationslinie. Wir »gehen
fremd«.
Nach knapp einer Stunde sitzen wir
wieder auf und spüren dabei schon
den beim Radfahren empfindlichsten
Körperteil. Aber es ist noch nicht
beschwerlich, zumal wir nach der
Überquerung der L270, der bis ins
Herz der Stadt zielenden Odenthaler
Straße – es ist bereits die dritte, die
diesen Namen trägt – wieder aus den
Sätteln müssen. Bis Oberholz – zwei
Häuser auf einem Bergrücken –
muß ein Höhenunterschied von nahe-
zu 70-90 Metern geschafft werden.
Oben angelangt, ist ein überwäl-
tigender Fernblick die Belohnung:
Vor dem blauschimmernden
Siebengebirgs-Panorama heben sich
die Silhouetten des Bensberger
Schlosses und des hochragenden
St.-Nikolaus-Kirchturms ab. Wie die
Landschaft Grün, Braun, Weiß und
Blau mischt, ist ihr sonnenbedecktes
Geheimnis. Es könnte sein, daß

solch ein Anblick den Anton Wilhelm Florentin von Zuccalmaglio, einen Bruder des Bergischen Heimatdichters Vincenz von Zuccalmaglio, Vers und Melodie zu seinem folkloristischen Evergreen »Kein schöner Land in dieser Zeit« dichten und komponieren ließ.

Die von hier weiterführende Bauernstraße hält Grenze und Niveau. Hinter

Grünenbäumchen an der B506, die wir bei ihrem Eintritt ins Stadtgebiet schon mal kreuzten, scheint uns der Grenzverlauf im unwegsamen Gelände zu versickern. Wir halten uns deshalb bis Eikamp auf der Bundesstraße, der alten Höhentrasse nach Wipperfürth.

»Zur alten Linde« heißt die Abzweigung, der wir recht und schlecht bis Unterthal nachkommen können. Hier haben wir zum zweiten Mal Berührung mit der L286, die hier Kürtener Straße genannt wird. Es ist dies die später gebaute Talstraße

nach Wipperfürth. Im Stadtgebiet wird sie Hauptstraße geheißen und glänzt mit dem attraktiven Anlieger-Wechsel von Kommerz und Kultur.

Inzwischen ist es 16.00 Uhr geworden und damit Zeit für eine Pause. »Mann, ich hab' gar nicht gewußt, daß Bergisch Gladbach so groß ist.« Mit einem Seufzer aus tiefstem Grunde sinkt mein Sohn samt Rad zu Boden. Wir sitzen unter Eichen inmitten eines Ensembles von Landmaschinen: verschiedene Pflüge, Eggen, Walzen. »Bergisch Gladbach besteht zu fast 80 Prozent aus Feld, Wald und Wiese, und nur 1,3 Prozent aller Leute, die einem Beruf nachgehen, arbeiten in der Landwirtschaft«, glänze ich mit meinen speziellen Kenntnissen. Aber noch bevor es hätte anfangen können, geht das Gespräch im Kauen unter. Hartgekochte Eier und Orangen – so eine Art eiserne Reserve – muntern uns schließlich wieder auf.

»Keller« nennt sich die Häusergruppe am Ende des Feldweges. Dort empfängt uns der gepflegte Asphalt der Dürschtalstraße, der L298. Wir beradeln sie fröhlich in flotter Fahrt und bringen ein Hoch aus auf den Erfinder der Talstraßen. Ihr frontales Zusammentreffen mit der L284, der die Sülz begleitenden Lindlarer Straße, stürzt uns in einen Gewissenskonflikt: Wollen wir unseren Grenzanspruch so eng wie möglich auslegen, erwartet uns wieder anstrengendes Auf und Ab und das Risiko, unsere Radtour womöglich im Dunkeln beenden zu müssen. Bleiben wir unten, ist das zwar eine größere Mogelei, aber wir schaffen es im Hellen, müssen uns nicht so quälen – und Immekeppel und

← Gut markierte und interessant geführte Wanderwege erschließen dem Naturfreund die schöne Landschaft.

Die Silhouetten von
Schloß und Kirche zu
Bensberg grüßen den
Wanderer an vielen
Punkten des zu
80 Prozent grünen
Stadtgebietes.

Untereschbach gehörten ja schließlich bis zur Städte-Fusion zu Bensberg. Untereschbach – hier stelzt die Bundesautobahn A4 über Straßen und Siefen: 20 Minuten bis Köln mit Abzweigungen in alle Himmelsrichtungen, 40 Minuten bis Olpe mit Anschluß an die Sauerland-Linie Dortmund - Frankfurt.

Kurz nachdem wir die BAB unter- und

die parallel dazu verlaufende B55 überquert haben, windet sich rechts die Brüderstraße steil hinauf. Hier hilft es nichts – wir müssen hoch. Wir schieben ganz gewaltig. Wir müssen die Landschaft regelrecht bezwingen. Allerdings sind es nicht die »Siefen« genannten, unzugänglich engen Falten, in die sie sich gelegt hat. Der Anstieg hier ist großzügig und führt uns in den hervorragend erschlossenen Königsforst.

Die letzte Etappe beginnt. Wir treffen auf einen Gedenkstein, den Ada und Carl Deichmann »Zum Gedenken an Ferdinand Schwamborn, 1884 - 1963, dem vorbildlichen Betreuer des Tütbergs in Dankbarkeit« gewidmet haben. »Ich möchte mal wissen, wie man den Tütberg betreuen kann?«

Die Frage meines Sohnes beantworte ich mit einem gemurmelten Hinweis auf Landschaftspflege und Artenreichtum des Waldes hier. Unmittelbar vor Forsbach tritt der Tütbergweg aus dem Wald, überspringt die L288 und verliert seine Identität in einer sich zu einem kompletten Adersystem entwickelnden Verzweigung. Wir steuern ein in der Nähe liegendes Ausflugslokal an. Währenddessen hat Stefans Hinterrad die Luft verloren. Nach sechsminütiger Reparatur bleibt wieder welche drin.

Der südlichste Zipfel des Stadtgebietes ist Treffpunkt von 6 Wegen und dem Gieselbach. Eine Schutzhütte markiert den Platz. Von hier sind es nur knapp 10 Minuten zum Köln/Bonner Flughafen Wahn: jeweils 50 Flugminuten nach Hamburg, Berlin und München. In der Zeit unserer Stadtumrundung hätten wir auch in New York, Nairobi oder Karatschi sein können. Im Augenblick jedoch ist für uns der Wolfsweg von größerem Interesse. Allerdings müssen wir wieder mal schieben, aber es gibt noch eine Stelle, wo uns ein Blick auf den Kölner Dom – über Baumwipfel hinweg – dafür entschädigt, und etwas weiter sehen wir Bensberg über den Bäumen thronen.

Wir lassen für einen Moment das Bild auf uns wirken. Der Klasheider- und der Flehbach Mühlenweg führen noch durch den Wald, dann hat Refrath uns wieder. Die Uhr zeigt 19.40. »Was schätzt Du, wieviel Kilometer das waren?« Stefan schaut mich fragend an. Ich habe von einem freundlichen Beamten der Stadt, der dienstlich ein Gerät zur Feststellung von Entfernungen bedient, unsere Tour »nachfahren« lassen: Es waren genau 55 Kilometer.

Diktatoren und Demokraten

Die historisch und politisch bedeutsame Rolle unter den Orten im Stadtgebiet hat ohne Zweifel Bensberg gespielt. Es ist die strategisch günstige Lage des Geländes, das – nur von einer Seite her zugänglich – einen markanten Standort für eine Befestigungsanlage abgibt und Bensberg als »Riedelsporn« aus dem näheren und weiteren Umfeld heraushebt. Die Grafen von Berg erblicken in diesem Platz auf dem bergischen Höhenrand eine wehrhafte Abgrenzung zum Machtbereich des Kölner Erzbischofs. Nachdem die alte fränkische Einteilung des Reiches im frühen Mittelalter in Gaue zerfallen war, hatten sich im 10. und 11. Jahrhundert Grafschaften gebildet. Das Territorium zwischen Rhein, Ruhr und Sieg wird zum Einflußbereich der Grafen von Berg, die ihren Namen von ihrer »Berg« genannten Burg oberhalb des linken Dhünnufers in unmittelbarer Nähe des Zisterzienserklosters Altenberg herleiten. Daher rührt gleichzeitig auch die Bezeichnung »Bergisches Land«. 1133 verlassen die Grafen von Berg ihren Stammsitz und verlegen ihre Residenz nach Burg an der Wupper. Von da an wird Berg zu Altenberg. Zielstrebig bauen die Grafen ihre Grafschaft aus. Sie erwerben weitere gräfliche Rechte, zu ihrer Vogtei Werden kommen noch

Zeichen und Siegel, Ausdruck einer von vielen Instanzen ausgeübten Hoheitsfunktion.

Siegburg, Essen und Deutz hinzu, und sie gliedern sich die Grafschaft Hückeswagen an. Zwischen 1131 und 1225 stellen sie fünf Kölner Erzbischöfe, unter ihnen Adolf I. und Engelbert I. Aus einer »bergischen« Seitenlinie gehen später die Grafen von Mark hervor. Sie selbst werden von einem verwandten Zweig des Hauses »Limburg« abgelöst. Damit setzt ein Dynasten-Wechsel ein, der nahezu alle einhundert Jahre ein anderes Herrscherhaus an die Macht bringt. Den Limburgern folgen die Jülicher. Unter ihnen nehmen Einfluß und Bedeutung der Grafschaft Berg so zu, daß auf dem Reichstag zu Aachen 1380 Graf Wilhelm II. von Berg zum Herzog und die Grafschaft zum Herzogtum erhoben werden. Die Residenz wird nach Düsseldorf verlegt.

1423 vereinigen sich die Herzogtümer Jülich und Berg. Mit den Klevern, die 1511 die Jülicher in ihrer bergischen Herrschaft ablösen, kommt auch das Herzogtum Kleve hinzu. Einhundert Jahre später aber fällt alles wieder auseinander. Die Kinderlosigkeit des letzten Klevers, Johann Wilhelm I., löst den Jülich-Klevischen Erbfolgestreit aus. Inzwischen ist die Reformation im Gange, die mit der Glaubenstrennung auch die machtpolitischen Auseinandersetzungen beeinflußt. Berg und Jülich bleiben katholisch und fallen 1614 an das Haus »Pfalz-Neuburg«.

Die Sonderstellung Bensbergs, die es von Anfang an hatte, wird besonders unter Johann Wilhelm II. (Jan Wellem) prägnant. Dieser prunk- und prachtliebende Potentat – Prototyp eines Barockfürsten – stammt aus dem Hause Pfalz-Neuburg. In Düsseldorf geboren, residiert er auch dort, zumal die Franzosen unter dem Sonnenkönig Ludwig XIV. schon zu seines Vaters Zeiten die Pfalz verwüstet und das Heidelberger Schloß zerstört hatten. Bensberg, über Jahrhunderte mit der um 1150 erbauten Burg identisch und als machtpolitischer Stützpunkt für den südlichen Raum der Grafschaft von hohem

von Bayern – sogar bayerisch. Düsseldorf muß seinen Residenz-Status zunächst an Mannheim und Heidelberg und dann an München abtreten. Aber es kommt noch exotischer, als Napoleon I. von alldem Besitz ergreift, Berg 1806 seinem Schwager Joachim Murat überläßt, unter dessen Regentschaft es Großherzogtum und Musterland napoleonischer Ver-

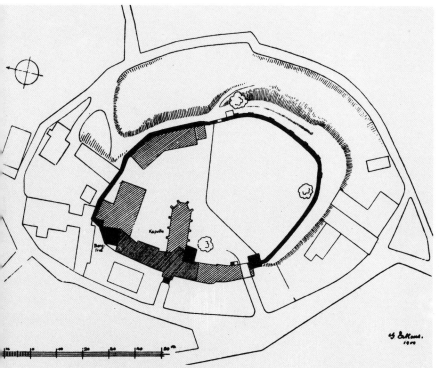

← Grundriß des Alten Schlosses in Bensberg.

↑ Johann Wilhelm II. (Jan Wellem), in Düsseldorf residierender Landesfürst, schuf mit seiner häufigen Anwesenheit und dem Bau des Neuen Schlosses eine Sonderstellung Bensbergs.

Wert, erlebt eine glanzvolle Epoche. Es ist die Zeit unter Jan Wellem (1679-1716), die mit den großen Jagdgesellschaften und dem Bau des neuen Schlosses den Heimatchronisten vom »Strahl der Fürstengunst« sprechen läßt. Den Bewohnern gereicht die enge Verbindung zu den Landesherren zum Vorteil, nicht zuletzt deshalb, weil Bensberg, zur »Freiheit« erhoben, beispielsweise von Zollabgaben befreit ist. 1685 wird das Herzogtum Berg kurpfälzisch und 1777 – Karl Theodor, Kurfürst von der Pfalz, wird Kurfürst

waltungspraxis wird. 1809 verleibt Napoleon es sich ein, nachdem er Schwager Murat zum König von Neapel gemacht hat. Nach dem »französischen Zwischenspiel« kommt Berg an Preußen, wird 1824 in die Rheinprovinz eingegliedert und ist seit 1946 Bestandteil des Landes Nordrhein-Westfalen. Abgesehen vielleicht von der kurzen Periode des Glanzes unter dem heute noch verehrten Jan Wellem, war das Leben der Bevölkerung bis zum 20. Jahrhundert gekennzeichnet durch die Übernahme großer Pflichten

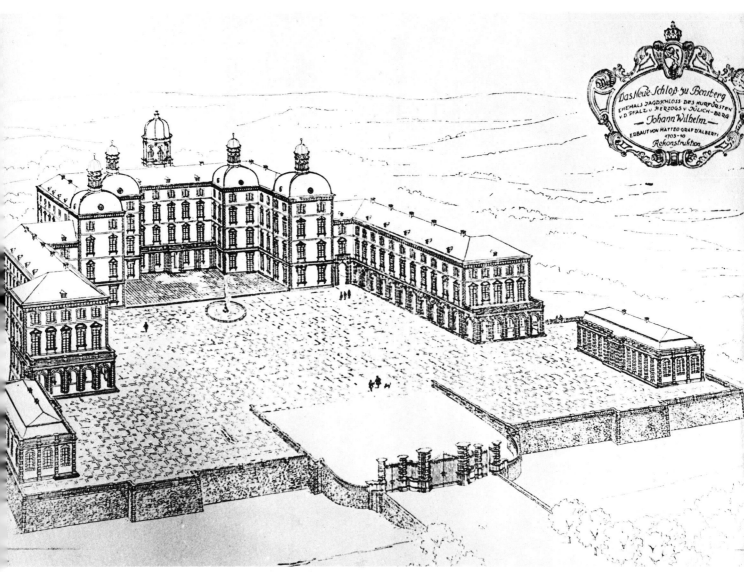

Das Neue Schloß zu Bensberg
EHEMALS JAGDSCHLOSS DES KURFÜRSTEN
V. D. PFALZ U. HERZOGS V. JÜLICH-BERG
Johann Wilhelm
ERBAUT VON MATTEO GRAF D'ALBERTI
1703-10
Rekonstruktion

Diese Rekonstruktion zeigt das Schloß in seinem ursprünglichen Zustand.

und die Gewährung nur sehr beschränkter Rechte. Sowohl die Landesherren als auch die nachfolgenden Instanzen, wie Grundherrschaften, Gerichtsherren und Kirche, forderten ihren Tribut. Mit Steuern und Abgaben aller Art, Naturalleistungen, Hand- und Spanndiensten drückte die Feudalherrschaft die Menschen damals. Weit schlimmer aber waren die zahlreichen kriegerischen Auseinandersetzungen, denen die Bewohner des Landes ausgesetzt waren.
Im 16. Jahrhundert brachte der Truchsessische Krieg – ein gewaltsam ausgetragener Glaubenskonflikt zwischen Katholiken und Protestanten, dem aber handfeste machtpolitische Interessen zugrunde lagen – erste große Verwüstungen und Zerstörungen. Es schalteten sich Spanier und Holländer ein, und für die bergische Bevölkerung ergab sich weder ein klares Feind- noch Freundbild. Sowohl die eine als auch die andere Seite zog brandschatzend und marodierend durch die Dörfer. Aber das war nur ein kleiner Vorgeschmack auf das, was während des 30jährigen Krieges (1618-1648)

eintreten sollte. Kriegsscharen fast
aller Nationen hausten im Bergischen
und richteten es fürchterlich zu.
Spanier, Franzosen, Schweden,
Kroaten und Mansfelder schienen
einander dabei zu übertreffen. In den
Jahren 1642-46, nachdem bereits
eine ganze Generation lang Krieg
herrschte, traf es das Bergische Land
noch einmal hart. Kein Haus blieb
verschont, den Leuten wurde das
Letzte genommen, die Bevölkerung
sank auf ein Fünftel ihres früheren
Bestandes.

Kaum hatte man sich einigermaßen
erholt, verbreiteten die Eroberungs-
gelüste Ludwigs XIV. Schrecken
und Furcht. Sie wurden ihm zwar in
den sogenannten »Franzosenjagden«
1672/79 und 1702 gründlich vergällt,
aber die Bewohner litten wieder
unsäglich unter dem Hin und Her
der sich gegenseitig jagenden
Truppen. Auch der österreichische
Erbfolgekrieg (1742-1748) und der Sie-
benjährige Krieg Preußens brachten
mit Durchmärschen und Drang-
salierungen Unbill übers Land.
Bensberg war wegen seiner Lage und
Burg immer wieder Anziehungspunkt
für alle möglichen Truppen, die es
entweder zu erobern trachteten oder
als Garnison benutzten.

Als aber im Gefolge der Französischen Revolution die Revolutions- und
Koalitionskriege ausbrachen und
wieder französische Besatzungstruppen ins Land kamen, wurde es
den Bergischen offenbar zu bunt.
Während der Rat der Stadt Köln
beschloß, dem französischen Revo-
lutionsheer keinen Widerstand
entgegenzusetzen und die Stadt
kampflos zu übergeben, blieb das
rechte Rheinufer vom Oktober 1794

↑ Der Österreichische Friedhof in der Hardt ist
Gedenkstätte für 3000 um Bensberg gefallene
k. u. k.-Soldaten.

↓ Der Französische Friedhof, gleichfalls in
der Hardt, erinnert an den Tod von rd. 4000
Franzosen.

↑ Der Weyerhof in Bensberg ist das Geburtshaus von Ferdinand Stucker, der sich als »Bergischer Freiheitsheld« einen Namen machte.

↗ Sein Kampfgefährte gegen die Franzosen war Pfarrer Johann Peter Ommerborn, der »Heldenpastor« von Sand, wo dieses Denkmal heute an ihn erinnert.

bis zum Herbst des folgenden Jahres noch kaiserlich. Österreichische Truppen, die mit Preußen gegen Frankreich standen, hatten das Bensberger Schloß zu einem Lazarett umfunktioniert. Unter Soldaten und Zivilisten wütete eine Typhusepidemie. Im Frühjahr 1795 verließ Preußen die mit Österreich geschlossene Koalition und vereinbarte mit den Franzosen eine Demarkationslinie, die das Herzogtum Berg größtenteils ausschloß. Daraufhin überschritten die Franzosen am 5. September den Niederrhein. Am 10. September 1795 mittags wurde Bensberg vom französischen Hauptheer überflutet. Es zog zwar am 13. weiter, aber die Front kam im Oktober noch mal zurück. Die diesmal vor den Österreichern zurückweichenden Franzosen aber stießen nun auf den massiven Widerstand der Bevölkerung. Organisiert hatten ihn Johann Peter Ommerborn, Vikar in Offermannsheide, der

Seminarist Herkenrath und der jugendlich begeisterte Ferdinand Stucker, Sohn eines Bensberger Advokaten. Vor allem um Ommerborn und Stucker rankt sich die Legende des bergischen Widerstands. Seine Bedeutung liegt weniger im militärischen Bereich – entscheidende Schläge konnten nämlich nicht geführt werden, weil Verrat im Spiel war –, sondern vielmehr in der Demonstration eines Selbstbehauptungswillens, der den Bewohnern des geplagten Landes Selbstachtung verlieh und den Franzosen Respekt einflößte. Das Elend gebar den »Heldenmut«, der fortan als Zeugnis bergischen Abwehrwillens galt und in die Landesgeschichte einging. Ommerborn, auf dessen Kopf die Franzosen immerhin 100 Louisdors ausgesetzt hatten, wurde später Pfarrer in Sand. Auch dort wußte er in selbstbewußter Manier seine Interessen zu behaupten. Als ihm

191

seine Unterkunft im Lerbacher Schloß nicht mehr behagte, ließ der kriegerische Seelenhirt sich gegen den Widerstand der Gemeinde ein stattliches Pfarrhaus bauen. Das aus heimischen Quadern errichtete Gebäude legt noch heute Zeugnis vom Durchsetzungsvermögen des »Heldenpastors« ab.

Ferdinand Stucker blieb dem militärischen Metier verbunden und machte schnell Karriere. Er ging nach Wien, wurde Offizier im k.u.k. Ulanregiment, nahm 1809 an der Schlacht bei Wagram teil und 1813 an der Völkerschlacht bei Leipzig. Die Verleihung der goldenen Tapferkeitsmedaille hob ihn in den einfachen Adelsstand. Als »Ritter vom Weyerhoff« (sein Bensberger Geburtshaus) und Oberstleutnant schied er aus dem aktiven Dienst und starb 1824 auf einem der mährischen Güter seiner Frau. Sowohl nach Ommerborn als auch nach Stucker sind Straßen benannt worden.

Bis 1801 blieb das Bergische Land von den Franzosen besetzt und unterlag ständiger systematischer Requisition und Kontribution. 1803 wurden die geistlichen Güter verstaatlicht, Stifte, Klöster und Abteien aufgehoben. Mit der Abtretung des Herzogtums Berg an Napoleon durch den von München aus das Land regierenden Maximilian Joseph von Bayern, der dafür die bayerische Königswürde und das »preußische« Ansbach erhielt, kam der schon zitierte Joachim Murat. Und mit diesem Napoleon-Schwager kamen französisches Recht, französische Gesetze, französische Reformen, französische Verwaltungspraxis. Das Land wurde so nach und nach ein Teil Frankreichs.

Bergisch Gladbach wurde eine Municipalität im Kanton Bensberg im Arrondissement Mülheim im Departement Rhein. Der Kanton Bensberg, ein grenzüberschreitender Steuer- und Hebebezirk, umfaßte die Mairien Bensberg, Gladbach, Odenthal und Rösrath.

Den positiven Neuerungen, wie z. B. der Beseitigung der noch bestehenden Feudalverhältnisse mit Leibeigenschaft, Obereigentum, Gesindezwang, persönlichen Dienstleistungen und der rechtlichen Gleichstellung aller sozialen Gruppen, stand die Aufhebung der Gemeinde-Selbstverwaltung gegenüber. Die »Mairies« (Gemeindedirektoren) und die »Adjunkte« (Beigeordnete) wurden ernannt, ebenso die »Munizipalräte« (Gemeinderäte), von denen Bensberg 16 und Bergisch Gladbach 10 hatte. In allen wichtigen Entscheidungen waren die Maires an die Weisungen des Präfekten in Düsseldorf gebunden, der auch für ihre Ernennung zuständig war. Die »Präfekten« (Präsidenten) der Departements und die »Unterpräfekten« (Kreisdirektoren) der Arrondissements wurden von der Regierung ernannt.

Der »Code Napoléon« brachte die Vereinheitlichung des Rechts, durch die die Befugnisse der Pfarrgeistlichkeit ihren bis dahin rechtsverbindlichen amtlichen Charakter und alle anderen mit Rechtsbefugnissen ausgestatteten Instanzen ihre Gerichtsbarkeit verloren. Alle privilegierten Patrimonial-, Send-, Dorf- und Hofgerichte verschwanden, und an ihre Stelle traten ordentliche staatliche Gerichte. Der aus Bensberg stammende Richter Anton Daniels lieferte eine behördlich genehmigte Übersetzung des »Code Napoléon«, (auch »Code Civil« genannt), des allein maßgebenden Gesetzbuches. Daniels wurde Generalprocureur in Köln und Brüssel und nach dem Ende der napoleonischen Ära erster Präsident und geadelter Geheimrat am Appellationsgericht in Köln. Sein achtbändiges »Handbuch der für die königlich preußischen Rheinprovinzen verkündeten Gesetze, Verordnungen und Regierungsabschlüsse« befindet sich im Stadtarchiv Bergisch Gladbach.

Als sich Napoleons Ende ankündigte, regte sich im Bergischen erneut ernsthafter Widerstand. Gegen die wirtschaftliche Abschnürungspolitik Napoleons – einseitige Bevorzugung der französischen Industrie, Ausfuhrverbote und hohe Zölle für bergische Waren – reagierte man mit organisiertem Schmuggel, und gegen die erbarmungslose Aushebung zum Kriegsdienst – 1806/7 war ein bergisches Bataillon mit Napoleon gegen Preußen marschiert, und 1809/10 nahmen zwei bergische Regimenter am Krieg in Spanien teil – reagierte man mit Desertion. Schließlich beendete der Einmarsch der ersten Kosakenpatrouillen am 10. November 1813 endgültig die Franzosenherrschaft im Bergischen Land. Allerdings behandelten die einrückenden Russen die Bewohner kaum besser als zuvor die Franzosen. Das Volk litt wieder mal unter fremden Truppen. Nach einer Übergangszeit von zwei Jahren folgte 1815 für die nächsten 130 Jahre – nämlich bis 1945 – die preußische Periode. Kurioserweise war es ein russischer Staatsrat, der für preußische Ordnung in Berg sorgte: Justus von Gruner, ein gebürtiger Osnabrücker, der zum Kreis der

Reformer um den Freiherrn vom Stein gehörte, aber die russische Staatsbürgerschaft hatte. Seinem Aufruf zur Bildung des Bergischen Landsturms entsprang das »Banner Gladbach«, dessen überwiegend mit Picken und Lanzen ausgerüstete 440 Mann unter dem Kommando des »Feldobristen« Gerhard Jakob Fues standen, damals Besitzer der Gohrsmühle. Zusammen mit den Bannern Bensberg und Odenthal bildete es eine »Wacht am Rhein«: eine nächtliche Postenkette, »um auf der Hut zu sein, wenn vom Rhein her Gefechtslärm zu hören wäre«. Oberster Wächter im Range eines »Obrist-Feldhauptmanns« war der Bürgermeister von Gladbach, Hofrat Franz Heinrich Fauth. Von 1814 bis 1820 war er zugleich auch Bürgermeister von Bensberg. Von dieser Personalunion aber blieb die Vorrangstellung Bensbergs als Sitz des Kantons, des Friedengerichts und einer Poststelle unberührt.

Übrigens, erst ab 1818 wurden die Bürgermeister besoldet. Bis dahin war neben Ortsansässigkeit und ausreichendem Vermögen eine gesicherte Lebensstellung Voraussetzung für dieses Amt.

Preußisch – das bedeutete zunächst einmal die Beseitigung der französischen Verwaltungsnomenklatur. Aus den Präfekten wurden Regierungspräsidenten, den Unterpräfekten Kreisdirektoren und aus den Maires Bürgermeister. Aber das System an sich blieb bestehen, und zwar bis 1845, und damit blieb auch der Grad der Selbstverwaltung sehr gering. Ein begrenztes Recht zur Wahl der Gemeindevertreter kam erst mit der

neuen Rheinischen Gemeinde-
verordnung von 1845. Sie führte das
Dreiklassenwahlrecht ein, das bis
1918 Gültigkeit hatte und dessen
alleiniger Maßstab das Steuerauf-
kommen war. Die große Zahl der
»kleinen Leute«, wie Tagelöhner,
Landarbeiter, kleine Handwerker und
Händler, blieb dabei praktisch ohne
echte Vertretung.

Mit dieser beschränkten Demokratisierung fanden zum ersten Mal im
Sommer 1846 Gemeindewahlen in
Bensberg statt. Die 19 gewählten Räte
aber mußten schnell erkennen, daß
ihren Beschlüssen, mit denen sie einer
selbständigen Kommunalpolitik
zum Durchbruch verhelfen wollten,
immer noch ein Bürgermeister mit
diktatorischen Befugnissen gegen-
überstand. Wenn es diesem paßte,
konnte er Ratsbeschlüsse glatt
ablehnen und notfalls auch gegen den
Rat sein Verwaltungsamt ausüben. Im
seit 1840 amtierenden Bürgermeister
Karl Wachendorff fanden sie zudem
eine Persönlichkeit von betont auto-
ritärem Zuschnitt. Die Konflikte also
waren vorprogrammiert. Und das in
einer Zeit, in der es allerorten gärte
und in Bensberg wegen des 1837 im
Schloß eingerichteten Kadettenhauses ein zusätzliches Spannungs-
moment vorhanden war. Die katholische Einwohnerschaft empfand die
protestantischen Preußen im Schloß
als Fremdkörper. Hinzu kamen
Wasser- und Wegestreitigkeiten,
die das tägliche Miteinander belasteten. So war schon vor dem
Revolutionsjahr 1848 eine Stimmung
erzeugt, die das Eintreten für
kommunale Selbstverwaltung und
gegen autoritäre Bürokratie anheizte.
Diese lokale Situation war eingebettet

in ein weites Umfeld beträchtlicher
ökonomischer und sozialer Veränderungen, die mit einem Umbruch im
geistigen und politischen Bereich
einhergingen. Auf die liberalen und
nationalstaatlichen Bestrebungen im
Rheinland reagierte Preußen mit
Arroganz, Unverständnis und polizei-
staatlichen Methoden. Als im März
1848 die vom bürgerlichen Mittelstand
getragene Revolution Friedrich
Wilhelm IV. zu gewissen Zugeständ-
nissen zwang und in die Frankfurter
Nationalversammlung mündete,
gab es im Rheinischen die »Bürgermeisterrevolution«, bei der unbeliebte
Bürgermeister bedroht und abgesetzt
wurden. Nur Bensbergs Wachendorff
wußte sich diesem Schicksal geschickt zu entziehen.

34 Jahre lang führte
er ein strenges Regi-
ment. Carl Wachen-
dorff, von 1840 bis
1874 wegen seiner
autoritären Amts-
führung gefürchteter
Bürgermeister von
Bensberg.

In Bensberg war im Januar ein Feuer
im Südflügel des neuen Schlosses
ausgebrochen und im Februar der
Haupttrakt des alten Schlosses
eingestürzt – beides Ereignisse, die
von der in Spannung versetzten
Bevölkerung als Signale des Um-
bruchs gedeutet wurden. Mit der
Bildung einer Bürgerwehr, scharfer
Kritik an der Verwaltungsbehörde,

Umzügen, Volksfesten und kirchlichen Veranstaltungen setzte eine Entwicklung ein, die selbst das Kadettenhaus nicht unberührt ließ. Einige Offiziere, Beamte und Erzieher gaben sich progressiv und gestatteten ihren Zöglingen Erholungspausen von Zucht und Zwang.

Vor allem aber regte sich jetzt eine demokratische Bewegung, deren

Ein Vorkämpfer der Demokratie in den 40er Jahren des vorigen Jahrhunderts, der Bensberger Friedensrichter Peter Josef Fischbach.

Bedeutung über Bensberg hinausging. Initiator war der Friedensrichter Peter Josef Fischbach, der sich schon vorher als große Stütze des Gemeinderates in dessen Kampf gegen den autokratischen Bürgermeister Wachendorff erwiesen hatte. Fischbach pflegte Kontakt mit Andreas Gottschalk, dem Mitbegründer des »Kölner Arbeitervereins«, Gottfried Kinkel, dem Herausgeber der Bonner Zeitung und Mitbegründer des Bonner »Demokratischen Vereins«, mit German Mäurer, einem Mitarbeiter von Karl Marx und führenden Mitglied des »Bundes der Gerechten« in Paris, und mit dem aus Liblar stammenden Carl Schurz, der später in den Vereinigten Staaten Wahlhelfer Abraham Lincolns wurde und bis zum

Innenminister aufstieg. Im Hause des Johann Euler, Wortführer des Bensberger Gemeinderates, trafen sich Fischbach, Carl Schurz, German Mäurer, Karl Wessel, Peter Niedenhoff und einige Lehrer des Kadettenhauses zur Gründung des Bensberger »Demokratischen Vereins«. Er entwickelte sich zu einem »Kreis-Central-Verein«, dem die Initiative zur Gründung weiterer Arbeitervereine in den Nachbarorten oblag. Präsident des Bensberger »Centralverein« wurde Anton Gladbach, ein »Radikaler im öffentlichen Dienst«, der 1847 aus seinem Amt als Volksschullehrer in Odenthal zwangsweise entfernt worden war, weil er sich für die Aufhebung der geistlichen Aufsicht über die Schulen eingesetzt hatte. Im Mai 1848 wurde er als Kreisabgeordneter in die Berliner Nationalversammlung gewählt. Neben der demokratischen Gruppe war ein »Konstitutioneller Bürgerverein« tätig, der sich unter besonders aktiver Beteiligung Vinzenz von Zuccalmaglios auch für die Wahl Anton Gladbachs in die Berliner Nationalversammlung ausgesprochen hatte.

In den Augen der landrätlichen Behörde in Mülheim war Bensberg ein Zentrum revolutionärer Agitation. Im Vergleich zu Gladbach zeigte der Bensberger Gemeinderat einen entschieden stärkeren politischen Durchsetzungswillen. Zeitweise mußte ein Regierungskommissar den permanenten Streit zwischen Bürgermeister und Rat schlichten, der einstimmig die Öffentlichkeit und Publizierung der Ratsverhandlungen und des Haushalts beschlossen hatte und den Ausschluß des Bürgermeisters von der Rechnungsprüfung durch den Rat forderte – alles Dinge, die nicht der Gemeindeordnung entsprachen.

Im November 1848 – die Berliner Nationalversammlung stand kurz vor ihrer Auflösung – machte der Bensberger Rat sogar hohe Politik. Nach längerer Debatte richtete er eine von Euler formulierte Adresse an die bedrohte Versammlung in Berlin, in der sich der Rat mit dem Protest der Nationalversammlung gegen eine Vertagung und Verlegung durch den König solidarisch erklärte und eine solche Handlung als Willkür bezeichnete. Außerdem drohte er an, »mit allen zu Gebote stehenden Mitteln« an einem Beschluß der Nationalversammlung zur allgemeinen Steuerverweigerung festzuhalten.

Aber der Traum von Demokratie war bald ausgeträumt. Mit dem Einsetzen der Gegenrevolution begannen sich die demokratischen Kräfte zu radikalisieren, und das wiederum schreckte das Bürgertum ab. Eine Verhaftungswelle ging über das Land. Bensberg, das mit seinem energischen, jedoch aus einer konservativen Grundhaltung kommenden Einsatz für Demokratie zunächst nur seine lokale politische Situation zu verbessern trachtete, hat nie wieder den Griff in das große Räderwerk der nationalen Geschichte versucht – bis auf eine Ausnahme vielleicht, die zwar nicht ein Bensberger Bemühen im eigentlichen Sinne darstellt, aber den Namen der Stadt in die politische Diskussion der 60er Jahre unseres Jahrhunderts einbrachte: der »Bensberger Kreis«.

Es ist dies eine lockere Vereinigung katholischer Publizisten, Theologen und Politiker, die sich 1966 bei einer Tagung der »Thomas-Morus-Akademie« zusammenfand. Gleich mit ihrer ersten Tat, dem Eintreten für die Abtretung der deutschen Ostgebiete an Polen und für die Anerkennung der Oder-Neiße-Linie, erregte sie 1968 bundesweit Aufsehen. Der »Bensberger Kreis« wurde sofort zum Begriff und ist mit späteren Erklärungen und Memoranden zum Vietnamkrieg, zur Ratifizierung der Ostverträge, zum Abtreibungsparagraphen 218 und zum Sozialismus einer dezidiert reformerischen Linie treu geblieben. Während seine Gegner ihm »linke Agitation unter dem Mantel des Katholizismus« vorwerfen, versteht der Kreis sich selbst als »politische Diakonie«, die weiter auf Reformen in Gesellschaft und Kirche drängt. Zum »Bensberger Kreis«, dem etwa 170 Mitglieder angehören, zählen Walter Dirks, Karl Rahner und Hans Heigert.

←Hermann von Budde, in Bensberg geborener und zu Grabe getragener preußischer Staatsminister.

Politik und vor allem aber praktische Arbeit für das Land leistete ein Mann, nach dem die Stadt eine Straße benannt hat. Der als Sohn des Kadetten-Oberlehrers Dr. Budde in Bensberg geborene Hermann Budde (1851-1906), später von Budde, wurde nach einer Militärkarriere preußischer Staatsminister. Obwohl in erster Linie für das Eisenbahnwesen zuständig, baute Budde den Rhein-Herne- und den Mittellandkanal. Nichtsdestoweniger errichteten ihm die Eisenbahnbeamten Deutschlands ein mächtiges Monument über seiner Gruft auf dem Bensberger Friedhof. 70 Jahre später, am 16. August 1976, nahm Bensberg Abschied von einem anderen Bürger, der in hoher Verantwortung für Geschick und Wohlergehen des Landes gestanden hat. Er galt als »Vater des sozialen Wohnungsbaues« und war von 1949 bis 1972 ununterbrochen CDU-Abgeordneter des Rheinisch-Bergischen Kreises

im Deutschen Bundestag: Paul Lücke, Bundeswohnungsbauminister von 1957 bis 1965 unter Adenauer und Erhard und Bundesinnenminister von 1965 bis 1968 unter Kiesinger. Er war einer der ganz wenigen Bundesminister in der deutschen Nachkriegsgeschichte, die zurückgetreten sind, um damit die Unvereinbarkeit der von ihnen verlangten Politik mit ihrer Überzeugung zu demonstrieren. Das war zur Zeit der Großen Koalition, als nach den mit Hilfe der SPD verabschiedeten Notstandsgesetzen die von Lücke angestrebte Einführung des Mehrheitswahlrechts scheiterte. Paul Lücke wurde mit einem Staatsakt in der Bensberger St.-Nikolaus-Kirche und einem Staatsbegräbnis die letzte Ehre erwiesen.

Begräbnis des ehemaligen Bundesministers Paul Lücke aus Bensberg. Links im Bild Kardinal Höffner.

Die Moral
in der Geschicht

Während Bensberg von Historie und Fürstenglanz zehrte und im politischen Raum Profilierung suchte, fand das benachbarte Gladbach auf ganz andere Weise zu seiner Bedeutung. Sein in aller Stille und mit Beharrlichkeit entfachter Fleiß verschaffte ihm nach und nach eine wirtschaftliche Position, die sehr schnell höheren Orts Aufmerksamkeit erregte. Wenngleich der Ort alles andere als ein städtisches Bild bot, machte die preußische Regierung dem damaligen Bürgermeister Herweg das Angebot, die Verleihung der Städteordnung zu

beantragen. Der daraufhin einberufene Gemeinderat faßte einstimmig den Beschluß, einen solchen Antrag zu stellen: »Nach Einsicht der Allerhöchsten Kabinetsordre vom 15. Mai cr. sowie der bezogenen beiden Gesetze und nach gehaltener Beratung beschloß der Gemeinderat einstimmig, die Verleihung der gedachten Städteordnung für hiesige Gemeinde hiermit zu beantragen und die zuversichtliche Hoffnung auszusprechen, daß dieser Antrag von den höheren und höchsten Behörden bei Sr. Majestät umsomehr unterstützt werden wolle, als die hiesige Bürgermeisterei nur aus einer Gemeinde gebildet sei und alle Gemeindetheile ohne irgend eine Ausnahme bisher stets einen gemeinschaftlichen Haushalt gehabt haben.«
Mit folgendem Schreiben wurde er am 7. Juli 1856 dem königlichen Landrat zugeleitet: »Zur Erledigung der rubrizierten Verfügung beehre ich

Das 1906 von Kaiser Wilhelm II. verliehene Wappen versinnbildlicht die Kalkindustrie, die Strunde und die Papierfabrikation.

Bürgermeisteramt im Jahre 1864

←Für eine Stadt war es ein recht bescheidenes Rathaus, das kaum mehr als zwei Bediensteten Platz bot.

mich den anliegenden Gemeinderathsbeschluß vom heutigen Tage gehorsamst vorzulegen, mit der Bitte, denselben geneigtest der Berücksichtigung empfehlen zu wollen. Der Theil der Gemeinde, welcher bisher zur Stadt gerechnet worden ist, hat einen Umfang von 6962 Morgen mit 3142 Einwohnern und 287 Wohnhäusern. Wenn bei der zerstreut liegenden Lage der letzteren die augenfälligen Merkmale der Stadt auch gänzlich fehlen, so spricht doch der umfangreiche gewerbliche Verkehr, wozu insbesondere die Papierfabriken, die Hütten, die Kalkfabrikationen, die Pulverfabriken, Spinnerei und Weberei gehören, für das Dasein städtischer Verhältnisse in einem Umfange, wie er in manchen kleinen Städten übertreffend nicht gefunden wird.«
Bereits am 9. August 1856 geruhten Seine Königliche Majestät dem Antrag stattzugeben: »Ich will auf Ihren

Bericht vom 3. August d.J., dessen Anlagen zurückgehen, den auf dem Rheinischen Provinziallandtage im Stande der Städte vertretenen Gemeinden Mülheim und Gladbach, im Kreise Mülheim, deren Antrage gemäß die Städteordnung für die Rheinprovinz vom 15. Mai d.J. hiermit verleihen, wonach Sie das Weitere zu veranlassen haben.
Dieser mein Erlaß ist durch die Gesetzessammlung bekannt zu machen.«
Sanssouci, den 9. August 1856.
Friedrich Wilhelm

Die junge Stadt hatte 332 »stimmfähige Bürger«, davon 20 in der ersten, 60 in der zweiten und 252 in der dritten Klasse des preußischen Wahlrechts.
Auch als im November 1918 das Kaiserreich zusammenbrach, dessen Entwicklung man – wenn auch in den beiden letzten Kriegsjahren mit

abnehmbarer Tendenz – begeistert mitgetragen hatte, war Gladbachs Handeln von praktischen Überlegungen geleitet. Den Übergang zur neuen Staatsform suchte man rasch und möglichst reibungslos zu vollziehen. Noch bevor am 9. November 1918 in Berlin die Republik ausgerufen wurde, beschloß der Stadtrat, einen »Volksrat« zu bilden. Es dauerte nur zwei Tage, und das Organ stand. 16 Arbeiter – 8 aus den christlichen und 8 aus den freien Gewerkschaften –, 4 Angehörige anderer Berufe und 16 Soldaten bildeten den »Volksrat« von Bergisch Gladbach. Diese schnelle Konstituierung war dem pragmatischen Zusammengehen von Zentrum und Sozialdemokraten zu verdanken.

In Bensberg hingegen wurde wieder in Politik gemacht. Da entledigte man sich zunächst eines ungeliebten, weil autoritären und anmaßenden Bürgermeisters und holte damit die »Bürgermeisterrevolution« nach, die während der Revolution 1848 nicht geglückt war. Neuer Amtsinhaber wurde der Zentrumsvorsitzende Wilhelm Darius, dem es gelang, den vom Ortsarbeiterrat repräsentierten Radikalismus zurückzudrängen.

In welch sittlichen und moralischen Kategorien man damals dachte und empfand, zeigt sich zum Beispiel am Kino. Kaum hatten die Bilder das »Laufen gelernt«, wurden auch schon Knüppel präpariert, um sie ihnen zwischen die Beine zu werfen. Am 15. Oktober 1920 erhielten die Besitzer der Viktoria-Lichtspiele und der Modernen Lichtspiele (im Gasthaus »Am Bock«) einen entsprechenden Bürgermeisterbescheid: »In

Zukunft unterliegt jeder Bildstreifen, der im Stadtgebiet Bergisch Gladbach vorgeführt werden soll, der Prüfung durch eine Filmprüfungsstelle.« Diesem »Ortsausschuß für Lichtspielpflege« gehörten insgesamt 41 Mitglieder an – Geistliche, Lehrer und Beamte. Eine »Resolution«, die das Ortskartell der katholischen Vereine in einer öffentlichen Versammlung verabschiedet hatte, leistete den mit der Bewertungs-Bürde belasteten Mitbürgern moralischen Beistand: »... verurteilen alle, angetrieben durch die Liebe zu unserer Jugend, der Zukunft des deutschen Volkes, aufs schärfste die gemeinen und zweideutigen Kinovorführungen.« Anlaß zu dieser Solidaritäts-Adresse waren Filme mit Titeln, wie »Niemand weiß es«, »Wenn ein Mädchen schön ist«, »Carmen«, »Das Sofa der Magd«, »Die Tragödie einer Intrigantin« und ähnliches. Auf der Sitzung des Lichtspielpflege-Ortsausschusses vom 15. November 1923 wurde beschlossen, den Jugendlichen den Besuch des Kinos an Sonn- und Feiertagen und »am Vorabend vor diesen Tagen nach 8 Uhr abends« zu verbieten. Ein Mitglied gab zu bedenken, daß im Kino immer starkes Halbdunkel herrsche, und fragte an, ob es sich nicht ermöglichen ließe, »Männer und Frauen nach Geschlechtern getrennt« zu setzen. Als der Zentralverband der Filmverleiher Deutschlands mit Sitz in Berlin Klage darüber führte, daß der von der Reichsfilmprüfungsstelle zugelassene Film »Der Hirt von Maria Schnee« in Bergisch Gladbach verboten worden war, bezog der Bürgermeister eindeutig Stellung: »Als der Film der hiesigen Kommission gezeigt wurde,

gaben Mitglieder beider Konfessionen
ihre helle Entrüstung kund, daß ein der-
artiger Film ausgerechnet in den Weih-
nachtstagen den Frieden stören sollte.
... Es muß nämlich bedacht und immer
wieder betont werden, daß Filmvor-
führungen, die nach Berliner Begriffen
für die Großstadt unbedenklich
erscheinen mögen, noch lange nicht
geeignet sind für die kleinstädtische

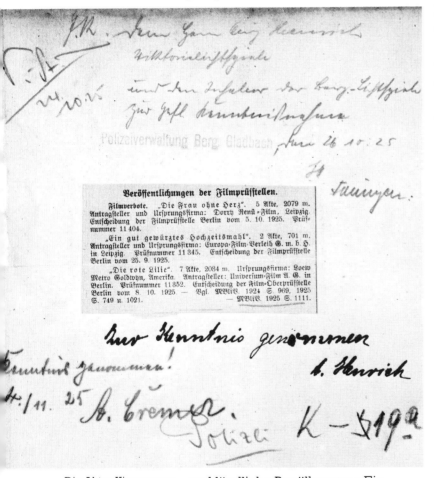

Die Akte »Kinozensur«
aus den 20er Jahren
vermittelt exakte Auf-
schlüsse über den in
Bergisch Gladbach
praktizierten Umgang
mit dem Medium Film.

Der Bürgermeister ist ein Feigling

Die politische Landschaft, in der sich
die Parteien zu formieren begannen,
erhielt ihre bedeutendsten Akzente
von der Aufhebung des Dreiklassen-
wahlrechts, der Einführung der
allgemeinen, gleichen und geheimen
Wahl, die erstmals auch Frauen die
Stimmabgabe gestattet, und der
beginnenden Polarisierung der
politischen Kräfte. Zentrum und SPD
setzten sich voneinander ab und
zogen immer tiefere Gräben. Sie
trugen ihre Gegensätze bis in die
Gemeinderäte, deren Politisierung
damit perfekt wurde. Bei den ersten
Gemeinderatswahlen vom 16. November 1919 errang das Zentrum in
Bensberg die absolute Mehrheit,
ebenso in Bergisch Gladbach, das
bereits am 26. Oktober gewählt hatte.
Bemerkenswert ist der Tatbestand,
daß in Bergisch Gladbach der
gemäßigte Flügel der SPD (Mehr-
heitssozialisten) stärker vertreten
war als in Bensberg. Hier konnte
die USPD (Unabhängige SPD), die sich
1917 von der SPD abgespalten hatte,
als Repräsentant des linken Flügels
fast mit der SPD gleichziehen.
Während so die politische Mündigkeit
des Bürgers erste Konsequenzen
zeigte, blieben Bergisch Gladbach,
Bensberg, Odenthal, Porz, Rath und
Rösrath in ihrer Souveränität sehr
beschränkt. Diese Orte nämlich

und ländliche Bevölkerung.« Ein
Kinobesitzer indes reagierte auf
seine Weise: »Ich bitte, mir ein
Verzeichnis der Mitglieder der
Kommission auszustellen, weil ich
den Eindruck habe, daß mehrere,
inzwischen aus der Kommission
ausgeschiedene Personen noch
fortgesetzt mein Kino auf einem alten
Ausweis unentgeltlich besuchen.«

gehörten noch zum im Versailler Vertrag festgelegten Kölner Brückenkopf-Gebiet und blieben bis 1926 von den Alliierten besetzt. Nach neuseeländischen Reitertruppen und englischem Militär kam 1920 ein marokkanisches Bataillon nach Bensberg. Das Besatzungsstatut verfügte ein totales Ausgehverbot nach 19 Uhr, Anmeldepflicht für Versammlungen und Kontrolle des öffentlichen Lebens. Die Untereschbacher sahen sich diesen unangenehmen Einschränkungen noch ausgesetzt, die Immekeppeler hingegen nicht mehr – Bensberg also war eine geteilte Gemeinde. Sich selbst gestatteten die Besatzer das Jagdrecht im Königsforst, dem nahezu alle Hirsche zum Opfer fielen. Mit einer großen Befreiungsfeier am 1. Februar 1926 beging man die Beendigung dieser vorletzten Besatzung alliierter Truppen. 19 Jahre später waren sie wieder da. Dazwischen aber liegen zunächst die Perioden eines erst zögernden, dann hektischen Aufschwungs, bis die Weltwirtschaftskrise 1929/30 mit all ihren verheerenden sozialen Folgen den Marsch ins »Dritte Reich« einleitete. Für Bensberg brachte die Krise den wirtschaftlichen Niedergang: Die noch verbliebenen Reste der Montanindustrie versuchten mit Stillegungen und Massenentlassungen über die Runden zu kommen. Die Gemeindefinanzen steuerten einem absoluten Tiefpunkt zu. Der Gewerbesteuer-Ertrag sank von 100.000 Mark im Jahre 1926 auf 23.500 Mark im Jahre 1933. Dennoch war von einer rechtsradikalen Bewegung in Bensberg ebensowenig zu spüren wie in Bergisch Gladbach.

Nach wie vor stand das Zentrum in der Gunst der Wähler an der Spitze. Nur allmählich, und zwar auf Kosten der von den Nazis erbarmungslos bekämpften Sozialdemokraten und Kommunisten, gewann der Rechtsradikalismus an Boden. Bei der letzten halbwegs freien Reichstagswahl, am 5. März 1933, gaben 4004 wahlberechtigte Bensberger Bürger ihre Stimme dem Zentrum, 1858 der NSDAP, 1004 wählten die SPD, und 1093 Stimmen entfielen auf die KPD. In Bergisch Gladbach erreichte die Zentrumspartei 5408 Stimmen, die Nazis bekamen 2295 und die SPD 2036 Stimmen. 1838 Wähler entschieden sich für die KPD. Auch hier zeigte sich wieder der größere Linkstrend in Bensberg.

Mit Massenaufmärschen, wie hier beim Kreisparteitag der NSDAP am 21. 7. 1935 in Gladbachs Innenstadt, versuchte das Naziregime Eindruck auf die Bevölkerung zu machen.

Emblem der im Bensberger Schloß untergebrachten Nationalpolitischen Erziehungsanstalt (Napola).

↓ Schloßbrand 1942. Der Nordturm des Bensberger Schlosses steht in Flammen.

Bei den Kommunalwahlen vom 12. März 1933 entschieden sich 23683 Wähler im neugebildeten Rheinisch-Bergischen Kreis für das Zentrum, die NSDAP kam auf 15008 und die SPD auf 5463 Stimmen. Das oppositionelle Element also blieb immer noch unübersehbar. Aber schon 9 Monate später wurde der Totalitätsanspruch der Nazis mit dem Gesetz zur Sicherung der Einheit von Partei und Staat perfektioniert: »Nach dem Sieg der NS-Revolution ist die NSDAP die Trägerin des deutschen Staatsgedankens und mit dem Staat unlöslich verbunden.« Die Gleichschaltung setzte ein. Unter der Oberaufsicht des in Bergisch Gladbach residierenden NS-Kreisleiters wurden die Gemeinderäte

und -verwaltungen überprüft und umbesetzt. Später degenerierten sie, ganz im nationalsozialistischen Sinne, zu bloßen Akklamationsorganen. Ein »Niederschriftenbuch«, in das der Gemeindeleiter seine Beschlüsse eintrug, löste das bisher übliche Protokollbuch ab. Darin heißt es dann lapidar: »Ich beschließe hiermit...« und »die Gemeinderäte sind gehört«. Es versteht sich, daß alle Beschlüsse mit dem zuständigen Ortsgruppenleiter der NSDAP abgestimmt werden mußten. In Wirklichkeit also entschied die Partei.

Auch äußerlich änderte sich vieles im Ortsbild von Bergisch Gladbach. Eine monströse Propagandamaschinerie erfaßte alle Bereiche des Lebens und drückte ihnen ihren Stempel auf. So zeigte sich auch auf Orts- und Kreisebene das besondere Talent der Nazis im Organisieren von Massenaufmärschen. Fast immer waren es kleine »Reichsparteitage«, die sich in Bergisch Gladbach oder Bensberg vor einer pompösen Hakenkreuzkulisse abspielten.

Das alles blieb natürlich nicht ohne Eindruck auf die Bevölkerung. Viele traten aus Existenzangst der Partei oder einer ihrer Organisationen bei. In der Hauptstraße in Bergisch Gladbach wurde das »Braune Haus« der NSDAP gebaut, das 1974 dem Hertie-Komplex weichen mußte, und in Bensberg begann mit einer 100.000-Mark-Schenkung des Reiches der Umbau des Schlosses zur »NAPOLA« – Nationalpolitischen Erziehungsanstalt.

1942 zerstörte ein Brand den Nordflügel des Schlosses. Der mit der Leitung der Napola beauftragte SA-Gruppenführer Holthoff bemühte sich eifrig um die Schadensbehebung. Er hatte keine ideologischen Bedenken, immer wieder um Häftlinge aus dem KZ Buchenwald und aus dem Siegburger Zuchthaus zu betteln, bis man ihm einige zur Wiederherstellung des »dringend benötigten Jungmannen-Raums« bewilligte. Er organisierte Bezugscheine und Material und focht einen aus seiner Sicht erbitterten Kampf gegen die Bürokratie. In einem Briefentwurf klagt er: »Ich habe früher vor dem preußischen Beamtentum eine sehr hohe Achtung gehabt... habe aber mit Erstaunen feststellen müssen, daß von dem alten Königlich-Preußischen Beamtentum nur noch wenig übrig geblieben ist. Wahrscheinlich hat die Partei recht, wenn sie sagt: »Die Behörde ist nicht fähig, etwas Neues aufzubauen, es kann nur die Partei!«... Der Führer hat nun angeordnet, daß trotz der jetzigen Lage weitere 80 Anstalten so schnell wie möglich eröffnet werden sollen. Mir ist völlig klar warum. Es unterliegt keinem Zweifel, daß er die Heranbildung eines Nachwuchses vorsieht, der mit Initiative und Kraft und ohne übermäßige bürokratische Hemmungen das neue Deutschland aufbauen soll.«

Doch das gerade wollte so manch königlich-preußischer Beamte verhindern. Widerstand wäre sicherlich zuviel gesagt, aber Skepsis und zum Teil auch oppositioneller Unwille kennzeichneten das Verhalten der Bevölkerung. 30 Prozent stimmten 1934 in Bergisch Gladbach und Bensberg gegen Hitler, als dieser sich nach dem Tode Hindenburgs auch die Reichspräsidentenschaft bestätigen ließ und damit seine Machtfülle

komplettierte. 1936 wurden in Moitzfeld Wahlplakate zerstört, und 1938 demolierten Unbekannte das Arbeitsdienstlager »Winfriedheim« auf dem Gelände der stillgelegten Grube Berzelius.

Der siegreiche Frankreichfeldzug hob wohl die Stimmung ein wenig, aber im allgemeinen herrschte die Meinung vor, daß ein Sieg des Nationalsozialismus ebenso unheilvoll sein würde wie eine Niederlage. Als mit zunehmender Bombardierung die Endphase des Krieges eintrat, war mit einemmal – fast unbemerkt - die »Napola« verschwunden. Die Bergisch Gladbacher Parteiführung setzte sich ab, und die Kreisverwaltung vernichtete kompromittierende Akten. Dafür kam ein Strom bombengeschädigter Kölner und auf Geheiß der Partei aus dem Linksrheinischen evakuierter Bewohner in das Stadt- und Kreisgebiet. Nun begann auch die Angst vor den in zahlreichen Lagern eingesperrten, halbverhungerten Kriegsgefangenen und Fremdarbeitern. Sie war begründet, denn mit ihrer Freilassung noch vor dem Waffenstillstand am 8. Mai 1945 setzte eine monatelang während Serie von Plünderungen und Überfällen ein.

Bei der Annäherung der Westalliierten wurde Bensberg nur durch den verzweifelten Mut einiger Frauen vor der schon beschlossenen Vernichtung bewahrt. Die Vorhut der Amerikaner lag am 12. April 1945 bereits in Refrath, als der letzte Kommandant von Bensberg, ein Hauptmann Müller, immer noch zur Bis-zum-letzten-Mann-Verteidigung entschlossen war. Da strömten die Bensberger Frauen auf den Marktplatz und forderten vom Bürgermeister und Kommandanten,

Bensberg kampflos zu übergeben. Die Herren weigerten sich, ließen aber zu, daß die Frauen ihrer Empörung und Erbitterung freien Lauf ließen. Erna Klug, die Tochter eines Bensberger Gemeinderats, Mutter von fünf Kindern, nannte den sich windenden Bürgermeister einen Feigling und schreckte nicht davor zurück, zum Kommandanten vorzudringen. Sie

sack, Fahrrad und 9 ihn begleitenden Fallschirmjägern das Feld zu räumen.

Jetzt ließ der Bürgermeister auf dem Schloß die weiße Fahne hissen und fuhr mit Dr. Peco Bauwens dem späteren ersten Präsidenten des Deutschen Fußballbundes nach dem Krieg, als Dolmetscher den Alliierten entgegen. Es war der 13. April 1945.

Zum Schutz vor Fliegerangriffen war das als Krankenhaus genutzte Alte Schloß in Bensberg mit einem roten Kreuz gekennzeichnet. Im Hintergrund die Kölner Bucht mit Dom. Die Aufnahme stammt aus dem Jahr 1943.

sagte offen ihre Meinung und sprach von der völligen Sinnlosigkeit und vom Wahnsinn einer Verteidigung. Der sichtlich beeindruckte Kommandant mußte sich noch sagen lassen, daß er es hoffentlich richtig machen und sein Schicksal mit dem des Ortes verbinden werde. – Am nächsten Morgen aber zog er es kraft höherer Einsicht oder Weisung vor, mit Ruck-

In Bergisch Gladbach übernahm am selben Tag der amerikanische Oberst Taylor die Befehlsgewalt. Am 14. April wurden die mit dem Einmarsch verbundene Hektik und Nervosität einem Refrather Bürger zum Verhängnis. Johann Will saß gerade nach einer bei einem Nachbarn im Keller verbrachten Nacht in seinem Haus hinter der Alten Tauf-

207

kirche beim Frühstück. Da stürmten
ein amerikanischer Offizier und ein
kanadischer Soldat herein. Sie
nahmen den völlig Überraschten
mit, durchsuchten ihn nach Waffen und
trieben ihn mit erhobenen Händen in
Richtung Kirche. Als kurz darauf
Schüsse zu hören waren, rannte sein
damals zehnjähriger Sohn Stephan
ihm nach: »In meiner Angst um den

Nacht gefallene Schüsse erschossen
worden. Es gibt aber niemanden,
der sich an nächtliche Schüsse
erinnern kann. Außerdem sollen die
amerikanischen Soldaten betrunken
gewesen sein. Der Tod des
34jährigen Johann Will ist bis heute
nicht geklärt. Der Willweg in Refrath
hält das Andenken an den unschuldig
zu Tode gekommenen Bürger wach.

Vater bin ich einfach losgelaufen, um
ihn zu suchen: Als ich zur Kirche
kam, fingen viele Frauen an zu
weinen. Vor dem Gebäude neben der
Kirche lag ein mit Sackleinen be-
deckter Körper. Obwohl man mich
zurückhalten wollte, habe ich das Tuch
weggezogen – es war mein Vater.«
Die Amerikaner erklärten später,
Johann Will sei zur Strafe für in der

Die Rheinlande wurden also wieder
einmal von westlichen Besatzungsmächten heimgesucht. Die Truppen
und ihre Dienststellen verlangten
Quartier, während sich gleichzeitig
ein unkontrollierter Zustrom von
heimatlosen Deutschen über die
Gemeinden ergoß. 15.707 Flüchtlinge
und etwa 40.000 Evakuierte waren
ins Rheinisch-Bergische gekommen.

Von 1933 bis 1945
»zierte« er den Haupt-
eingang des Neuen
Schlosses: der
gestürzte Adler, ein
Symbol des NS-Nie-
derganges.

Lfd. Nr:	Datum:	Name und Wohnort des Eigentümers:	Gegenstand:	ungefährer Preis:
1	27.6.45	Bensberger Seifenfabrik, Hackberg 8	2 Sessel	300,- RM
2	27.6.45	Müller Max, Bensberg Deutscher - Platz	3 Sessel	450,- "
3	27.6.45	Wolf Christian, Bensberg Klausenberg	2 Sessel	400,- "
4	27.6.45	Dahnen Paul, "	3 Sessel	600,- "
5	27.6.45	Dr. Dahnen, " Dietrich Eckhard-	2 Sessel	400,- "
		weg		
6	27.6.45	Keppler Peter, " "	2 Sessel	400,- "
7	27.6.45	Gem-Gebäude, Moitzfeld	7 Sessel	1050,- "
8	29.6.45	Gemeinde Bensberg h.J.Heim	20 Stühle 4 Tische	600,- RM
9	30.6.45	Michulla, Bensberg Frankenforst	1 Sessel	150,- "
10	30.6.45	Reuter, " "	1 Sessel	150,- "
11	30.6.45	Schlagwein " Nr. 141	3 Sessel	450,- "
12	30.6.45	Schulze " Nr. 142	2 Sessel	300,- "
13	30.6.45	Seifert Elisabeth " Nr.141	2 Sessel	300,- "
14	30.6.45	Scholz " Nr.141a	2 Sessel	300,- "
15	30.6.45	Heinemeyer " Nr.148	2 Sessel	300,- "
16	30.6.45	Kreuter Refrath, Lustheide Nr.25	1 Sessel	150,- "
17	30.6.45	Bauer " " " 33	2 Sessel	300,- "
18	30.6.45	Breuer " Steinbreche " 14	2 Sessel	300,- "
19	30.6.45	Brauhaus " " 16	1 Sessel	150,- "
20	30.6.45	Kollen " " 16	1 Sessel	150,- "
21	30.6.45	Over " Lustheide " 28	1 Teppich	
22	30.6.45	Hierdes " Steinbreche" 20	1 Teppich	
23	30.6.45	Schmitz " Im Feld " 55	1 Badewanne	
24	30.6.45	Haser " Siebenmorgen" 30	1 Badewanne	
25	30.6.45	Böhmer " Ackerstrasse" 28	1 Badewanne	
26	4.7.45	Gebr. Dahnen Bensberg	1 Kontrolluhr 500 Karten	1000,- "
27	4.7.45	Firma Friedr.Offermann Bensberg	1 Sprungbrett, 1 " bock 1 " kasten	500,- "
28	4.7.45	Richmann, Rosenhof Bensberg	2 leichte Stühle + 1 Sessel	200,- "

Die Bürger mußten wieder einmal »bluten«. Über die von der Besatzungsmacht requirierten Sachen wurde genau Buch geführt.

Besatzungsamt

30.3.1946

39th Br. General Hospital

B e n s b e r g

Bescheinigung
-.-.-.-.-.-.-.-

Hierdurch bescheinigen wir, daß das dem Priesterseminar gehörende
Ackerpferd nach Abzug der Britischen Truppe aus diesem Gebäude
dem Bürgermeisteramt Bensberg zur Verfügung gestellt wurde.

Glücklicherweise waren in Bergisch Gladbach und Bensberg größere Schäden durch Beschuß und Bombardierung ausgeblieben, aber dennoch hatten 14.656 Einwohner des Kreisgebietes ihre Wohnungen verloren, 4373 wurden aus ihren Häusern verdrängt. Es ergab sich ein Wohnungsfehlbestand für insgesamt 74.736 Einwohner. Unvorstellbar, wie eng zusammengepfercht die Menschen damals in Baracken, Fabrikgebäuden, Kegelbahnen, Ställen, Scheunen und Hütten hausen mußten. Besser wurde es erst, als einige Jahre später die Hochhäuser auf der Marienhöhe, Wohnsiedlungen in Frankenforst und verschiedene andere Wohnanlagen für die Besatzungstruppen (inzwischen waren es belgische Soldaten und Offiziere mit ihren Familien) gebaut wurden.

Bensberg hatte sich überdies in einer ganz unbürokratischen, fast spontanen Aktion zum Bau der Häuser Am Reiser für die von den Besatzern aus ihren Wohnungen verdrängten Bürger entschlossen. Die Häuser sind heute noch eine begehrte Wohnstatt.

Als die Stadt vor einigen Jahren die nach ihrer Meinung nicht mehr zeitgemäßen »Behausungen« den Mietern aufkündigen und ihnen »bessere« Wohnungen zuweisen wollte, stieß sie auf unerwartet heftigen Protest. Die Bewohner mochten sich von ihren Gärten nicht trennen.

Wohnungsnot, Lebensmittel- und Brennstoffknappheit, Entnazifizierung und Schwarzmarkt – das waren die Margen, zwischen denen sich das Leben der ersten Nachkriegsjahre abspielte. Nur langsam kam so etwas wie Selbstverwaltung und öffentliches Leben in Gang. Der als Gouverneur fungierende Oberstleutnant Taylor hat in einer Kreistagssitzung 1946 folgende Beobachtung über die Zustände in Bergisch Gladbach dem Protokoll anvertraut: »Gestern abend ging ich zwei Stunden durch die Stadt, und dabei habe ich Zustände feststellen müssen, die noch primitiver sind als in Westafrika.« Der Kreistag

Notunterkunft für acht Personen in Bensberg. Zerstörung, Flüchtlingsstrom, Zuzug von Bombengeschädigten und Besatzungstruppen verursachten eine große Wohnungsnot.

beschloß zunächst einmal eine Aktion zur Bekämpfung der Ratten.

Bei den ersten freien Kommunalwahlen, am 15. September 1946 (Gemeinde- und Stadtrat) und am 13. Oktober 1946 (Kreistag), war die Wahlbeteiligung noch relativ gering. Sie lag bei 68 bzw. 60 Prozent und brachte teilweise ähnliche Ergebnisse wie nach dem 1. Weltkrieg – nur daß statt des Zentrums jetzt die neu gegründete CDU mit einem durchschnittlichen Stimmenanteil von 67,2 Prozent die Spitzenposition einnahm. Die SPD erreichte mit

22,5 Prozent der Stimmen etwas mehr als im Januar 1919 (21%).

Am 18. Juli 1946 wurde die Bildung des Landes Nordrhein-Westfalen bekanntgegeben, die ersten Landtagswahlen fanden am 21. April 1947 statt. Im Kommunalwesen wurde der Rat höchstes Gemeindeorgan, aus dessen Mitte seitdem der als »Bürgermeister« bezeichnete Ratsvorsitzende

↓ Der Ehrenfriedhof Bensberg mit 210 Kriegsgräbern liegt innerhalb des städtischen Bergfriedhofs am Südhang des Milchbornberges.

→ Der Hirschkopf im Wappen von Bensberg erinnert an die Jagden in den wildreichen Forsten. Der rote Löwe stellt das Wappen der Grafen und Herzöge von Berg dar.

zu wählen ist. Ihm zur Seite steht der »Gemeinde-« oder »Stadtdirektor« als Verwaltungschef. In dieser Zeit der Neuorientierung, der Demokratisierung, des allgemeinen Neubeginns tat Bensberg einen entscheidenden Schritt: Es beantragte die Stadtrechte und erhielt sie am 17. November 1947 verliehen. Der 1946 von der Militärregierung eingesetzte Bürgermeister Jean Werheit, ein mit den örtlichen Verhältnissen wohlvertrauter Bensberger, war es, der die Initiative dazu ergriffen hatte und damit eine neue Epoche einleitete.

Mit dem kleineren Übel leben

Wie man weiß, hat Bensberg sich seines selbständigen Stadtseins trotz der Bemühungen seines verdienstvollen Bürgermeisters Dr. Müller-Frank nicht allzulange erfreuen können. Aber bis 1975, dem Beginn der Zusammenlegung mit Bergisch Gladbach, ist es zielstrebig in die Ausübung moderner Stadtfunktionen hineingewachsen. Dabei kam der

Gemeinde ihre geschichts- und selbstbewußte Haltung entgegen, die ihr stets eine Distanz zum Dörflichen und damit eine besondere Dimension bescherte. Seit eh und je Standort höherer Behörden, schien es ohnehin fast, als ob die Verleihung der Stadtwürde nur die formale Absegnung eines schon längst bestehenden Zustandes war. Den Nachteil einer jahrzehntelang durch die preußische Präsenz verhinderten Industrieansiedlung – die Leitung des Kadettenhauses wollte ihren Zöglingen die gute Bensberger Luft erhalten – kehrte die junge Stadt geschickt ins Gegenteil. Sie sah ihre Stärke da, wo andere Städte sich mit einemmal auf der Verliererstrecke befanden. In dem Maße nämlich, wie z. B.

Köln als Wohnstadt an Attraktivität verlor, stieg Bensberg in der Gunst des Publikums. Ein ungeahntes Bevölkerungswachstum war die Folge, das man zwar nicht ganz reibungslos, aber immerhin ohne größere Kalamitäten bewältigte. Der Bau von Verkehrs-, Versorgungs- und Erholungseinrichtungen, von Schulen und Sportstätten und das Hereinholen umweltfreundlicher Industrien ist eine anerkennenswerte kommunalpolitische und administrative Leistung, hinter die der Rathausbau mit seiner international diskutierten Architektur ein weithin sichtbares Ausrufungszeichen setzte! Der Mann, dem im wesentlichen dieses Verdienst zukommt, ist Stadtdirektor Wilhelm Wagener.

←Fachwerk am Heimatmuseum.

Er starb am 18. September 1970 an seinem Arbeitsplatz, ohne die endgültige Fertigstellung seines Amts- und Verwaltungssitzes erlebt zu haben.

↑Bensberg, Schloßstraße.

214

Natürlich bedurfte es hin und wieder eines Korrektivs, insbesondere als Mitte der 60er bis Anfang der 70er Jahre städtebauliche Planungsbegriffe wie Sanierung und Verdichtung zu magischen Formeln gerieten und so manchen Blick aus dem Rathausturm trübten. Aber Bensberg – in der Tradition eines kritischen Bürgertums stehend – war auch auf diesem

↑ Terrassenhaus an der Gladbacher Straße.

← Fassade eines Hauses in der Laurentiusstraße.

Gebiet beispielgebend. Bevor die Bewegung der Bürgerinitiativen mit ihrer allgemeinen Aufmüpfigkeit ein neues Bewußtsein erzeugte, gab es hier bereits ein »Bürgerforum«, das die Überprüfung, Änderung und Zurücknahme so mancher Planung forderte und die öffentliche Diskussion mit den dafür Verantwortlichen erreichte. Trotz einiger Unstimmigkeiten, Mißverständnisse und auch persönlicher Divergenzen war die Verwaltung der Stadt im Prinzip dankbar für das Engagement der Bürger.

Der 1. Januar 1975 war Zäsur, Neubeginn und Endstation; Endstation einer Eingemeindungsentwicklung, die eine längere Geschichte hat, als man gemeinhin glaubt. Trotz der

215

gutnachbarlichen Beziehungen der
beiden Gemeinden Bergisch Gladbach und Bensberg zueinander war
jede Seite stets peinlich darauf
bedacht, ihren Besitzstand zu wahren.
Besonders Bensberg, das sehr gut
um die Bodenknappheit des wirtschaftlich aufstrebenden Gladbach
wußte, kämpfte um jeden Einwohner
und um jedes Gebäude, wenn es

glaubte, die Nachbarstadt plane eine
Einverleibungsaktion.
So beschwert sich 1858 Bensbergs
Bürgermeister Wachendorff sogleich
beim königlichen Landrat Danzier in
Mülheim, als zwei neuerrichtete
Pulvermühlen und ein Wohngebäude
unweit Schiff »widerrechtlich vom
Gladbacher Bürgermeister Herweg
vereinnahmt worden sind, obwohl das
Gebiet zum Bensberger Verwaltungsbezirk gehört«. Er wendet sich ganz
entschieden gegen eine entsprechende Bekanntmachung des
Kollegen: »Ich halte mich verpflichtet,
gegen jeden unbefugten Eingriff
in die hiesigen Verwaltungsange-
legenheiten zu protestieren und
erlaube mir daher Euer Hochwohl-
geboren dringend zu bitten, den

Bürgermeister von Gladbach
hochgefälligst anweisen zu wollen, die
erwähnte Bekanntmachung im Amts-
blatt zurückzuziehen und ihm zugleich
aufgeben zu wollen, sich jeder
ferneren Amtshandlung in Bezug auf
die zum hiesigen Verwaltungsbezirk
gehörigen Güter zu enthalten, die
Bewohner dieser Güter, welche in
Gladbach besteuert worden sind,
hierhin zu überweisen und die
bereits erhobenen Kommunalsteuern
zu erstatten.«
Handfeste materielle Interessen
also standen im Hintergrund.
Mit dieser Beschwerde aber setzte er
eine Grenzregulierung in Gang, die
bereits in den Jahren 1827/28 bei
der Katastrierung der Bürgermeistereien Bensberg und Gladbach
vorgesehen war, um – wie es heißt –
die früheren unnatürlichen Grenzen
der beiden Bürgermeistereien zu
beseitigen und zusammenhängendere
Gemeindebezirke zu erzielen.
Nur, damals war versäumt worden,
entsprechende Anträge an die
Königliche Regierung zu Cöln, Abteilung des Inneren, zu stellen. Jetzt trat
sie am 1. Januar 1860 in Kraft und
schlug die Hofstellen Unterthal,
Trotzenburg, Herrenstrunden, Schiff,
Halfendombach, Plätzchen und
Oberbach zu Gladbach und Herweg
(bei Bechen), Weiermühle, Mais-
winkel, Hauserhof, Oberlückerath,
Bachhäuschen, Beckershäuschen,
Lehmbruch, Letsch, Hüttenstraße,
Penningsfeld und die neue Mühle zu
Niedenhof nach Bensberg. Später kam
noch der Blissenbacherhof hinzu.
Insgesamt handelte es sich um
78 Einwohner. Bensbergs allergische
Reaktion – obwohl flächenmäßig
fast doppelt so groß wie Bergisch

Gladbach – ließ für die nächste und weitere Zukunft alle Pläne, die auch nur im geringsten mit Angliederung, Verschmelzung oder Zusammenlegung, und sei es nur auf Teilgebieten, in Verbindung gebracht werden konnten, zu Geheimsachen werden. Dinge dieser Art durften nur ganz diskret unter der Hand erkundet werden. So jedenfalls hielt es Bürgermeister Hermann Pütz, als er nach dem 1. Weltkrieg den Druck der näherrückenden Großstadt Köln spürte: »Die Frage, in welcher Weise die wirtschaftliche und politische Kraft der Gemeinde Bergisch Gladbach gehoben werden könne, hat mich seit meinem Amtsantritt (1914) lebhaft beschäftigt.«

Die wirkungsvollste Möglichkeit dazu sah Pütz in dem Zusammenschluß Bergisch Gladbachs mit Bensberg und Odenthal: »Die kommunalpolitische Vereinigung von Bergisch Gladbach und Bensberg bietet für beide Gemeinden wesentliche Vorteile, weil sich bei unbefangener Überlegung widerstreitende Interessen irgendwelcher Art zwischen Bensberg und Bergisch Gladbach nicht finden lassen. Man gelangt vielmehr zu der Überzeugung, daß Bergisch Gladbach und Bensberg sich durch ihre historische Entwicklung, ihre geographische Lage zueinander, zu ihrem gemeinsamen Hinterland und zu Cöln und durch ihre jeweiligen Eigenarten in glücklicher Weise ergänzen, sodaß man wohl behaupten kann, daß sie zu ihrer vollen ideellen und wirtschaftlichen Entfaltung aufeinander angewiesen sind. Jede der beiden Gemeinden hat für ihren zukünftigen Werdegang auf sich allein gestellt

Hermann Pütz, von 1914 bis 1920 Bürgermeister von Bergisch Gladbach, war ein eifriger Verfechter des Zusammenschlusses mit Bensberg. Doch seine sehr detailliert ausgearbeiteten Verschmelzungspläne waren seiner Zeit zu weit voraus.

nur eine beschränkte Entwicklungsmöglichkeit, während beide gemeinsam durch Zusammenschluß sich zu einem blühenden Gemeinwesen entfalten können.«

Bevor Bürgermeister Pütz amtliche Eingemeindungsverhandlungen führte, ließ er in vertraulichen Gesprächen die Stimmung und Meinungen dazu testen. Erst als diese ihn positiv dünkten, entwickelte er eine lebhafte Aktivität. Schon ein paar Tage nach einer ersten gemeinsamen Besprechung mit Bürgermeister Klee von Bensberg, dem Beigeordneten Darius und Johann Odenthal präsentierte Pütz eine Aufstellung statistischer Daten über Bergisch Gladbach und drängte zur Eile: »Mittlerweile habe ich mit einer Reihe Stadtverordneten wegen der Frage der Verschmelzung Fühlung aufgenommen; man ist einstimmig dafür und zwar hat man mir versichert, daß auch seitens der Stadtverordneten mit einzelnen Gemeinderäten in Bensberg Fühlung aufgenommen worden ist, wobei man festgestellt hat, daß es vielmehr vernünftiger sei, im neuen Deutschland alle kleinlichen Sonderinteressen auf Seite zu stellen und gemeinsam zu marschieren.«

Aber das von Pütz angeschlagene Tempo schien den Bensbergern dann doch nicht geheuer: »Der Gemeinderat hat in Rücksicht auf die derzeitige Lage hiervon Abstand genommen und ist hierbei von der Erwägung ausgegangen, daß zum jetzigen Zeitpunkt die einschlägigen Verhältnisse zu wenig übersichtlich sind, um als Grundlage für einen Schritt von so großer Bedeutung dienen zu können. Der Gemeinderat gibt anheim, zu einer besser geeig-

neten Zeit auf die Angelegenheit zurückzukommen.« (18. 11. 1918)
Vom Zeitpunkt der Publizität an wurden die Vorgänge von kritischen und warnenden Zeitungskommentaren begleitet. Einer von ihnen könnte wegen seiner grundsätzlichen Ausführungen auch heute noch die Argumente von Eingemeindungs- gegnern stärken: »Es gibt allerdings

Eingemeindungen und Gemeindever- einigungen, die ganz natürlich herauswachsen aus den Verhältnissen und sich sozusagen von selbst ergeben. Aber man darf den Dingen nicht zuviel Gewalt antun müssen. Denn die Großstadt ist doch keines- wegs das Ideal des Zusammen- wohnens der Menschen, weder in wirtschaftlicher noch in politischer und erst recht nicht in gesundheit- licher und kultureller Hinsicht.
Die Hauptargumente der Eingemein- dungseiferer heißen: Kräftekonzen- tration, Ersparnis, Planmäßigkeit,

Vereinheitlichung. Daß nur sie gelten sollen, können wir absolut nicht anerkennen, und es erscheint uns als ein Zeichen des rein mechanistischen Denkens unserer Tage.«
In einem Brief an seinen Bensberger Amtskollegen mokierte sich Bürger- meister Pütz über die Pressever- öffentlichungen: »Mögen die Leute schreiben, was sie lustig sind. Der- artige Artikel sind eher geeignet, die ruhige Beratung der Angelegenheit zu hemmen als zu fördern. Wenn man das Geschrei der Presse so richtig sich zu Gemüte führt und die unrichtigen und schiefen Darstel- lungen liest, dann kommt einem der Gedanke, daß manche Aufsätze in der Presse über andere Sachen, die man mit viel Interesse liest, darauf aus- gehen, dem Leser nach der einen oder anderen Seite den Kopf zu verdrehen.«
Im Juli 1920 nahm Hermann Pütz seinen Abschied von Bergisch Gladbach. In einer Art Vermächtnis brachte er folgenden Wunsch zum Ausdruck: »Wenn möglich, sollte Bergisch Gladbach sich zur Sieben- hügelstadt ausbauen und das schloßgekrönte, auch von Köln umwor- bene selbstbewußte Bensberg und das agrarisch-feudale konservative Odenthal in sich vereinen.«
Mitte bis Ende der zwanziger Jahre gab es wieder Gerüchte, die von einer Zusammenlegung der beiden Nachbarorte wissen wollten. Diesmal war der Widerstand aus Bensberg noch heftiger und energischer.
»Eher nach Köln als nach Gladbach«, lautete der Tenor. In einem Zeitungs- artikel hieß es: »Wer die Bensberger Volkspsyche kennt, weiß, daß Bens- berg sich gerade von Gladbach nie

← Bürgerhäuser in der Gladbacher Innenstadt.

→ Baum-Mauer-Werk am Heimatmuseum.

eingemeinden läßt, was der traditionellen Freundschaft der beiden Nachbarorte aber durchaus keinen Abbruch tut. – Schiedlich – friedlich!« Die Bensberger Volkszeitung meinte: »Wer ein Interesse daran hat, daß die Perle des Kreises Mülheim, Bensberg, nicht nach Köln eingemeindet wird, der sorge mit dafür, daß in der Bensberger Bevölkerung nicht eine Mißstimmung Platz greift, die schließlich die Eingemeindung nach Bergisch Gladbach als das kleinere Übel betrachtet.«

Als 1945 Kölns damaliger Oberbürgermeister, der später von den Engländern wegen »Unfähigkeit« aus diesem Amt entlassene Konrad Adenauer, Ansprüche auf Bensberg, Bergisch Gladbach und noch weitere Gemeinden des Rheinisch-Bergischen Kreises erhob, wehrte man sich trotz des allgemeinen Schwächezustandes mit Erfolg dagegen. Vor 1975, dem endgültigen Termin der Städteverschmelzung, waren die Bensberger einhellig der Meinung, daß ein Zusammenschluß mit Gladbach das entschieden kleinere Übel sei. Denn wieder waren Kölner Pläne bekannt geworden, Bergisch Gladbach, Bensberg, Porz und Rösrath zu kassieren.

Inzwischen hatte sich schon eine seit 1964 bestehende Arbeitsgemeinschaft zwischen Bensberg und Gladbach zur Lösung gemeinsam interessierender Probleme und Aufgaben bewährt. Doch eine Fusion stand noch außerhalb einer realisierbaren Chance. Gegen 18 Stimmen der SPD und FDP lehnte der Bensberger Rat mit 21 Stimmen der CDU eine solche Überlegung ab. Schließlich aber war es weniger ein mehrheitlich

artikulierter Bürger- oder Ratswille, sondern ein Gesetzgebungsakt auf höherer Ebene, der den Zusammenschluß der beiden Städte verfügte. Am 27. September 1974 beschloß der Landtag von Nordrhein-Westfalen die Fusion Bensbergs mit Bergisch Gladbach. Dabei wurden die bislang zu Bensberg gehörenden Stadtteile Dürscheid, Immekeppel und Unter-

eschbach gegen den mit mehreren Petitionen deutlich gemachten Willen der Bewohner dort nach Kürten, bzw. nach Overath eingemeindet. Auch eine von Bensberg erhobene Verfassungsbeschwerde gegen den »Fusionsbefehl« fruchtete nichts. Der in Münster residierende Verfassungsgerichtshof kam in seiner ablehnenden Entscheidung zu dem Ergebnis, daß ein als Entwicklungsschwerpunkt 1. Ordnung ausgewiesener Raum, in dem sich zwei engbenachbarte, teilweise baulich verflochtene Städte gegenüberliegen, künftig von einem

Das neue Wappen der neuen Stadt Bergisch Gladbach.

Rat und einer Behörde zu verwalten seien.

Damit schien für einige geschichts- und heimatbewußte Bürger eine Welt zusammenzubrechen, insbesondere weil das neue Stadtgebilde allein als »Bergisch Gladbach« firmierte.

Der nach ihrer Meinung sang- und klanglose Untergang von Bensberg sei damit vollzogen worden.

Bewußtsein und Bensberger Eigen- und Besonderheiten respektiert werden. Die Aktion begrüßt und betont deshalb auch grundsätzlich das Zusammengehen, was sie aller- dings nicht daran hindert, sich gemäß ihrer Satzung für eine Stärkung des Heimatgefühls der Bensberger und die Erhaltung des Namens »Bens- berg« einzusetzen.

Nun, die immerhin schon einige Jahre mit der Eingemeindung gemachte Erfahrung lehrt, daß das nicht der Fall ist. Bensberg ist und bleibt ein Begriff, der sich durch keinen Verwaltungsakt aus der Welt schaffen ließe. Außerdem denkt auch niemand daran, so etwas zu ver- suchen. Auch die im Zusammenhang mit der Eingemeindung gegründete Bürgeraktion »Bensberg«, die das Motto »Bensberg bleibt Bensberg« auf ihr Panier geschrieben hat, weiß inzwischen, daß in der neuen Stadt Bergisch Gladbach Bensberger

Letzte Sitzung des Rates der Stadt Bensberg am 17. Dezember 1974.

Die Zukunft ist nicht programmiert

Bürgervereine, Bürgerforen und -aktionen sind Ausdruck eines enorm gestiegenen Interesses an allem, was mit Gestaltung und Entwicklung des eigenen Lebens und Wohnens zusammenhängt. Nach Jahren völliger kommunalpolitischer Abstinenz – ein damals von Stadtparlamenten und -verwaltungen beklagter Mangel – schlug das Pendel seit Mitte der sechziger Jahre zur anderen Seite aus. Von Bürgerinitiativen, die nach dem »Floriansprinzip« (O heiliger St. Florian, verschon mein Haus, zünd andere an) in ihren Augen negative Planungen von sich schieben, bis hin zu den seriöseren, die sich als freie Verbindung zwischen Bürgern und Verwaltung verstehen, reicht die Phalanx des organisierten Bürgerengagements – nicht nur zu Freude und Arbeitserleichterung der Administration und der manchmal in ihrem Selbstverständnis irritierten Kommunalpolitik. Auf diese Weise aber findet die Rathausarbeit die ihr zukommende Resonanz und wird zum Gegenstand offener Gespräche mit den Bürgern. Es liegt in der Natur der Sache, daß dieser Dialog nicht immer einfach sein kann. Aber wenn z. B. das »Bürgerforum Schildgen/Katterbach« die Bemühungen der Stadt um die Ansiedlung neuer Betriebe dadurch unterstützt,

daß sie für ihren Bereich die Ausweisung eines Gewerbegebietes begrüßt, kann es der Stadtplaner zufrieden sein. Denn haargenau das schwebt ihm vor! Je mehr nämlich der Charakter der Schlafstadt sich verstärkt – der bestehende Auspendlersaldo von 10.000 Erwerbstätigen zugunsten Kölns ist schon ein bedenkliches Indiz –, um so größer ist

die Gefahr einer auch nicht durch den Verschmelzungsakt von 1975 für alle Zeiten ausgeschlossenen Eingemeindung nach Köln.

Die Beschaffung von Arbeitsplätzen ist daher die anerkannt »Erste Verwaltungspflicht«, wobei die langfristige Absicherung der vorhandenen Arbeitsplätze zunächst einmal Vorrang hat. Entwicklungsschwierigkeiten und -behinderungen, die sich für einzelne Betriebe aus ihrem Standort ergeben, müssen abgebaut werden. Um aber eine Ausweitung des negativen Pendlersaldos

Zwischen Industrieansiedlung und Erhaltung von Grünflächen gilt es eine ausbalancierte Entwicklung zu fördern, die eine noch immer nicht für alle Zeiten abgewendete Eingemeindung nach Köln verhindert.

zu verhindern – ein Ziel, das zu erreichen man schon froh wäre –, sind bis zum Jahre 1990 rund 4500 zusätzliche Arbeitsplätze notwendig. Dazu muß man wissen, daß die Ansiedlung von Betrieben mit 100 Arbeitsplätzen heutzutage schon »dicke Fische« an der kommunalen Angel darstellen. Die Zeiten, in denen Industrieansiedlung in Belegschafts-

ziffern von 1000 und mehr gemessen wurde, sind längst vorbei.

Allerdings bedeutet den verantwortlichen Stellen die Erhaltung von Freiflächen eine ebenso dringend gebotene Aufgabe. Überhaupt liegt in der Ausbalancierung dieser beiden gegeneinanderstehenden Ansprüche der neuralgische Punkt. Nichts erregt Bürger mehr als Flächenfraß, zumal wenn er auch noch für Lärm und Gestank produzierendes Gewerbe oder für den Bau von Straßen inszeniert wird. Andererseits fordern Anlieger dicht

und weit über das erträgliche Maß befahrener Straßen mit Recht eine Entlastung durch teilweise schon vor Jahrzehnten geplante Umgehungsstraßen, die aber auf Grund von Einsprüchen anderer immer noch nicht realisierbar sind.

Wenn Änderungen des Flächennutzungsplans offengelegt werden, eine Praxis, die den Bürgern Gelegenheit zu Anregungen und Bedenken einräumt, und es geht dabei um die Neuausweisung von Gewerbeflächen, dann sind die Bürger, die für Ruhe und gute Luft schwärmen, natürlich selten begeistert. Nun hat Bergisch Gladbach dabei noch einen günstigen Stand, weil die ursprünglich angenommene »Endaufnahmekapazität« der beiden früheren Städte Bergisch Gladbach und Bensberg von insgesamt 160.000 Einwohnern auf 120.000 reduziert wurde. Es konnten also umfangreiche Bau-Ausweisungen zurückgenommen werden. Außerdem ist die Stadt bisher noch reichlich mit Grün- und Waldflächen gesegnet.

Auf die richtige Mischung kommt es an – das gilt ganz besonders für die Stadtplanung. Dabei kann man es weder allen recht machen, noch eben mal kurz eine neue Rezeptur ausprobieren. Einmal getroffene Maßnahmen haben stets »vorläufigen« Endgültigkeitswert. Um so mehr kommt es bei allen Planungen und Überlegungen auf eine möglichst exakte Erfassung der als Grundlage dienenden Daten an.

»Räumlich funktionales Entwicklungskonzept« – so heißt das Daten-Kompendium, von dem man sich die essentiellen Aufschlüsse für die nächsten Jahre erhofft. Es ist dies eine Bestandsaufnahme, die alle Bereiche

Moitzfeld.

Beispiele organisch
gewachsener Orts-
teile mit gut ausgestat-
teten Zentren.

↗→ Refrath.

der städtischen Existenz umfaßt.
Dabei werden die einzelnen Komponenten und Kriterien nicht nur rein mechanisch zusammengetragen und registriert, sondern auch analytisch und wertend betrachtet. Es sollen die Funktionen Wohnen, Arbeiten, Lernen, Erholen und Versorgen räumlich so verteilt sein, daß jede für sich eine gute Entwicklungsmöglichkeit hat, ohne die anderen zu stören. Diese Zielsetzung bewegt sich im Rahmen der Bundesraumordnung und Landesentwicklungsplanung.

In einem der wirtschaftsstärksten Räume der Bundesrepublik ist Bergisch Gladbach ein Mittelzentrum. Aber innerhalb der Stadt gibt es auch wieder Zentren: Nahbereichszentren wie Herkenrath, Gronau, Hand und Heidkamp und Unterzentren wie Paffrath und Refrath, wo es neben Läden und Handwerkern auch ein Postamt und eine Bücherei, Ärzte, Steuerberater und Rechtsanwälte gibt. Ein Mittel-

zentrum für die gesamte Bedarfsdeckung mehrerer Wohnbereiche und in Ansätzen auch für das Umland mit Einrichtungen wie Kreditinstituten, umfassenden handwerklichen Dienstleistungsbetrieben, Postämtern, Büchereien, Fachärzten, Steuer- und Wirtschaftsberatern, Anwälten, Hotels, Cafés, Restaurants und großem Parkplatzangebot ist Bensberg. Hauptzentrum mit Spezialgeschäften, Großbetrieben, Konkurrenzsituation usw. ist Gladbach. Diese Zentren-Hierarchie ist im Laufe der Jahre ganz »natürlich« ohne planerischen Eingriff gewachsen.

Für die Zukunftsplanung ergibt sich die Frage, ob man es im wesentlichen dabei belassen oder die Aufgliederung der Zentren verändern und weitere Mittelpunkte schaffen soll. Das »Räumlich Funktionale Entwicklungskonzept« läßt diese Frage offen. Es nimmt der Entscheidungsbefugnis des Rates nichts vorweg.

Daß die eigenen Probleme den Blick nach draußen nicht verstellen, beweist die Partnerschaft mit den Städten:

← Joinville-Le-Pont
Frankreich

← Velsen
Niederlande

Runnymede
Großbritannien

Luton
Großbritannien

← Bourgoin-Jallieu
Frankreich

Gott help Üch!

Der Geist eines Gemeinwesens, sein Charakter, sein Lebenswille, verkörpern sich immer wieder beispielhaft in einzelnen Menschen. Sie müssen keineswegs durch Ämter und Würden ausgezeichnet sein – zumeist leben sie in der Stille wirkend neben uns, unter uns, und oft erkennen wir ihre lauteren Qualitäten zu spät. Ich bin froh, bei meinen Nachforschungen für dieses Buch Frau Katharina Kolhagen begegnet zu sein, der früheren Besitzerin und Betreiberin des Hauses »Erdenburg« in Moitzfeld. 87jährig, geistig und körperlich rüstig, lebt sie nach vielen Jahren harten Existenzkampfs inmitten einer zukunftbejahenden Schar von 15 Kindern, Schwiegerkindern, Enkeln und Urenkeln auf ihrem schönen Besitz. Es waren ihr Fleiß und der ihres 1973 verstorbenen Mannes, aber mehr eigentlich noch ihre Toleranz und herzhafte Güte, daß sie, geliebt und geachtet, diesen Zustand genießen kann. – Leben und Erfolg der heimatverbundenen Katharina Kolhagen, die jedem neu zum Familienverband stoßenden Mitglied vorbehaltlos die Hand reichte, können Vorbild sein.

Bergisch Gladbach, dieser im Laufe von Jahrzehnten aus einer »bergischen Streusiedlung« zusammengewachsene Großverbund, ist im Begriff, seine

Ich vermißte mein liebes Bensberg. Im Schatten des Schlosses geboren, wo ich als Kind gespielt und alle Wege kannte, die Straßen und Gäßchen, das alte Schloß mit seiner schönen Kapelle, in der ich so oft gebetet hatte. All das fehlte mir. Heimlich sann ich auf einen Ausweg. Mein Blick hatte schon des öfteren ein an der Hauptstraße in Moitzfeld gelegenes Anwesen gestreift. Auf Anfrage erfuhren wir, das Haus stehe zum Verkauf an und sei Eigentum der Frau Anna Zanders, geb. von Siemens, aus der Papierfabrik in Bergisch Gladbach.

Voll Unternehmenslust suchten wir den Verwalter Franz Hochscherf auf. »Ja«, sagte er, »das Anwesen liegt zu sehr aus unserem Bereich, deshalb wollen wir es abgeben. Zu dem Haus gehören noch 5 Morgen Ackerland und an die 20 Morgen Wald. Es kann nur zusammen verkauft werden.« Das war des Guten doch zuviel.

Dann hatte die Inflation alles hochgetrieben, und beim Nachdenken erschien uns der Preis erschwinglich. Wir erwogen, wieviel Bankkredit aufzunehmen wäre – und, unsere Ersparnisse dazugerechnet, glaubten wir, das große Wagnis eingehen zu können. In den nächsten Tagen und Wochen führte unser Weg immer wieder durch den Wald, und wir sahen mit großen Augen den begehrten Besitz an – die weite große Wiese mit den Obstbäumen und das

*Haus mit der Scheune. Es war ein schönes, geräu-
miges Wohnhaus mit 8 Zimmern.*

*Dann kam der Tag, der 27. September 1918, wo wir
nach Haus Lerbach beschieden wurden, um den
Kaufakt zu tätigen.*

*Wir machten uns zeitig auf den Weg, der uns durch
das Milchborntal führte, weiter die verschlungenen
Wege des Waldes entlang, um nach zweistündiger
Wanderung Schloß Lerbach zu erreichen. Da ich
guter Hoffnung war, fiel mir der beschwerliche Weg
nicht leicht.*

*Herr Notar Nießen und Verwalter Franz Hochscherf
erwarteten uns bereits. Frau Anna Zanders kam
vom Pilzesuchen im Walde zurück und begrüßte uns
zwei junge Käufer sehr freundlich. Dann unter-
zeichnete sie als erste den Kaufakt, Albert, mein
Mann, und ich taten desgleichen, ebenso der Notar.
Frau Zanders gab uns die Hand und wünschte uns
viel Glück zum erworbenen Besitz. Auf meine Bitte
hin erlaubte sie uns, noch eine Anzahl Rhododen-
dron-Stauden abzuholen, die in Mengen am Walde
gepflanzt waren.*

*Die Herren Nießen und Hochscherf beglück-
wünschten uns ebenfalls herzlich zum Erwerb des
Anwesens. Den Preis hatte man uns um 3.000 Mark
ermäßigt.*

Aus den Lebenserinnerungen von Frau Katharina Kolhagen.

Katharina Kolhagen war eine von Heimweh nach
Bensberg geplagte junge Frau, als sie den Entschluß faßte, das Haus in Moitzfeld zu kaufen,
das ihr dann ein Heim und eine Existenz
bescherte.

→ Über den Köpfen der Menge schwebt der
Richtkranz . . .

229

Fähigkeit zum letzten Integrationsakt zu beweisen. Er hat seine Hand ausgestreckt, und Bensberg ergriff sie, wie man weiß, nicht freiwillig. Inzwischen wissen aber die Bensberger längst, daß sie sich im Verein mit Bergisch Gladbach ihre Eigenheiten und traditionellen Lebensvorstellungen eher erhalten können, als ein zum Kölner Vorortdasein geschrumpfter Status es jemals vermocht hätte. Zudem entsteht ein Bewußtsein dafür, daß aus der gegenseitigen Ergänzung historisch entstandener unterschiedlicher Sozialstrukturen etwas Neues wachsen wird. Ein Bergisch Gladbach, das sich z. B. seit dem vorigen Jahrhundert mit aktiver Bürgerbeteiligung um die Erhaltung des 600jährigen Altenberger Doms kümmert und dessen Bürgermeister die bislang entbehrte Öffnung des Bensberger Schlosses für die Bevölkerung mit dem ganzen Gewicht seines Landtagsmandats vertritt – ein solches Gemeinwesen kann auch die geistige Heimstatt besonders geschichtsbewußter Bensberger werden. Die neue Stadt Bergisch Gladbach, die nicht nur ihre Wirtschaftskraft im Grünen verbirgt, Großstadt am Rande der Großstadt Köln, ist jedenfalls weit mehr als nur eine Summe von Bürgern, Häusern und Straßen. Besonders ihre harmonisch aufeinander abgestimmte Mischung von Wohnen, Arbeiten und Erholen ist ein hervorstechender, unverwechselbarer Charakterzug. Gepaart mit einer auf allen möglichen Gebieten praktizierten Fürsorge, bestimmt er die Liebenswürdigkeit dieser Stadt, in der jeder, ob Alteingesessener, Neubürger oder Besucher, um mit Alexander

Mitscherlich zu sprechen, »zu Hause sein kann«. In einem solchen Sinne das Ganze im Visier zu haben, von Hand bis Herkenrath und von Schildgen bis Lustheide, und sich mit ihm verbunden zu fühlen, bedeutet gewiß für niemanden, sich selbst dabei aufzugeben. Dahinter steckt jedoch eine Aufgabe, die nicht nur offizielle Stellen, Bürgervertretungen

und Bürgeraktionen angeht, sondern eigentlich alle in die Pflicht nimmt. »Gott help Üch!« – dieser beim Richtfest des Bürgerhauses »Bergischer Löwe« vom Bürgermeister entbotene altbergische Gruß sollte dabei so lange seine Unterstützung gewähren, bis die dazu gehörende Erwiderung »Gott dank Üch!« ein glückliches Gelingen anzeigt.

Am 5. November 1978 war es soweit: der »Bergische Löwe« trat in das letzte Stadium seiner Erneuerung.

→ Ab 15. März 1980 steht er in voller Pracht und neuer Größe denen zur Verfügung, die ihn mit Leben füllen: den Bürgern von Bergisch Gladbach.

232

Zeittafel

700	Beginn der planmäßigen und stetigen Besiedlung des Bergisch Gladbacher Raumes. Königliche Höfe in Bensberg, Gladbach und Paffrath
855-877	Rodung bei Refrath. »Salhof« mit Kirche, Wiedenhof und Mühle
874-882	Rodung in Bergisch Gladbach
939	Pfarrsprengel Refrath mit den Orten Saal, Refrath, Lückerath, Hummelsbroich, Gladbach, Gierath, Duckterath, Gronau, Quirl, Bensberg, Sulsen, Kühlheim, Hurden und Untersteeg
957	Erwähnung eines »castrum banni«, einer Befestigungsanlage im Bereich von Bensberg
1056-1075	Anno II., Erzbischof zu Köln
1101	Die Grafen von Berg erhalten von Kaiser Heinrich IV. das Amt eines Gaugrafen von Deutz
1133	Gründung des Zisterzienser-Klosters in Altenberg
1139	In einer Schenkungsurkunde wird der Name »Benesburc« erwähnt.
1160	Clemenskirche in Paffrath
1225	7. 11. Bei einem Überfall des bergischen Grafen Friedrich von Isenburg bei Gevelsberg wird Erzbischof Engelbert von Köln erschlagen
1230	Die Bergischen verteidigen sich in der Burg Bensberg erfolgreich gegen den Kölner Erzbischof Heinrich von Molenark. Die Stadt wird verwüstet
1251	Urkundliche Erwähnung des Ritters Gottfried von Strune
1255	Grundsteinlegung des Altenberger Doms durch Graf Adolf IV. von Berg und Herzog Walram III. von Limburg
1257	Krieg zwischen Berg und Köln. Die Bergischen ziehen sich in die Burg Bensberg zurück
1274	Erste Erwähnung der Pfarrkirche St. Laurentius in Gladbach
1282	Urkundliche Erwähnung des Pfarrers Albert von Gladebach
1350	Bensberg wird Sitz eines »Amtes«
1379	Vollendung und Einweihung des Altenberger Doms
1380	Unter Wilhelm II. (1360-1408) wird die Grafschaft Berg Herzogtum
1406	Schlacht bei Bensberg. Zerstörung der Burg durch Brand. Wiederaufbau durch Adolf VII. Herzog von Berg (1408-1437)
1582	29. 8. Der Kölner Bürger Philipp von Fürth erhält die Erlaubnis, den Schleifkotten auf dem Rappenseifer Gut in eine Papiermühle umzuwandeln
1584	Truchsessischer Krieg. Plünderung Gladbachs
1587	Spanische Truppen requirieren in Bensberg vier Ackerpferde. Die Einwohner flüchten sich in die Burg
1595	Bau der späteren Gohrsmühle durch Stephan Jacobs vollendet
1602	In Bensberg werden acht »Hexen« verbrannt
1609	Duisburger und Düsseldorfer Reversalen garantieren Religionsfreiheit in den Herzogtümern

1610	Entwicklung der protestantischen Bewegung. Reformierte Gemeinde Bensberg-Gladbach unter Pfarrer Andreas Holz
1613	Am 10. 1. wird Katharina Guschen aus Nittum, genannt Scheuer Trine, auf Grund von Geständnissen, die im Lauf des Jahres 1612 durch mehrfache Folter von ihr erpreßt wurden, als »Hexe« stranguliert und verbrannt.
1614	Konversion des lutherischen Herzogs Wolfgang Wilhelm zum Katholizismus; Sieg des Katholizismus in Gladbach und Bensberg. Wilhelm Aeßer (Esser) gründet im oberen Strundetal die Dombachpapiermühle
1628	Kaiserliche Reiter quartieren sich in Gladbach und Paffrath ein
1632	Plünderung Gladbachs durch die Schweden
1672	Französische Einquartierung im Botenamt Gladbach
1679	Johann Wilhelm II. erhält von seinem Vater die Regentschaft in Jülich und Berg. 1690-1716 Kurfürst
1705-1711	Bau des Neuen Schlosses von Bensberg durch Kurfürst Johann Wilhelm
1713	14. 9. Älteste Gladbacher Schulordnung
1717	Beginn der Braunkohlenförderung in der Grube »Zederwald« bei Gladbach
1738	Belehnung von Hofrat P. A. Gumpertz für den Eisen-, Kupfer-, Blei- und Quecksilberbergbau rund um Bensberg
1740-1748	Österreichischer Erbfolgekrieg; Kriegssteuern, Plünderungen, Einquartierungen
1750-1760	Bau des neuen Herrenhauses der Burg Blegge
1744	24. 7. Besuch Goethes in Bensberg
1776/1777	Bau der Evangelischen Kirche in Gladbach
1780	Besuch des zehnjährigen Beethoven in Bensberg
1790	27. 12. Bensberger Hirschfest
1795	10. 9. Einmarsch französischer Revolutionstruppen. 21. 10. Gefecht am Neuen Weg bei Bensberg; das bergische Aufgebot unter Führung des Vikars Johann Peter Ommerborn wird geschlagen. 18. 11. Gefecht am Hohnsberg bei Much; bei dem Versuch eines Aufstands wird Ferdinand Stucker gefangengenommen
1806	15. 3. Joachim Murat wird von Napoleon zum Herzog von Cleve und Berg ernannt. Die Güter der Komturei Herrenstrunden werden verstaatlicht
1808/1809	Napoleons Dekrete und Erlasse beseitigen die Leibeigenschaft. Einteilung des Herzogtums in Departements, Arrondissements und Munizipalitäten
1813	Jan./Feb. Ein französisches Kommando beendet den Aufstand bergischer Konskribierter gegen den Dienst in Napoleons Armeen. 18. 5. Die ersten Verwundeten der »Grande Armee« treffen im Bensberger Schloß ein. 10. 11. Einmarsch der ersten Kosaken. 25. 11. Justus von Gruner wird »Generalgouverneur«
1814	Allgemeine Schulpflicht im Großherzogtum Berg
1815	5. 4. König Friedrich Wilhelm III. nimmt von den neuen preußischen Gebieten des Rheinlands Besitz
1819	Gründung der Kalkwerke Cox
1829	28. 7. Johann Wilhelm Zanders übernimmt die Schnabelsmühle. Gründungsdatum der Firma Zanders
1835	Beginn der Restaurierung des Altenberger Doms. 22. 12. Vincenz Joseph von Zuccalmaglio heiratet Gertrud Clementine Hubertine de Caluwé, wohnhaft zu Haus Blegge in Paffrath
1838	Das Bensberger Schloß wird Kadettenhaus
1842	Jakob Offermann macht sich mit einer Gerberei selbständig. Eduard Knobel gründet den »Verein«, dem Bensberger Offiziere und Gladbacher Fabrikanten beitraten. Am Scheid wird ein Kasinogelände errichtet. Bau der Straße von Mülheim nach Gladbach (1850 Erweiterung nach Wipperfürth)

1845	23. 7. Preußische Gemeindeordnung. 25. 9. Gründung des Gladbacher Gesangvereins »Liederkranz« durch Vincenz von Zuccalmaglio. Baubeginn der Laurentiuskirche in Gladbach
1846	Gemeindewahlen. Ruhrepidemie
1847	Grube »Weiß« bei Moitzfeld nimmt den Betrieb auf. 22. 9. Altenberger Dankfest in Gegenwart des Königs zur Wiederherstellung des Doms
1848	Auf dem Poststempel erscheint zum erstenmal der Name »Bergisch Gladbach«. 31. 1. Brand im Bensberger Schloß. Im März veröffentlicht Vincenz von Zuccalmaglio seine Streitschrift »Die deutsche Kokarde«, in Bensberg wird am 18. 3. ein Freiheitsbaum gepflanzt. Wahlversammlungen und Bürgerwehren in Gladbach und Bensberg. 1. 5. »Urwahlen«, an denen ein Viertel der Bevölkerung teilnehmen darf. 8. 5. Wahl von Anton Gladbach aus Odenthal in die Berliner Nationalversammlung. 10. 5. Wahl des Rechtsanwalts Stupp in die Nationalversammlung in Frankfurt. Der Bensberger »Demokratische Verein«, an dessen Gründung auch Carl Schurz aus Liblar mitwirkte, gründet »Arbeitervereine« in Gladbach und anderen Orten. 21. 12. Vincenz von Zuccalmaglio wird zum Notar in Hückeswagen ernannt und verläßt Gladbach
1849	30. 5. Neues Wahlrecht. Zunehmende Unterdrückung demokratischer Bestrebungen. Verbot der »Arbeitervereine«. Politische Überwachung
1851	Grube Berzelius
1853	Bau der »Zinkhütte«
1857	Karl Richard Zanders heiratet Maria Johanny, die Tochter eines Tuchfabrikanten aus Hückeswagen
1857-1859	Bau der ersten Kölner Eisenbahnbrücke über den Rhein
1858	2. 1. Spontane Arbeitsniederlegung in den Bensberger Erzgruben wegen einer Arbeitszeitverlängerung von acht auf zwölf Stunden
1856	Rheinische Städteordnung. 9. 8. König Friedrich Wilhelm IV. unterzeichnet den Erlaß, der Bergisch Gladbach zur Stadt macht. 23. 9. Die Stadtverordneten treten zu ihrer ersten Sitzung zusammen
1858	Private Rektoratsschule in Bensberg
1863	31. 8. Eine postamtliche Verordnung macht »Bergisch Gladbach« zum endgültigen Stadtnamen
1865	Private Rektoratsschule in Gladbach
1866	Erste Ausgabe des »Bensberg-Gladbacher Anzeigers«
1868	1. 1. Kauf der Gohrsmühle durch Richard Zanders. Eisenbahnlinie Mülheim–Bergisch Gladbach eröffnet (bis Bensberg 1870)
1872	22. 4. Bismarck sperrt der katholischen Kirche alle staatlichen Mittel. Das katholische »Zentrum« formiert sich als politische Kraft
1874	Bau der Villa Zanders
1875	14. 10. Dem Vikar Lemmen vom Pius-Verein wird das Betreten der Schulen verboten
1876	17. 10. Die Bergbauindustriellen warnen vor der sozialen Agitation des Vikars Lemmen. Das Wirken der jüngeren Geistlichen verdrängt den sozialdemokratischen Einfluß bei den Arbeitern
1878	Bei den Reichstagswahlen am 30. 7. erreicht das »Zentrum« große Mehrheiten in Gladbach und Bensberg
1879	Gründung eines Turnvereins in Gladbach
1884	Städtisches Gaswerk in Gladbach
1885	Gründung des »Cäcilienchors« durch Maria Zanders
1889	Förster Lindlar wird im Königsforst von Wilderern erschossen
1890	»Volksblatt für Bergisch Gladbach und Umgebung« von Johann Heider gegründet
1893	13. 11. Maria Zanders ruft zur Wiederherstellung des Altenberger Doms auf

1894	13. 6. Gründung des »Altenberger Dom-Vereins«. Grundsteinlegung für das Krankenhaus »Maria Hilf«
1896	Bau des Städtischen Wasserwerks in Holweide
1900	Katholischer Arbeiterverein in Gladbach. Die alte Wasserburg Lerbach wird abgerissen. Neubau durch Prof. Gabriel Seidl
1904	Erster Bensberger Karnevalszug. Tod von Maria Zanders
1905	6. 12. Die ehemalige Rektorats- und höhere Knabenschule (gegr. 1865) in Gladbach wird Progymnasium i. E.
1906	22. 9. Einweihung des Rathauses in Bergisch Gladbach
1909	4. 4. Erster SPD-Ortsverein in Gladbach mit 20 Mitgliedern. Als Abgeordneter der Kreise Mülheim, Wipperfürth und Gummersbach wird der Oberlandesgerichtsrat Dr. Wilhelm Marx (Zentrum) gewählt, der 1923 bis 1925 Reichskanzler war
1913	Straßenbahnlinie Brück–Bensberg
1914	Mülheim von Köln eingemeindet
1918	8. 11. Konstituierende Sitzung des Volksrats in Gladbach. 11. 11. Auflösung des Kadettenhauses in Bensberg durch ein Kommando des Kölner Arbeiter- und Soldatenrats. Von 1918 bis 1920 britische Besatzungstruppen in Bergisch Gladbach
1919	26. 10. Stadtratswahlen in Gladbach: Gemeinderatswahlen in Bensberg am 16. 11. In beiden Wahlen behält das Zentrum die Mehrheit
1924	Grube »Berzelius« stillgelegt. Das Bensberger Schloß wird Obdachlosenasyl
1925-1928	Bau des Evangelischen Krankenhauses
1926	Grundsteinlegung zum Priesterseminar Bensberg
1930	Grube »Weiß« stillgelegt. Massenentlassung in der Grube »Lüderich«. Gründung des Labors von Max Baermann
1931	Stillegung der Zinkhütte in Refrath
1932	1. 10. Vereinigung des Restkreises Mülheim mit dem Kreis Wipperfürth zum Rheinisch-Bergischen Kreis
1933	März–November: »Gleichschaltung« der kommunalen Selbstverwaltung in Gladbach und Bensberg durch Verhaftung, Ausschluß und Rücktritt der KPD-, SPD- und Zentrumsmitglieder in Stadt- und Gemeinderäten. 9. 10. Sitz der Kreisverwaltung nach Bergisch Gladbach verlegt
1934	Das Bensberger Schloß wird »Nationalpolitische Erziehungsanstalt«. 19. 8. Bei der Volksabstimmung votieren in Gladbach und Bensberg 30% der Wähler gegen Hitler
1935	7. 3. Hitler läßt unter Verletzung des Versailler Vertrags deutsche Truppen ins Rheinland einrücken. Diese werden in Gladbach und Bensberg begeistert begrüßt
1936	In Moitzfeld werden Wahlplakate der NSDAP zerstört
1937	30. 9. Der Ausbau des »Realprogymnasiums« in Gladbach zur Oberschule wird gestattet. 17. 10. Der Religionsunterricht in den Schulen wird untersagt. Aktivierung des religiösen Lebens als Opposition gegen das Hitlerregime
1938	Judenverfolgung im Kreisgebiet (»Reichskristallnacht«). Das Arbeitsdienstlager Winfriedheim auf dem Gelände der ehemaligen Grube Berzelius wird von Unbekannten zerstört
1939	Bau der Kaserne in Hand
1940-1945	Zahlreiche Lager mit französischen, polnischen und russischen Kriegsgefangenen und verschleppten Arbeiterinnen aus der Ukraine im Kreisgebiet
1942	Januar. Priesterseminar Bensberg wird der Napola übergeben. 5./6. 9. Brand in der Burg Zweiffelsstrunden
1944	Oktober: Fliegerangriff. Aufstellung des »Volkssturms«

1945	8. 2. Brand in der Komturei Herrenstrunden. 13. 4. Einmarsch der Amerikaner von Remagen her. Bergisch Gladbach gehört zum Land Nordrhein-Westfalen und wird Sitz eines Finanzamts
1946	15. 9. Gemeindewahlen. Große Mehrheiten für die CDU. Eröffnung der Volkshochschule
1947	16. 11. Bensberg wird Stadt
1948	Eröffnung des Städtischen Theaters in Gladbach
1951	Die Kasernen in Hand werden mit belgischen Truppen belegt
1953	Eröffnung des Städtischen Jugendwohnheims am Quirlsberg. Gustav Lübbe übernimmt den Bastei-Verlag; erstes Verlagsbüro in einer Garage in Nußbaum. Der Sportverein Bergisch Gladbach 09 wird Deutscher Fußball-Amateurmeister
1954	Bau des Finanzamts
1955	Rheinisches Bundesturnfest in Bergisch Gladbach
1956	Der Widerstand der Bevölkerung verhindert den Bau eines Atomkraftwerks im Königsforst. Der Meiler wird dann bei Jülich errichtet
1960	Bau der Herz-Jesu-Kirche in Schildgen vollendet
1961	1. 9. Bundeskanzler Adenauer übergibt in der Siedlung Kippekausen die 6.000.000ste nach dem Kriege in der Bundesrepublik gebaute Wohnung
1963	1. 10. Gründung des Gustav Lübbe Verlags
1965	Grundsteinlegung zum Neuen Rathaus in Bensberg
1969	7. 10. Königin Fabiola besucht das Königlich-Belgische Athenäum im Bensberger Schloß
1971	20. 6. Einweihung des Neuen Rathauses Dezember. Einweihung des neuen Kreishauses am Rübezahlwald
1972	12. 2. Mit den Stimmen der CDU-Mehrheit lehnt der Stadtrat von Bensberg ein Zusammengehen mit Gladbach ab
1974	17. 12. Letzte Ratssitzung in Bensberg
1975	1. 1. Zusammenlegung von Bensberg und Gladbach. 22. 5. Konstituierende Sitzung des Stadtrats von Bergisch Gladbach. Wahl von Franz Karl Burgmer (CDU) zum Bürgermeister. Stadtdirektor Otto Fell
1978	5. 11. Eröffnung der Fußgängerzone in Gladbach
1980	15. 3. Der »Bergische Löwe« wird seiner Bestimmung als Haus der Bürger übergeben

Quellenverzeichnis

Johann Bendel	Heimatbuch des Landkreises Mülheim, Köln 1973
Anna Caspary Maria Zanders	Das Leben einer Bergischen Frau, Jena 1923
K. Hermes, H. Müller-Miny u. a.	Der Rheinisch-Bergische Kreis, Bonn 1974
Anton Jux	Das Bergische Botenamt Gladbach, Bergisch Gladbach 1964
Anton Jux	Das K. K. Hauptarmeespital in Bensberg und der Kaiserliche Kirchhof, Wuppertal 1955
Anton Jux	Die Johanniter-Kommende Herrenstrunden, Bergisch Gladbach 1956
K. W. Kraemer	Der Rheinisch-Bergische Kreis, Osnabrück 1971
Kurt Kluxen	Geschichte von Bensberg, Paderborn 1976
G. Müller, Refrath	Geschichte der Stadtteile Bensberg-Refrath und Frankenforst, Neustadt/Aisch 1974
Ludwig Rehse	Geschichte der evangelischen Gemeinde Bergisch Gladbach, Bergisch Gladbach 1900
Ferdinand Schmitz	Die Papiermühlen und Papiermacher des bergischen Strundertals, Bergisch Gladbach 1923
	Stadt Bensberg 1949-1959, Verwaltungsbericht über das letzte Jahrzehnt, Bensberg 1960
	Der Rheinisch-Bergische Kreis, Geschichte–Kultur–Wirtschaft, Gevelsberg 1978
	Ruhmreiche Berge, Heimatkundliche Beilage der Heiderschen Zeitung, Bergisch Gladbach 1929/1930
	MERIAN, Bergisches Land, Heft 8, 28. Jahrgang, 1975
	Gutachten zum Ausbau der Volkshochschule Bergisch Gladbach, Bergisch Gladbach 1976
	Protokollbücher der Gesellschaft »Erholung« 1887-1927 und seit 1956
	25 Jahre Stadt Bensberg, Berlin 1972
	Unternehmensgruppe Lübbe, Bergisch Gladbach 1978
	Festschrift zur Feier des fünfzigjährigen Stadtjubiläums, Bergisch Gladbach 1906
	100 Jahre Stadt Bergisch Gladbach, Bergisch Gladbach 1956
	Schulentwicklungsplan, Bergisch Gladbach 1978
	Räumlich funktionales Entwicklungskonzept, Bergisch Gladbach 1978
	Rheinisch-Bergischer Kalender, 1969, 1975, 1976, 1977, 1978, 1979
	Stadt Bergisch Gladbach, Rheinische Kunststätten, Heft 17, 1977
	Rheinischer Antiquarius, Frankfurt 1744
	Der Strunderbach – gestern – heute – morgen, Köln 1970
	Akten, Dokumente, Berichte, Briefe, Statistiken, Schilderungen, Festschriften, Vereinschroniken, Zeitschriften und Zeitungen aus dem Stadtarchiv
	Gespräche und Interviews mit Bergisch Gladbacher Bürgern

Abbildungs-
verzeichnis

Bilderdienst Frankfurt/Main (Photo AP)
Seite 66

Foto Buchmüller, Bergisch Gladbach
Seiten 16/17, 50, 142

Günter Burike, Bergisch Gladbach
Seiten 64/65, 100/101, 122/123, 154/155, 168,
178/179, 180

René Durand
Seiten 12/13, 42/43, 44/45, 84, 98/99, 120/121,
156, 180/181, 212/213, 218, 222/223

Foto Dönitz, Bergisch Gladbach
Seite 75

Claus Garvens, Bergisch Gladbach
Seite 191

Albert Günther, Köln
Seiten 6, 7, 8, 9, 28, 50/51, 132, 142, 156, 171, 174,
208, 230

Interatom, Bergisch Gladbach
Seiten 105, 106 (Freigegeben vom Reg. Präs.
in Düsseldorf, Nr. 30 F 26)

Thomas Jahn, Bergisch Gladbach
Seiten 58/59, 63, 66, 67, 68/69, 71, 214, 219, 227

Werner Krüger, Köln
Seite 115

Kolhagen, Bergisch Gladbach
Seite 229

Landesbildstelle Niederrhein, Düsseldorf
Seiten 55, 188

Luftbild Lübeck
Seite 94 (Freigegeben von der Luftbild Lübeck,
Nr. Bensberg F 6795/59)

Möllinghoff, Wiehl
Seiten 16, 110, 118, 126/127, 128/129, 137, 138,
142, 143, 144, 145, 148/149, 152/153, 196/197,
230/231

Horst Müller, Düsseldorf
Seiten 140, 141

Pan-Air-Photo, Aachen
Seiten 115/116 (Freigegeben vom Reg. Präs.
in Düsseldorf, Nr. 09 H 40)

Herbert Paetz, Bergisch Gladbach
Seiten 40, 55, 150

Pressestelle der Stadt Bergisch Gladbach
Seiten 10/11 (Freigegeben vom Reg. Präs.
in Düsseldorf, Nr. 06/75 F 1230),
18/19, 48/49 (Freigegeben vom Reg. Präs.
in Düsseldorf, Nr. 06/4470), 217

Sabine Reinhard, Overath
Seiten 64, 77, 150

Karl G. Renz, Overath
Seiten 12/13, 14/15, 20/21, 22/23, 24/25, 26, 29,
30, 31, 32, 33, 37, 38/39, 40/41, 42, 43, 46/47, 62,
64/65, 73, 78/79, 80, 82, 83, 89, 90, 93, 95, 97,
106/107, 124, 127, 130/131, 133, 134/135, 136,
166/167, 169, 176/177, 180, 181, 182/183, 184, 185,
186, 190, 194/195, 214, 215, 216, 222, 224, 225,
233

Roland Revue, Offenbach/Main
Seite 116

Inge und Arved von der Ropp, Köln
Seiten 28, 34/35, 52/53, 54, 56/57, 58/59

Stadtarchiv Bergisch Gladbach
Seiten 19, 26, 27, 28, 30, 31, 36/37, 40, 50/51, 65,
72, 75, 82, 86, 87, 88, 128/129, 142, 150, 156, 157,
162/163, 164, 166/167, 170/171, 173, 175, 189,
191, 196, 197, 198, 201, 204, 205, 207, 210, 211, 221

H. Vogler, Ratingen
Seite 96

Hans Werheid, Bergisch Gladbach
Seite 143

Zanders Feinpapiere GmbH & Co.,
Bergisch Gladbach
Seiten 18, 76, 81, 108, 109, 110/111, 112/113,
160/161

© 1980 Gustav Lübbe Verlag GmbH
Bergisch Gladbach

Schutzumschlag:
Friedrich Förder, Bergisch Gladbach

Layout: Arno Häring, Bensberg

Satz: Satzstudio Keßler, Köln-Porz

Papier:
Schutzumschlag: ikonolux, 135 g/m²
Einbandmaterial: Efalin, Feinleinen
Inhalt: ikonofix matt, 135 g/m²
Zanders Feinpapiere GmbH & Co.,
Bergisch Gladbach

Druck, Einband:
Druckhaus Lübbe, Bergisch Gladbach und
Friedrich Pustet, Regensburg

Printed in West Germany 1980

ISBN 3-7857-0239-6